全民安全分类普法手册

食品安全法律速查手册

《食品安全法律速查手册》编委会　编

中国·武汉

图书在版编目(CIP)数据

食品安全法律速查手册 /《食品安全法律速查手册》编委会编.
武汉：华中科技大学出版社，2024.7. --(全民安全分类普法手册).
ISBN 978-7-5772-1074-2
Ⅰ. D912.16-62
中国国家版本馆 CIP 数据核字第 20245VC822 号

食品安全法律速查手册
Shipin Anquan Falü Sucha Shouce

《食品安全法律速查手册》编委会　编

策划编辑：	郭善珊　张婧旻
责任编辑：	张　丛
封面设计：	沈仙卫
版式设计：	赵慧萍
责任校对：	程　慧
责任监印：	朱　玢
出版发行：	华中科技大学出版社（中国·武汉）　电话：(027) 81321913
	武汉市东湖新技术开发区华工科技园　邮编：430223
录　　排：	华中科技大学出版社美编室
印　　刷：	武汉市洪林印务有限公司
开　　本：	710mm×1000mm　1/16
印　　张：	19.5
字　　数：	254 千字
版　　次：	2024 年 7 月第 1 版第 1 次印刷
定　　价：	62.00 元

本书若有印装质量问题，请向出版社营销中心调换
全国免费服务热线：400-6679-118　　竭诚为您服务
版权所有　侵权必究

编委会名单

主编:
杨彤丹
孙恩典
郝凯莉

编委会成员:
陈佳杰
高新淼
蒋　勇
张文波

PREFACE 前言

随着社会经济的发展和人们生活水平的提高,食品安全问题越来越受到广泛关注。为了保障公众饮食安全,我国政府制定了一系列食品安全法律法规,对食品生产、加工、流通、消费等各个环节进行严格监管。然而,由于食品安全法律法规繁多且不断更新,许多从事食品行业的企业和个人在实际操作中往往面临着查找、理解和应用法律法规的困难。

为了解决这一问题,我们编写了这本《食品安全法律速查手册》。该手册旨在为食品行业从业者、相关政府部门、科研机构以及广大消费者提供一个快速、准确地查阅食品安全法律法规的工具。通过本手册,读者可以轻松了解食品安全领域的法律法规框架、主要内容以及最新动态,从而更好地遵守法律法规要求,保障食品安全。

本手册按照《中华人民共和国食品安全法》的体系结构进行编排,分为基本食品(农产品、屠宰类、乳制品以及蛋类)、食品添加剂、食品标识信息、转基因食品、食盐管理、特殊食品、食品相关产品、进出口食品、食品安全刑事法律制度以及其他相关食品法律法规十个部分。每个部分都精选了与食品安全密切相关的法律法规条款,并进行了有逻辑的梳理和整理。同时,为了方便读者查找和使用,我们还编制了详细的目录。

在编写过程中,我们注重法律法规的准确性和权威性,引用了国家相关部门发布的最新法律法规文本和解读资料。同时,我们也结合食品行业的实际需求和特点,对每一部分都选择了该部分所对应的案例,以便读者更好地理解和应用。

我们相信,《食品安全法律速查手册》将成为食品行业从业者、相关政府部门、科研机构以及广大消费者必备的参考书。通过使用本手册,读者可以更加便捷地获取食品安全法律法规信息,提高自身的法律意识和风险防范能力,共同维护食品安全秩序和公共利益。

最后,感谢所有参与本手册编写和出版工作的人员,他们的辛勤付出和专业精神使得这本手册得以顺利完成。同时,我们也要感谢广大读者对我们工作的支持和信任,我们将继续努力为大家提供更加优质、实用的法律服务。

CONTENTS 目 录

第一章 基本食品相关法律法规及案例解读 ···001
一、农产品类 ···001
1. 农产品质量安全风险管理和标准制定 ···003
2. 农产品产地 ···004
3. 农产品生产 ···005
4. 农产品销售 ···007
5. 监督管理 ···010
6. 食用农产品市场销售 ···014

二、屠宰类 ···023
1. 畜牧法 ···023
2. 动物防疫法 ···032
3. 生猪屠宰管理总则 ···034
4. 生猪定点屠宰 ···036
5. 监督管理 ···039
6. 动物检疫管理 ···040

三、乳制品 ···048
1. 奶畜养殖 ···049
2. 生鲜乳收购 ···051
3. 乳制品生产 ···053
4. 乳制品销售 ···055

四、蛋类 ···056
1. 鲜蛋与蛋制品 ···057
2. 包装鸡蛋 ···059

五、责任部分 ...065
　　　1. 农产品 ...065
　　　2. 屠宰类 ...073
　　　3. 乳品类 ...085
　　案例解析 ...088

第二章　食品添加剂相关法律法规及案例解读 ...**093**
　　一、生产环节 ...093
　　二、管理环节 ...095
　　　1. 停止生产经营 ...097
　　　2. 召回 ...098
　　　3. 处置 ...100
　　　4. 监督管理 ...101
　　三、销售环节 ...102
　　四、使用环节 ...103
　　五、责任部分 ...104
　　案例解析 ...108

第三章　食品标识信息相关法律法规及案例解读 ...**113**
　　一、基本标识信息规定 ...113
　　　1. 食品标识的标注 ...113
　　　2. 常见食品保质期、临近期规定 ...122
　　二、广告宣传规定 ...126
　　　1. 虚假宣传 ...126
　　　2. 欺骗性标识（引人误解宣传） ...128
　　三、责任部分 ...129
　　案例解析 ...133

第四章　转基因食品相关法律法规及案例解读 ...**138**
　　一、研究与申请 ...138
　　二、生产经营 ...143

三、标识管理 ··· 146
四、责任部分 ··· 147
案例解析 ··· 151

第五章 食盐管理相关法律法规及案例解读 ··· **156**
一、食盐生产 ··· 156
二、食盐销售 ··· 158
三、食盐储备与应急 ··· 161
四、食盐定点企业规范 ··· 163
  1. 食盐定点企业规范条件 ··· 163
  2. 食盐定点企业规范管理办法 ··· 165
五、责任部分 ··· 171
案例解析 ··· 176

第六章 特殊食品相关法律法规及案例解读 ··· **181**
一、保健食品 ··· 182
  1. 保健食品的注册 ··· 184
  2. 注册证书管理 ··· 191
  3. 保健食品备案 ··· 192
  4. 保健食品标签、说明书 ··· 193
  5. 保健食品原料目录与功能目录 ··· 194
二、特殊医学用途配方食品 ··· 198
  1. 特殊医学用途配方食品注册 ··· 199
  2. 特殊医学用途配方食品临床试验 ··· 207
  3. 标签和说明书 ··· 207
  4. 监督检查 ··· 208
三、婴幼儿配方食品 ··· 210
  1. 申请与注册 ··· 211
  2. 标签与说明书 ··· 218
  3. 监督管理 ··· 220

四、责任部分 ···221
  1. 保健食品 ···221
  2. 特殊医学用途配方食品 ···222
  3. 婴幼儿配方食品 ···223
案例解析 ···225

第七章　食品相关产品法律法规及案例解读　···230
一、生产环节 ···230
  1. 评估 ···230
  2. 生产要求 ···231
  3. 生产销售 ···232
  4. 监督管理 ···235
二、消毒洗涤 ···238
三、食品相关产品新品种 ···239
四、责任部分 ···242
  1. 食品安全法 ···242
  2. 食品相关产品质量安全监督管理 ···243
案例解析 ···245

第八章　进出口食品相关法律法规及案例解读　···250
一、进出口检验 ···250
  1. 总则 ···250
  2. 进口商品的检验 ···251
  3. 出口商品的检验 ···252
  4. 监督管理 ···252
二、食品进出口 ···254
三、食品添加剂进口 ···258
四、特殊食品进口 ···262
  1. 保健食品 ···262
  2. 特殊医学用途配方食品 ···264
  3. 婴幼儿配方食品 ···264

五、责任部分 ...264
 1. 进出口商品检验 ...264
 2. 食品安全法 ...265
 案例解析 ...268

第九章　食品安全刑事法律制度及案例解读　…273
 一、刑法 ...273
 二、司法解释 ...275
 三、立案追诉标准 ...281
 案例解析 ...285

第十章　其他相关食品法律法规　…290
 一、新食品原料 ...290
 二、食品安全标准管理办法 ...293
  1. 总则 ...293
  2. 食品安全国家标准立项 ...294
  3. 食品安全国家标准起草 ...295
  4. 食品安全国家标准审查 ...296
  5. 食品安全国家标准公布 ...297
  6. 食品安全地方标准备案 ...298
  7. 附则 ...299

第一章
基本食品相关法律法规及案例解读

一、农产品类

《中华人民共和国农产品质量安全法》（2022年修订）

第一条　为了保障农产品质量安全，维护公众健康，促进农村经济发展，制定本法。

第二条　本法所称农产品，是指来源于种植业、林业、畜牧业和渔业等的初级产品，即在农业活动中获得的植物、动物、微生物及其产品。

本法所称农产品质量安全，是指农产品质量达到农产品质量安全标准，符合保障人的健康、安全的要求。

第三条　与农产品质量安全有关的农产品生产经营及其监督管理活动，适用本法。

《中华人民共和国食品安全法》对食用农产品的市场销售、有关质量安全标准的制定、有关安全信息的公布和农业投入品已经作出规定的，应当遵守其规定。

第四条　国家加强农产品质量安全工作，实行源头治理、风险管理、全程控制，建立科学、严格的监督管理制度，构建协同、高效的社会共治体系。

第五条　国务院农业农村主管部门、市场监督管理部门依照本法和规定的职责，对农产品质量安全实施监督管理。

国务院其他有关部门依照本法和规定的职责承担农产品质量安全的有关工作。

第六条 县级以上地方人民政府对本行政区域的农产品质量安全工作负责，统一领导、组织、协调本行政区域的农产品质量安全工作，建立健全农产品质量安全工作机制，提高农产品质量安全水平。

县级以上地方人民政府应当依照本法和有关规定，确定本级农业农村主管部门、市场监督管理部门和其他有关部门的农产品质量安全监督管理工作职责。各有关部门在职责范围内负责本行政区域的农产品质量安全监督管理工作。

乡镇人民政府应当落实农产品质量安全监督管理责任，协助上级人民政府及其有关部门做好农产品质量安全监督管理工作。

第七条 农产品生产经营者应当对其生产经营的农产品质量安全负责。

农产品生产经营者应当依照法律、法规和农产品质量安全标准从事生产经营活动，诚信自律，接受社会监督，承担社会责任。

第八条 县级以上人民政府应当将农产品质量安全管理工作纳入本级国民经济和社会发展规划，所需经费列入本级预算，加强农产品质量安全监督管理能力建设。

第九条 国家引导、推广农产品标准化生产，鼓励和支持生产绿色优质农产品，禁止生产、销售不符合国家规定的农产品质量安全标准的农产品。

第十条 国家支持农产品质量安全科学技术研究，推行科学的质量安全管理方法，推广先进安全的生产技术。国家加强农产品质量安全科学技术国际交流与合作。

第十一条 各级人民政府及有关部门应当加强农产品质量安全知识的宣传，发挥基层群众性自治组织、农村集体经济组织的优势和作用，指导农产品生产经营者加强质量安全管理，保障农产品消费安全。

新闻媒体应当开展农产品质量安全法律、法规和农产品质量安全知识的公益宣传，对违法行为进行舆论监督。有关农产品质量安全的宣传报道应当真实、公正。

第十二条 农民专业合作社和农产品行业协会等应当及时为其成

员提供生产技术服务，建立农产品质量安全管理制度，健全农产品质量安全控制体系，加强自律管理。

1. 农产品质量安全风险管理和标准制定

《中华人民共和国农产品质量安全法》（2022年修订）

第十三条　国家建立农产品质量安全风险监测制度。

国务院农业农村主管部门应当制定国家农产品质量安全风险监测计划，并对重点区域、重点农产品品种进行质量安全风险监测。省、自治区、直辖市人民政府农业农村主管部门应当根据国家农产品质量安全风险监测计划，结合本行政区域农产品生产经营实际，制定本行政区域的农产品质量安全风险监测实施方案，并报国务院农业农村主管部门备案。县级以上地方人民政府农业农村主管部门负责组织实施本行政区域的农产品质量安全风险监测。

县级以上人民政府市场监督管理部门和其他有关部门获知有关农产品质量安全风险信息后，应当立即核实并向同级农业农村主管部门通报。接到通报的农业农村主管部门应当及时上报。制定农产品质量安全风险监测计划、实施方案的部门应当及时研究分析，必要时进行调整。

第十四条　国家建立农产品质量安全风险评估制度。

国务院农业农村主管部门应当设立农产品质量安全风险评估专家委员会，对可能影响农产品质量安全的潜在危害进行风险分析和评估。国务院卫生健康、市场监督管理等部门发现需要对农产品进行质量安全风险评估的，应当向国务院农业农村主管部门提出风险评估建议。

农产品质量安全风险评估专家委员会由农业、食品、营养、生物、环境、医学、化工等方面的专家组成。

第十五条　国务院农业农村主管部门应当根据农产品质量安全风险监测、风险评估结果采取相应的管理措施，并将农产品质量安全风险监测、风险评估结果及时通报国务院市场监督管理、卫生健康等部门和有关省、自治区、直辖市人民政府农业农村主管部门。

县级以上人民政府农业农村主管部门开展农产品质量安全风险监测和风险评估工作时，可以根据需要进入农产品产地、储存场所及批发、零售市场。采集样品应当按照市场价格支付费用。

第十六条　国家建立健全农产品质量安全标准体系，确保严格实施。农产品质量安全标准是强制执行的标准，包括以下与农产品质量安全有关的要求：

（一）农业投入品质量要求、使用范围、用法、用量、安全间隔期和休药期规定；

（二）农产品产地环境、生产过程管控、储存、运输要求；

（三）农产品关键成分指标等要求；

（四）与屠宰畜禽有关的检验规程；

（五）其他与农产品质量安全有关的强制性要求。

《中华人民共和国食品安全法》对食用农产品的有关质量安全标准作出规定的，依照其规定执行。

第十七条　农产品质量安全标准的制定和发布，依照法律、行政法规的规定执行。

制定农产品质量安全标准应当充分考虑农产品质量安全风险评估结果，并听取农产品生产经营者、消费者、有关部门、行业协会等的意见，保障农产品消费安全。

第十八条　农产品质量安全标准应当根据科学技术发展水平以及农产品质量安全的需要，及时修订。

第十九条　农产品质量安全标准由农业农村主管部门商有关部门推进实施。

2. 农产品产地

《中华人民共和国农产品质量安全法》（2022年修订）

第二十条　国家建立健全农产品产地监测制度。

县级以上地方人民政府农业农村主管部门应当会同同级生态环境、自然资源等部门制定农产品产地监测计划，加强农产品产地安全调查、监测和评价工作。

第二十一条　县级以上地方人民政府农业农村主管部门应当会同同级生态环境、自然资源等部门按照保障农产品质量安全的要求，根据农产品品种特性和产地安全调查、监测、评价结果，依照土壤污染防治等法律、法规的规定提出划定特定农产品禁止生产区域的建议，报本级人民政府批准后实施。

任何单位和个人不得在特定农产品禁止生产区域种植、养殖、捕捞、采集特定农产品和建立特定农产品生产基地。

特定农产品禁止生产区域划定和管理的具体办法由国务院农业农村主管部门商国务院生态环境、自然资源等部门制定。

第二十二条　任何单位和个人不得违反有关环境保护法律、法规的规定向农产品产地排放或者倾倒废水、废气、固体废物或者其他有毒有害物质。

农业生产用水和用作肥料的固体废物，应当符合法律、法规和国家有关强制性标准的要求。

第二十三条　农产品生产者应当科学合理使用农药、兽药、肥料、农用薄膜等农业投入品，防止对农产品产地造成污染。

农药、肥料、农用薄膜等农业投入品的生产者、经营者、使用者应当按照国家有关规定回收并妥善处置包装物和废弃物。

第二十四条　县级以上人民政府应当采取措施，加强农产品基地建设，推进农业标准化示范建设，改善农产品的生产条件。

3. 农产品生产

《中华人民共和国农产品质量安全法》（2022 年修订）

第二十五条　县级以上地方人民政府农业农村主管部门应当根据本地区的实际情况，制定保障农产品质量安全的生产技术要求和操作规程，并加强对农产品生产经营者的培训和指导。

农业技术推广机构应当加强对农产品生产经营者质量安全知识和技能的培训。国家鼓励科研教育机构开展农产品质量安全培训。

第二十六条　农产品生产企业、农民专业合作社、农业社会化服务组织应当加强农产品质量安全管理。

农产品生产企业应当建立农产品质量安全管理制度，配备相应的技术人员；不具备配备条件的，应当委托具有专业技术知识的人员进行农产品质量安全指导。

国家鼓励和支持农产品生产企业、农民专业合作社、农业社会化服务组织建立和实施危害分析和关键控制点体系，实施良好农业规范，提高农产品质量安全管理水平。

第二十七条　农产品生产企业、农民专业合作社、农业社会化服务组织应当建立农产品生产记录，如实记载下列事项：

（一）使用农业投入品的名称、来源、用法、用量和使用、停用的日期；

（二）动物疫病、农作物病虫害的发生和防治情况；

（三）收获、屠宰或者捕捞的日期。

农产品生产记录应当至少保存二年。禁止伪造、变造农产品生产记录。

国家鼓励其他农产品生产者建立农产品生产记录。

第二十八条　对可能影响农产品质量安全的农药、兽药、饲料和饲料添加剂、肥料、兽医器械，依照有关法律、行政法规的规定实行许可制度。

省级以上人民政府农业农村主管部门应当定期或者不定期组织对可能危及农产品质量安全的农药、兽药、饲料和饲料添加剂、肥料等农业投入品进行监督抽查，并公布抽查结果。

农药、兽药经营者应当依照有关法律、行政法规的规定建立销售台账，记录购买者、销售日期和药品施用范围等内容。

第二十九条　农产品生产经营者应当依照有关法律、行政法规和国家有关强制性标准、国务院农业农村主管部门的规定，科学合理使用农药、兽药、饲料和饲料添加剂、肥料等农业投入品，严格执行农业投入品使用安全间隔期或者休药期的规定；不得超范围、超剂量使用农业投入品危及农产品质量安全。

禁止在农产品生产经营过程中使用国家禁止使用的农业投入品以

及其他有毒有害物质。

第三十条　农产品生产场所以及生产活动中使用的设施、设备、消毒剂、洗涤剂等应当符合国家有关质量安全规定，防止污染农产品。

第三十一条　县级以上人民政府农业农村主管部门应当加强对农业投入品使用的监督管理和指导，建立健全农业投入品的安全使用制度，推广农业投入品科学使用技术，普及安全、环保农业投入品的使用。

第三十二条　国家鼓励和支持农产品生产经营者选用优质特色农产品品种，采用绿色生产技术和全程质量控制技术，生产绿色优质农产品，实施分等分级，提高农产品品质，打造农产品品牌。

第三十三条　国家支持农产品产地冷链物流基础设施建设，健全有关农产品冷链物流标准、服务规范和监管保障机制，保障冷链物流农产品畅通高效、安全便捷，扩大高品质市场供给。

从事农产品冷链物流的生产经营者应当依照法律、法规和有关农产品质量安全标准，加强冷链技术创新与应用、质量安全控制，执行对冷链物流农产品及其包装、运输工具、作业环境等的检验检测检疫要求，保证冷链农产品质量安全。

4. 农产品销售

《中华人民共和国农产品质量安全法》（2022年修订）

第三十四条　销售的农产品应当符合农产品质量安全标准。

农产品生产企业、农民专业合作社应当根据质量安全控制要求自行或者委托检测机构对农产品质量安全进行检测；经检测不符合农产品质量安全标准的农产品，应当及时采取管控措施，且不得销售。

农业技术推广等机构应当为农户等农产品生产经营者提供农产品检测技术服务。

第三十五条　农产品在包装、保鲜、储存、运输中所使用的保鲜剂、防腐剂、添加剂、包装材料等，应当符合国家有关强制性标准以及其他农产品质量安全规定。

储存、运输农产品的容器、工具和设备应当安全、无害。禁止将农产品与有毒有害物质一同储存、运输，防止污染农产品。

第三十六条　有下列情形之一的农产品，不得销售：

（一）含有国家禁止使用的农药、兽药或者其他化合物；

（二）农药、兽药等化学物质残留或者含有的重金属等有毒有害物质不符合农产品质量安全标准；

（三）含有的致病性寄生虫、微生物或者生物毒素不符合农产品质量安全标准；

（四）未按照国家有关强制性标准以及其他农产品质量安全规定使用保鲜剂、防腐剂、添加剂、包装材料等，或者使用的保鲜剂、防腐剂、添加剂、包装材料等不符合国家有关强制性标准以及其他质量安全规定；

（五）病死、毒死或者死因不明的动物及其产品；

（六）其他不符合农产品质量安全标准的情形。

对前款规定不得销售的农产品，应当依照法律、法规的规定进行处置。

第三十七条　农产品批发市场应当按照规定设立或者委托检测机构，对进场销售的农产品质量安全状况进行抽查检测；发现不符合农产品质量安全标准的，应当要求销售者立即停止销售，并向所在地市场监督管理、农业农村等部门报告。

农产品销售企业对其销售的农产品，应当建立健全进货检查验收制度；经查验不符合农产品质量安全标准的，不得销售。

食品生产者采购农产品等食品原料，应当依照《中华人民共和国食品安全法》的规定查验许可证和合格证明，对无法提供合格证明的，应当按照规定进行检验。

第三十八条　农产品生产企业、农民专业合作社以及从事农产品收购的单位或者个人销售的农产品，按照规定应当包装或者附加承诺达标合格证等标识的，须经包装或者附加标识后方可销售。包装物或者标识上应当按照规定标明产品的品名、产地、生产者、生产日期、保质期、产品质量等级等内容；使用添加剂的，还应当按照规定标明添加剂的名称。具体办法由国务院农业农村主管部门制定。

第三十九条　农产品生产企业、农民专业合作社应当执行法律、法规的规定和国家有关强制性标准，保证其销售的农产品符合农产品质量安全标准，并根据质量安全控制、检测结果等开具承诺达标合格证，承诺不使用禁用的农药、兽药及其他化合物且使用的常规农药、兽药残留不超标等。鼓励和支持农户销售农产品时开具承诺达标合格证。法律、行政法规对畜禽产品的质量安全合格证明有特别规定的，应当遵守其规定。

从事农产品收购的单位或者个人应当按照规定收取、保存承诺达标合格证或者其他质量安全合格证明，对其收购的农产品进行混装或者分装后销售的，应当按照规定开具承诺达标合格证。

农产品批发市场应当建立健全农产品承诺达标合格证查验等制度。

县级以上人民政府农业农村主管部门应当做好承诺达标合格证有关工作的指导服务，加强日常监督检查。

农产品质量安全承诺达标合格证管理办法由国务院农业农村主管部门会同国务院有关部门制定。

第四十条　农产品生产经营者通过网络平台销售农产品的，应当依照本法和《中华人民共和国电子商务法》、《中华人民共和国食品安全法》等法律、法规的规定，严格落实质量安全责任，保证其销售的农产品符合质量安全标准。网络平台经营者应当依法加强对农产品生产经营者的管理。

第四十一条　国家对列入农产品质量安全追溯目录的农产品实施追溯管理。国务院农业农村主管部门应当会同国务院市场监督管理等部门建立农产品质量安全追溯协作机制。农产品质量安全追溯管理办法和追溯目录由国务院农业农村主管部门会同国务院市场监督管理等部门制定。

国家鼓励具备信息化条件的农产品生产经营者采用现代信息技术手段采集、留存生产记录、购销记录等生产经营信息。

第四十二条　农产品质量符合国家规定的有关优质农产品标准的，农产品生产经营者可以申请使用农产品质量标志。禁止冒用农产品质量标志。

国家加强地理标志农产品保护和管理。

第四十三条　属于农业转基因生物的农产品，应当按照农业转基因生物安全管理的有关规定进行标识。

第四十四条　依法需要实施检疫的动植物及其产品，应当附具检疫标志、检疫证明。

5. 监督管理

《中华人民共和国农产品质量安全法》（2022年修订）

第四十五条　县级以上人民政府农业农村主管部门和市场监督管理等部门应当建立健全农产品质量安全全程监督管理协作机制，确保农产品从生产到消费各环节的质量安全。

县级以上人民政府农业农村主管部门和市场监督管理部门应当加强收购、储存、运输过程中农产品质量安全监督管理的协调配合和执法衔接，及时通报和共享农产品质量安全监督管理信息，并按照职责权限，发布有关农产品质量安全日常监督管理信息。

第四十六条　县级以上人民政府农业农村主管部门应当根据农产品质量安全风险监测、风险评估结果和农产品质量安全状况等，制定监督抽查计划，确定农产品质量安全监督抽查的重点、方式和频次，并实施农产品质量安全风险分级管理。

第四十七条　县级以上人民政府农业农村主管部门应当建立健全随机抽查机制，按照监督抽查计划，组织开展农产品质量安全监督抽查。

农产品质量安全监督抽查检测应当委托符合本法规定条件的农产品质量安全检测机构进行。监督抽查不得向被抽查人收取费用，抽取的样品应当按照市场价格支付费用，并不得超过国务院农业农村主管部门规定的数量。

上级农业农村主管部门监督抽查的同批次农产品，下级农业农村主管部门不得另行重复抽查。

第四十八条　农产品质量安全检测应当充分利用现有的符合条件的检测机构。

从事农产品质量安全检测的机构,应当具备相应的检测条件和能力,由省级以上人民政府农业农村主管部门或者其授权的部门考核合格。具体办法由国务院农业农村主管部门制定。

农产品质量安全检测机构应当依法经资质认定。

第四十九条　从事农产品质量安全检测工作的人员,应当具备相应的专业知识和实际操作技能,遵纪守法,恪守职业道德。

农产品质量安全检测机构对出具的检测报告负责。检测报告应当客观公正,检测数据应当真实可靠,禁止出具虚假检测报告。

第五十条　县级以上地方人民政府农业农村主管部门可以采用国务院农业农村主管部门会同国务院市场监督管理等部门认定的快速检测方法,开展农产品质量安全监督抽查检测。抽查检测结果确定有关农产品不符合农产品质量安全标准的,可以作为行政处罚的证据。

第五十一条　农产品生产经营者对监督抽查检测结果有异议的,可以自收到检测结果之日起五个工作日内,向实施农产品质量安全监督抽查的农业农村主管部门或者其上一级农业农村主管部门申请复检。复检机构与初检机构不得为同一机构。

采用快速检测方法进行农产品质量安全监督抽查检测,被抽查人对检测结果有异议的,可以自收到检测结果时起四小时内申请复检。复检不得采用快速检测方法。

复检机构应当自收到复检样品之日起七个工作日内出具检测报告。

因检测结果错误给当事人造成损害的,依法承担赔偿责任。

第五十二条　县级以上地方人民政府农业农村主管部门应当加强对农产品生产的监督管理,开展日常检查,重点检查农产品产地环境、农业投入品购买和使用、农产品生产记录、承诺达标合格证开具等情况。

国家鼓励和支持基层群众性自治组织建立农产品质量安全信息员工作制度,协助开展有关工作。

第五十三条　开展农产品质量安全监督检查,有权采取下列措施:

(一)进入生产经营场所进行现场检查,调查了解农产品质量安全的有关情况;

（二）查阅、复制农产品生产记录、购销台账等与农产品质量安全有关的资料；

（三）抽样检测生产经营的农产品和使用的农业投入品以及其他有关产品；

（四）查封、扣押有证据证明存在农产品质量安全隐患或者经检测不符合农产品质量安全标准的农产品；

（五）查封、扣押有证据证明可能危及农产品质量安全或者经检测不符合产品质量标准的农业投入品以及其他有毒有害物质；

（六）查封、扣押用于违法生产经营农产品的设施、设备、场所以及运输工具；

（七）收缴伪造的农产品质量标志。

农产品生产经营者应当协助、配合农产品质量安全监督检查，不得拒绝、阻挠。

第五十四条　县级以上人民政府农业农村等部门应当加强农产品质量安全信用体系建设，建立农产品生产经营者信用记录，记载行政处罚等信息，推进农产品质量安全信用信息的应用和管理。

第五十五条　农产品生产经营过程中存在质量安全隐患，未及时采取措施消除的，县级以上地方人民政府农业农村主管部门可以对农产品生产经营者的法定代表人或者主要负责人进行责任约谈。农产品生产经营者应当立即采取措施，进行整改，消除隐患。

第五十六条　国家鼓励消费者协会和其他单位或者个人对农产品质量安全进行社会监督，对农产品质量安全监督管理工作提出意见和建议。任何单位和个人有权对违反本法的行为进行检举控告、投诉举报。

县级以上人民政府农业农村主管部门应当建立农产品质量安全投诉举报制度，公开投诉举报渠道，收到投诉举报后，应当及时处理。对不属于本部门职责的，应当移交有权处理的部门并书面通知投诉举报人。

第五十七条　县级以上地方人民政府农业农村主管部门应当加强对农产品质量安全执法人员的专业技术培训并组织考核。不具备相应知识和能力的，不得从事农产品质量安全执法工作。

第五十八条　上级人民政府应当督促下级人民政府履行农产品质量安全职责。对农产品质量安全责任落实不力、问题突出的地方人民政府，上级人民政府可以对其主要负责人进行责任约谈。被约谈的地方人民政府应当立即采取整改措施。

第五十九条　国务院农业农村主管部门应当会同国务院有关部门制定国家农产品质量安全突发事件应急预案，并与国家食品安全事故应急预案相衔接。

县级以上地方人民政府应当根据有关法律、行政法规的规定和上级人民政府的农产品质量安全突发事件应急预案，制定本行政区域的农产品质量安全突发事件应急预案。

发生农产品质量安全事故时，有关单位和个人应当采取控制措施，及时向所在地乡镇人民政府和县级人民政府农业农村等部门报告；收到报告的机关应当按照农产品质量安全突发事件应急预案及时处理并报本级人民政府、上级人民政府有关部门。发生重大农产品质量安全事故时，按照规定上报国务院及其有关部门。

任何单位和个人不得隐瞒、谎报、缓报农产品质量安全事故，不得隐匿、伪造、毁灭有关证据。

第六十条　县级以上地方人民政府市场监督管理部门依照本法和《中华人民共和国食品安全法》等法律、法规的规定，对农产品进入批发、零售市场或者生产加工企业后的生产经营活动进行监督检查。

第六十一条　县级以上人民政府农业农村、市场监督管理等部门发现农产品质量安全违法行为涉嫌犯罪的，应当及时将案件移送公安机关。对移送的案件，公安机关应当及时审查；认为有犯罪事实需要追究刑事责任的，应当立案侦查。

公安机关对依法不需要追究刑事责任但应当给予行政处罚的，应当及时将案件移送农业农村、市场监督管理等部门，有关部门应当依法处理。

公安机关商请农业农村、市场监督管理、生态环境等部门提供检验结论、认定意见以及对涉案农产品进行无害化处理等协助的，有关部门应当及时提供、予以协助。

6. 食用农产品市场销售

《食用农产品市场销售质量安全监督管理办法》

（2023年6月30日国家市场监督管理总局令第81号公布　自2023年12月1日起施行）

第四十九条　本办法下列用语的含义：

食用农产品，指来源于种植业、林业、畜牧业和渔业等供人食用的初级产品，即在农业活动中获得的供人食用的植物、动物、微生物及其产品，不包括法律法规禁止食用的野生动物产品及其制品。

即食食用农产品，指以生鲜食用农产品为原料，经过清洗、去皮、切割等简单加工后，可供人直接食用的食用农产品。

第二条　食用农产品市场销售质量安全及其监督管理适用本办法。

本办法所称食用农产品市场销售，是指通过食用农产品集中交易市场（以下简称集中交易市场）、商场、超市、便利店等固定场所销售食用农产品的活动，不包括食用农产品收购行为。

第三条　国家市场监督管理总局负责制定食用农产品市场销售质量安全监督管理制度，监督指导全国食用农产品市场销售质量安全的监督管理工作。

省、自治区、直辖市市场监督管理部门负责监督指导本行政区域食用农产品市场销售质量安全的监督管理工作。

市、县级市场监督管理部门负责本行政区域食用农产品市场销售质量安全的监督管理工作。

第四条　县级以上市场监督管理部门应当与同级农业农村等相关部门建立健全食用农产品市场销售质量安全监督管理协作机制，加强信息共享，推动产地准出与市场准入衔接，保证市场销售的食用农产品可追溯。

第五条　食用农产品市场销售相关行业组织应当加强行业自律，

督促集中交易市场开办者和销售者履行法律义务，规范集中交易市场食品安全管理行为和销售者经营行为，提高食用农产品质量安全保障水平。

第六条　在严格执行食品安全标准的基础上，鼓励食用农产品销售企业通过应用推荐性国家标准、行业标准以及团体标准等促进食用农产品高质量发展。

第七条　食用农产品销售者（以下简称销售者）应当保持销售场所环境整洁，与有毒、有害场所以及其他污染源保持适当的距离，防止交叉污染。

销售生鲜食用农产品，不得使用对食用农产品的真实色泽等感官性状造成明显改变的照明等设施误导消费者对商品的感官认知。

鼓励采用净菜上市、冷鲜上市等方式销售食用农产品。

第八条　销售者采购食用农产品，应当依照食品安全法第六十五条的规定建立食用农产品进货查验记录制度，索取并留存食用农产品进货凭证，并核对供货者等有关信息。

采购按照规定应当检疫、检验的肉类，应当索取并留存动物检疫合格证明、肉品品质检验合格证等证明文件。采购进口食用农产品，应当索取并留存海关部门出具的入境货物检验检疫证明等证明文件。

供货者提供的销售凭证、食用农产品采购协议等凭证中含有食用农产品名称、数量、供货日期以及供货者名称、地址、联系方式等进货信息的，可以作为食用农产品的进货凭证。

[《中华人民共和国食品安全法》（2021年修正）第六十五条　食用农产品销售者应当建立食用农产品进货查验记录制度，如实记录食用农产品的名称、数量、进货日期以及供货者名称、地址、联系方式等内容，并保存相关凭证。记录和凭证保存期限不得少于六个月。]

第九条　从事连锁经营和批发业务的食用农产品销售企业应当主动加强对采购渠道的审核管理，优先采购附具承诺达标合格证或者其他产品质量合格凭证的食用农产品，不得采购不符合食品安全标准的食用农产品。对无法提供承诺达标合格证或者其他产品质量合格凭证的，鼓励销售企业进行抽样检验或者快速检测。

除生产者或者供货者出具的承诺达标合格证外，自检合格证明、有关部门出具的检验检疫合格证明等也可以作为食用农产品的产品质量合格凭证。

第十条　实行统一配送销售方式的食用农产品销售企业，对统一配送的食用农产品可以由企业总部统一建立进货查验记录制度并保存进货凭证和产品质量合格凭证；所属各销售门店应当保存总部的配送清单，提供可查验相应凭证的方式。配送清单保存期限不得少于六个月。

第十一条　从事批发业务的食用农产品销售企业应当建立食用农产品销售记录制度，如实记录批发食用农产品的名称、数量、进货日期、销售日期以及购货者名称、地址、联系方式等内容，并保存相关凭证。记录和凭证保存期限不得少于六个月。

第十二条　销售者销售食用农产品，应当在销售场所明显位置或者带包装产品的包装上如实标明食用农产品的名称、产地、生产者或者销售者的名称或者姓名等信息。产地应当具体到县（市、区），鼓励标注到乡镇、村等具体产地。对保质期有要求的，应当标注保质期；保质期与贮存条件有关的，应当予以标明；在包装、保鲜、贮存中使用保鲜剂、防腐剂等食品添加剂的，应当标明食品添加剂名称。

销售即食食用农产品还应当如实标明具体制作时间。

食用农产品标签所用文字应当使用规范的中文，标注的内容应当清楚、明显，不得含有虚假、错误或者其他误导性内容。

鼓励销售者在销售场所明显位置展示食用农产品的承诺达标合格证。带包装销售食用农产品的，鼓励在包装上标明生产日期或者包装日期、贮存条件以及最佳食用期限等内容。

第十三条　进口食用农产品的包装或者标签应当符合我国法律、行政法规的规定和食品安全标准的要求，并以中文载明原产国（地区），以及在中国境内依法登记注册的代理商、进口商或者经销者的名称、地址和联系方式，可以不标示生产者的名称、地址和联系方式。

进口鲜冻肉类产品的外包装上应当以中文标明规格、产地、目的地、生产日期、保质期、贮存条件等内容。

分装销售的进口食用农产品，应当在包装上保留原进口食用农产品全部信息以及分装企业、分装时间、地点、保质期等信息。

第十四条　销售者通过去皮、切割等方式简单加工、销售即食食用农产品的，应当采取有效措施做好食品安全防护，防止交叉污染。

第十五条　禁止销售者采购、销售食品安全法第三十四条规定情形的食用农产品。

可拣选的果蔬类食用农产品带泥、带沙、带虫、部分枯萎，以及可拣选的水产品带水、带泥、带沙等，不属于食品安全法第三十四条第六项规定的腐败变质、霉变生虫、污秽不洁、混有异物、掺假掺杂或者感官性状异常等情形。

[《中华人民共和国食品安全法》（2021年修正）第三十四条　禁止生产经营下列食品、食品添加剂、食品相关产品：

（一）用非食品原料生产的食品或者添加食品添加剂以外的化学物质和其他可能危害人体健康物质的食品，或者用回收食品作为原料生产的食品；

（二）致病性微生物、农药残留、兽药残留、生物毒素、重金属等污染物质以及其他危害人体健康的物质含量超过食品安全标准限量的食品、食品添加剂、食品相关产品；

（三）用超过保质期的食品原料、食品添加剂生产的食品、食品添加剂；

（四）超范围、超限量使用食品添加剂的食品；

（五）营养成分不符合食品安全标准的专供婴幼儿和其他特定人群的主辅食品；

（六）腐败变质、油脂酸败、霉变生虫、污秽不洁、混有异物、掺假掺杂或者感官性状异常的食品、食品添加剂；

（七）病死、毒死或者死因不明的禽、畜、兽、水产动物肉类及其制品；

（八）未按规定进行检疫或者检疫不合格的肉类，或者未经检验或者检验不合格的肉类制品；

（九）被包装材料、容器、运输工具等污染的食品、食品添加剂；

（十）标注虚假生产日期、保质期或者超过保质期的食品、食品添加剂；

（十一）无标签的预包装食品、食品添加剂；

（十二）国家为防病等特殊需要明令禁止生产经营的食品；

（十三）其他不符合法律、法规或者食品安全标准的食品、食品添加剂、食品相关产品。]

第十六条　销售者贮存食用农产品，应当定期检查，及时清理腐败变质、油脂酸败、霉变生虫或者感官性状异常的食用农产品。贮存对温度、湿度等有特殊要求的食用农产品，应当具备保温、冷藏或者冷冻等设施设备，并保持有效运行。

销售者委托贮存食用农产品的，应当选择取得营业执照等合法主体资格、能够保障食品安全的贮存服务提供者，并监督受托方按照保证食品安全的要求贮存食用农产品。

第十七条　接受销售者委托贮存食用农产品的贮存服务提供者，应当按照保证食品安全的要求，加强贮存过程管理，履行下列义务：

（一）如实记录委托方名称或者姓名、地址、联系方式等内容，记录保存期限不得少于贮存结束后二年；

（二）非食品生产经营者从事对温度、湿度等有特殊要求的食用农产品贮存业务的，应当自取得营业执照之日起三十个工作日内向所在地县级市场监督管理部门备案，备案信息包括贮存场所名称、地址、贮存能力以及法定代表人或者负责人姓名、统一社会信用代码、联系方式等信息；

（三）保证贮存食用农产品的容器、工具和设备安全无害，保持清洁，防止污染，保证食品安全所需的温度、湿度和环境等特殊要求，不得将食用农产品与有毒、有害物品一同贮存；

（四）贮存肉类冻品应当查验并留存有关动物检疫合格证明、肉品品质检验合格证等证明文件；

（五）贮存进口食用农产品，应当查验并留存海关部门出具的入境货物检验检疫证明等证明文件；

（六）定期检查库存食用农产品，发现销售者有违法行为的，应当及时制止并立即报告所在地县级市场监督管理部门；

（七）法律、法规规定的其他义务。

第十八条　食用农产品的运输容器、工具和设备应当安全无害，保持清洁，防止污染，不得将食用农产品与有毒、有害物品一同运输。运输对温度、湿度等有特殊要求的食用农产品，应当具备保温、冷藏或者冷冻等设备设施，并保持有效运行。

销售者委托运输食用农产品的，应当对承运人的食品安全保障能力进行审核，并监督承运人加强运输过程管理，如实记录委托方和收货方的名称或者姓名、地址、联系方式等内容，记录保存期限不得少于运输结束后二年。

第十九条　集中交易市场开办者应当建立健全食品安全管理制度，履行入场销售者登记建档、签订协议、入场查验、场内检查、信息公示、食品安全违法行为制止及报告、食品安全事故处置、投诉举报处置等管理义务，食用农产品批发市场（以下简称批发市场）开办者还应当履行抽样检验、统一销售凭证格式以及监督入场销售者开具销售凭证等管理义务。

第二十条　集中交易市场开办者应当在市场开业前向所在地县级市场监督管理部门如实报告市场名称、住所、类型、法定代表人或者负责人姓名、食用农产品主要种类等信息。

集中交易市场开办者应当建立入场销售者档案并及时更新，如实记录销售者名称或者姓名、统一社会信用代码或者身份证号码、联系方式，以及市场自查和抽检中发现的问题和处理信息。入场销售者档案信息保存期限不少于销售者停止销售后六个月。

第二十一条　集中交易市场开办者应当按照食用农产品类别实行分区销售，为入场销售者提供符合食品安全要求的环境、设施、设备等经营条件，定期检查和维护，并做好检查记录。

第二十二条　鼓励集中交易市场开办者改造升级，为入场销售者提供满足经营需要的冷藏、冷冻、保鲜等专业贮存场所，更新设施、设备，提高食品安全保障能力和水平。

鼓励集中交易市场开办者采用信息化手段统一采集食用农产品进货、贮存、运输、交易等数据信息，提高食品安全追溯能力和水平。

第二十三条　集中交易市场开办者应当查验入场食用农产品的进

货凭证和产品质量合格凭证，与入场销售者签订食用农产品质量安全协议，列明违反食品安全法律法规规定的退市条款。未签订食用农产品质量安全协议的销售者和无法提供进货凭证的食用农产品不得进入市场销售。

集中交易市场开办者对声称销售自产食用农产品的，应当查验自产食用农产品的承诺达标合格证或者查验并留存销售者身份证号码、联系方式、住所以及食用农产品名称、数量、入场日期等信息。

对无法提供承诺达标合格证或者其他产品质量合格凭证的食用农产品，集中交易市场开办者应当进行抽样检验或者快速检测，结果合格的，方可允许进入市场销售。

鼓励和引导有条件的集中交易市场开办者对场内销售的食用农产品集中建立进货查验记录制度。

第二十四条　集中交易市场开办者应当配备食品安全员等食品安全管理人员，加强对食品安全管理人员的培训和考核；批发市场开办者还应当配备食品安全总监。

食品安全管理人员应当加强对入场销售者的食品安全宣传教育，对入场销售者的食用农产品经营行为进行检查。检查中发现存在违法行为的，集中交易市场开办者应当及时制止，并向所在地县级市场监督管理部门报告。

第二十五条　批发市场开办者应当依照食品安全法第六十四条的规定，对场内销售的食用农产品进行抽样检验。采取快速检测的，应当采用国家规定的快速检测方法。鼓励零售市场开办者配备检验设备和检验人员，或者委托具有资质的食品检验机构，进行食用农产品抽样检验。

集中交易市场开办者发现场内食用农产品不符合食品安全标准的，应当要求入场销售者立即停止销售，依照集中交易市场管理规定或者与入场销售者签订的协议进行销毁或者无害化处理，如实记录不合格食用农产品数量、产地、销售者、销毁方式等内容，留存不合格食用农产品销毁影像信息，并向所在地县级市场监督管理部门报告。记录保存期限不少于销售者停止销售后六个月。

[《中华人民共和国食品安全法》（2021年修正）第六十四条　食

用农产品批发市场应当配备检验设备和检验人员或者委托符合本法规定的食品检验机构,对进入该批发市场销售的食用农产品进行抽样检验;发现不符合食品安全标准的,应当要求销售者立即停止销售,并向食品安全监督管理部门报告。]

第二十六条 集中交易市场开办者应当在醒目位置及时公布本市场食品安全管理制度、食品安全管理人员、投诉举报电话、市场自查结果、食用农产品抽样检验信息以及不合格食用农产品处理结果等信息。

公布的食用农产品抽样检验信息应当包括检验项目和检验结果。

第二十七条 批发市场开办者应当向入场销售者提供包括批发市场名称、食用农产品名称、产地、数量、销售日期以及销售者名称、摊位信息、联系方式等项目信息的统一销售凭证,或者指导入场销售者自行印制包括上述项目信息的销售凭证。

批发市场开办者印制或者按照批发市场要求印制的销售凭证,以及包括前款所列项目信息的电子凭证可以作为入场销售者的销售记录和相关购货者的进货凭证。销售凭证保存期限不得少于六个月。

第二十八条 与屠宰厂(场)、食用农产品种植养殖基地签订协议的批发市场开办者应当对屠宰厂(场)和食用农产品种植养殖基地进行实地考察,了解食用农产品生产过程以及相关信息。

第二十九条 县级以上市场监督管理部门按照本行政区域食品安全年度监督管理计划,对集中交易市场开办者、销售者及其委托的贮存服务提供者遵守本办法情况进行日常监督检查:

(一)对食用农产品销售、贮存等场所、设施、设备,以及信息公示情况等进行现场检查;

(二)向当事人和其他有关人员调查了解与食用农产品销售活动和质量安全有关的情况;

(三)检查食用农产品进货查验记录制度落实情况,查阅、复制与食用农产品质量安全有关的记录、协议、发票以及其他资料;

(四)检查集中交易市场抽样检验情况;

(五)对集中交易市场的食品安全总监、食品安全员随机进行监督抽查考核并公布考核结果;

（六）对食用农产品进行抽样，送有资质的食品检验机构进行检验；

（七）对有证据证明不符合食品安全标准或者有证据证明存在质量安全隐患以及用于违法生产经营的食用农产品，有权查封、扣押、监督销毁；

（八）依法查封违法从事食用农产品销售活动的场所。

集中交易市场开办者、销售者及其委托的贮存服务提供者对市场监督管理部门依法实施的监督检查应当予以配合，不得拒绝、阻挠、干涉。

第三十条　市、县级市场监督管理部门可以采用国家规定的快速检测方法对食用农产品质量安全进行抽查检测，抽查检测结果表明食用农产品可能存在质量安全隐患的，销售者应当暂停销售；抽查检测结果确定食用农产品不符合食品安全标准的，可以作为行政处罚的证据。

被抽查人对快速检测结果有异议的，可以自收到检测结果时起四小时内申请复检。复检结论仍不合格的，复检费用由申请人承担。复检不得采用快速检测方法。

第三十一条　市、县级市场监督管理部门应当依据职责公布食用农产品质量安全监督管理信息。

公布食用农产品质量安全监督管理信息，应当做到准确、及时、客观，并进行必要的解释说明，避免误导消费者和社会舆论。

第三十二条　县级以上市场监督管理部门应当加强信息化建设，汇总分析食用农产品质量安全信息，加强监督管理，防范食品安全风险。

第三十三条　县级以上地方市场监督管理部门应当将监督检查、违法行为查处等情况记入集中交易市场开办者、销售者食品安全信用档案，并依法通过国家企业信用信息公示系统向社会公示。

对于性质恶劣、情节严重、社会危害较大，受到市场监督管理部门较重行政处罚的，依法列入市场监督管理严重违法失信名单，采取提高检查频次等管理措施，并依法实施联合惩戒。

市、县级市场监督管理部门应当逐步建立销售者市场准入前信用承诺制度，要求销售者以规范格式向社会作出公开承诺，如存在违法失信销售行为将自愿接受信用惩戒。信用承诺纳入销售者信用档案，接受社会监督，并作为事中事后监督管理的参考。

第三十四条　食用农产品在销售过程中存在质量安全隐患，未及时采取有效措施消除的，市、县级市场监督管理部门可以对集中交易市场开办者、销售企业负责人进行责任约谈。被约谈者无正当理由拒不按时参加约谈或者未按要求落实整改的，市场监督管理部门应当记入集中交易市场开办者、销售企业信用档案。

第三十五条　市、县级市场监督管理部门发现批发市场有国家法律法规及本办法禁止销售的食用农产品，在依法处理的同时，应当及时追查食用农产品来源和流向，查明原因、控制风险并报告上级市场监督管理部门，同时通报所涉地同级市场监督管理部门；涉及种植养殖和进出口环节的，还应当通报农业农村主管部门和海关部门。所涉地市场监督管理部门接到通报后应当积极配合开展调查，控制风险，并加强与事发地市场监督管理部门的信息通报和执法协作。

市、县级市场监督管理部门发现超出其管辖范围的食用农产品质量安全案件线索，应当及时移送有管辖权的市、县级市场监督管理部门。

二、屠宰类

1. 畜牧法

《中华人民共和国畜牧法》（2022 年修订）

第二条　在中华人民共和国境内从事畜禽的遗传资源保护利用、繁育、饲养、经营、运输、屠宰等活动，适用本法。

本法所称畜禽，是指列入依照本法第十二条规定公布的畜禽遗传资源目录的畜禽。

蜂、蚕的资源保护利用和生产经营，适用本法有关规定。

种畜禽品种选育与生产经营

第十九条 国家扶持畜禽品种的选育和优良品种的推广使用，实施全国畜禽遗传改良计划；支持企业、高等学校、科研机构和技术推广单位开展联合育种，建立健全畜禽良种繁育体系。

县级以上人民政府支持开发利用列入畜禽遗传资源保护名录的品种，增加特色畜禽产品供给，满足多元化消费需求。

第二十条 国家鼓励和支持畜禽种业自主创新，加强育种技术攻关，扶持选育生产经营相结合的创新型企业发展。

第二十一条 培育的畜禽新品种、配套系和新发现的畜禽遗传资源在销售、推广前，应当通过国家畜禽遗传资源委员会审定或者鉴定，并由国务院农业农村主管部门公告。畜禽新品种、配套系的审定办法和畜禽遗传资源的鉴定办法，由国务院农业农村主管部门制定。审定或者鉴定所需的试验、检测等费用由申请者承担。

畜禽新品种、配套系培育者的合法权益受法律保护。

第二十二条 转基因畜禽品种的引进、培育、试验、审定和推广，应当符合国家有关农业转基因生物安全管理的规定。

第二十三条 省级以上畜牧兽医技术推广机构应当组织开展种畜质量监测、优良个体登记，向社会推荐优良种畜。优良种畜登记规则由国务院农业农村主管部门制定。

第二十四条 从事种畜禽生产经营或者生产经营商品代仔畜、雏禽的单位、个人，应当取得种畜禽生产经营许可证。

申请取得种畜禽生产经营许可证，应当具备下列条件：

（一）生产经营的种畜禽是通过国家畜禽遗传资源委员会审定或者鉴定的品种、配套系，或者是经批准引进的境外品种、配套系；

（二）有与生产经营规模相适应的畜牧兽医技术人员；

（三）有与生产经营规模相适应的繁育设施设备；

（四）具备法律、行政法规和国务院农业农村主管部门规定的种畜禽防疫条件；

（五）有完善的质量管理和育种记录制度；

（六）法律、行政法规规定的其他条件。

第二十五条　申请取得生产家畜卵子、精液、胚胎等遗传材料的生产经营许可证，除应当符合本法第二十四条第二款规定的条件外，还应当具备下列条件：

（一）符合国务院农业农村主管部门规定的实验室、保存和运输条件；

（二）符合国务院农业农村主管部门规定的种畜数量和质量要求；

（三）体外受精取得的胚胎、使用的卵子来源明确，供体畜符合国家规定的种畜健康标准和质量要求；

（四）符合有关国家强制性标准和国务院农业农村主管部门规定的技术要求。

第二十六条　申请取得生产家畜卵子、精液、胚胎等遗传材料的生产经营许可证，应当向省、自治区、直辖市人民政府农业农村主管部门提出申请。受理申请的农业农村主管部门应当自收到申请之日起六十个工作日内依法决定是否发放生产经营许可证。

其他种畜禽的生产经营许可证由县级以上地方人民政府农业农村主管部门审核发放。

国家对种畜禽生产经营许可证实行统一管理、分级负责，在统一的信息平台办理。种畜禽生产经营许可证的审批和发放信息应当依法向社会公开。具体办法和许可证样式由国务院农业农村主管部门制定。

第二十七条　种畜禽生产经营许可证应当注明生产经营者名称、场（厂）址、生产经营范围及许可证有效期的起止日期等。

禁止无种畜禽生产经营许可证或者违反种畜禽生产经营许可证的规定生产经营种畜禽或者商品代仔畜、雏禽。禁止伪造、变造、转让、租借种畜禽生产经营许可证。

第二十八条　农户饲养的种畜禽用于自繁自养和有少量剩余仔畜、雏禽出售的，农户饲养种公畜进行互助配种的，不需要办理种畜禽生产经营许可证。

第二十九条　发布种畜禽广告的，广告主应当持有或者提供种畜禽生产经营许可证和营业执照。广告内容应当符合有关法律、行政法规的规定，并注明种畜禽品种、配套系的审定或者鉴定名称，对主要性状的描述应当符合该品种、配套系的标准。

第三十条　销售的种畜禽、家畜配种站（点）使用的种公畜，应当符合种用标准。销售种畜禽时，应当附具种畜禽场出具的种畜禽合格证明、动物卫生监督机构出具的检疫证明，销售的种畜还应当附具种畜禽场出具的家畜系谱。

生产家畜卵子、精液、胚胎等遗传材料，应当有完整的采集、销售、移植等记录，记录应当保存二年。

第三十一条　销售种畜禽，不得有下列行为：

（一）以其他畜禽品种、配套系冒充所销售的种畜禽品种、配套系；

（二）以低代别种畜禽冒充高代别种畜禽；

（三）以不符合种用标准的畜禽冒充种畜禽；

（四）销售未经批准进口的种畜禽；

（五）销售未附具本法第三十条规定的种畜禽合格证明、检疫证明的种畜禽或者未附具家畜系谱的种畜；

（六）销售未经审定或者鉴定的种畜禽品种、配套系。

第三十二条　申请进口种畜禽的，应当持有种畜禽生产经营许可证。因没有种畜禽而未取得种畜禽生产经营许可证的，应当提供省、自治区、直辖市人民政府农业农村主管部门的说明文件。进口种畜禽的批准文件有效期为六个月。

进口的种畜禽应当符合国务院农业农村主管部门规定的技术要求。首次进口的种畜禽还应当由国家畜禽遗传资源委员会进行种用性能的评估。

种畜禽的进出口管理除适用本条前两款的规定外，还适用本法第十六条、第十七条和第二十二条的相关规定。

国家鼓励畜禽养殖者利用进口的种畜禽进行新品种、配套系的培育；培育的新品种、配套系在推广前，应当经国家畜禽遗传资源委员会审定。

第三十三条　销售商品代仔畜、雏禽的，应当向购买者提供其销售的商品代仔畜、雏禽的主要生产性能指标、免疫情况、饲养技术要求和有关咨询服务，并附具动物卫生监督机构出具的检疫证明。

销售种畜禽和商品代仔畜、雏禽，因质量问题给畜禽养殖者造成损失的，应当依法赔偿损失。

第三十四条　县级以上人民政府农业农村主管部门负责种畜禽质量安全的监督管理工作。种畜禽质量安全的监督检验应当委托具有法定资质的种畜禽质量检验机构进行；所需检验费用由同级预算列支，不得向被检验人收取。

第三十五条　蜂种、蚕种的资源保护、新品种选育、生产经营和推广，适用本法有关规定，具体管理办法由国务院农业农村主管部门制定。

畜禽养殖

第三十九条　畜禽养殖场应当具备下列条件：
（一）有与其饲养规模相适应的生产场所和配套的生产设施；
（二）有为其服务的畜牧兽医技术人员；
（三）具备法律、行政法规和国务院农业农村主管部门规定的防疫条件；
（四）有与畜禽粪污无害化处理和资源化利用相适应的设施设备；
（五）法律、行政法规规定的其他条件。

畜禽养殖场兴办者应当将畜禽养殖场的名称、养殖地址、畜禽品种和养殖规模，向养殖场所在地县级人民政府农业农村主管部门备案，取得畜禽标识代码。

畜禽养殖场的规模标准和备案管理办法，由国务院农业农村主管部门制定。

畜禽养殖户的防疫条件、畜禽粪污无害化处理和资源化利用要求，由省、自治区、直辖市人民政府农业农村主管部门会同有关部门规定。

第四十条　畜禽养殖场的选址、建设应当符合国土空间规划，并遵守有关法律法规的规定；不得违反法律法规的规定，在禁养区域建设畜禽养殖场。

第四十一条　畜禽养殖场应当建立养殖档案，载明下列内容：
（一）畜禽的品种、数量、繁殖记录、标识情况、来源和进出场日期；

（二）饲料、饲料添加剂、兽药等投入品的来源、名称、使用对象、时间和用量；

（三）检疫、免疫、消毒情况；

（四）畜禽发病、死亡和无害化处理情况；

（五）畜禽粪污收集、储存、无害化处理和资源化利用情况；

（六）国务院农业农村主管部门规定的其他内容。

第四十二条　畜禽养殖者应当为其饲养的畜禽提供适当的繁殖条件和生存、生长环境。

第四十三条　从事畜禽养殖，不得有下列行为：

（一）违反法律、行政法规和国家有关强制性标准、国务院农业农村主管部门的规定使用饲料、饲料添加剂、兽药；

（二）使用未经高温处理的餐馆、食堂的泔水饲喂家畜；

（三）在垃圾场或者使用垃圾场中的物质饲养畜禽；

（四）随意弃置和处理病死畜禽；

（五）法律、行政法规和国务院农业农村主管部门规定的危害人和畜禽健康的其他行为。

第四十四条　从事畜禽养殖，应当依照《中华人民共和国动物防疫法》、《中华人民共和国农产品质量安全法》的规定，做好畜禽疫病防治和质量安全工作。

第四十五条　畜禽养殖者应当按照国家关于畜禽标识管理的规定，在应当加施标识的畜禽的指定部位加施标识。农业农村主管部门提供标识不得收费，所需费用列入省、自治区、直辖市人民政府预算。

禁止伪造、变造或者重复使用畜禽标识。禁止持有、使用伪造、变造的畜禽标识。

第四十六条　畜禽养殖场应当保证畜禽粪污无害化处理和资源化利用设施的正常运转，保证畜禽粪污综合利用或者达标排放，防止污染环境。违法排放或者因管理不当污染环境的，应当排除危害，依法赔偿损失。

国家支持建设畜禽粪污收集、储存、粪污无害化处理和资源化利用设施，推行畜禽粪污养分平衡管理，促进农用有机肥利用和种养结合发展。

第四十七条　国家引导畜禽养殖户按照畜牧业发展规划有序发展，加强对畜禽养殖户的指导帮扶，保护其合法权益，不得随意以行政手段强行清退。

国家鼓励涉农企业带动畜禽养殖户融入现代畜牧业产业链，加强面向畜禽养殖户的社会化服务，支持畜禽养殖户和畜牧业专业合作社发展畜禽规模化、标准化养殖，支持发展新产业、新业态，促进与旅游、文化、生态等产业融合。

第四十八条　国家支持发展特种畜禽养殖。县级以上人民政府应当采取措施支持建立与特种畜禽养殖业发展相适应的养殖体系。

第四十九条　国家支持发展养蜂业，保护养蜂生产者的合法权益。

有关部门应当积极宣传和推广蜂授粉农艺措施。

第五十条　养蜂生产者在生产过程中，不得使用危害蜂产品质量安全的药品和容器，确保蜂产品质量。养蜂器具应当符合国家标准和国务院有关部门规定的技术要求。

第五十一条　养蜂生产者在转地放蜂时，当地公安、交通运输、农业农村等有关部门应当为其提供必要的便利。

养蜂生产者在国内转地放蜂，凭国务院农业农村主管部门统一格式印制的检疫证明运输蜂群，在检疫证明有效期内不得重复检疫。

畜禽交易与运输

第六十二条　县级以上地方人民政府应当根据农产品批发市场发展规划，对在畜禽集散地建立畜禽批发市场给予扶持。

畜禽批发市场选址，应当符合法律、行政法规和国务院农业农村主管部门规定的动物防疫条件，并距离种畜禽场和大型畜禽养殖场三公里以外。

第六十三条　进行交易的畜禽应当符合农产品质量安全标准和国务院有关部门规定的技术要求。

国务院农业农村主管部门规定应当加施标识而没有标识的畜禽，不得销售、收购。

国家鼓励畜禽屠宰经营者直接从畜禽养殖者收购畜禽，建立稳定收购渠道，降低动物疫病和质量安全风险。

第六十四条 运输畜禽，应当符合法律、行政法规和国务院农业农村主管部门规定的动物防疫条件，采取措施保护畜禽安全，并为运输的畜禽提供必要的空间和饲喂饮水条件。

有关部门对运输中的畜禽进行检查，应当有法律、行政法规的依据。

畜禽屠宰

第六十五条 国家实行生猪定点屠宰制度。对生猪以外的其他畜禽可以实行定点屠宰，具体办法由省、自治区、直辖市制定。农村地区个人自宰自食的除外。

省、自治区、直辖市人民政府应当按照科学布局、集中屠宰、有利流通、方便群众的原则，结合畜禽养殖、动物疫病防控和畜禽产品消费等实际情况，制定畜禽屠宰行业发展规划并组织实施。

第六十六条 国家鼓励畜禽就地屠宰，引导畜禽屠宰企业向养殖主产区转移，支持畜禽产品加工、储存、运输冷链体系建设。

第六十七条 畜禽屠宰企业应当具备下列条件：

（一）有与屠宰规模相适应、水质符合国家规定标准的用水供应条件；

（二）有符合国家规定的设施设备和运载工具；

（三）有依法取得健康证明的屠宰技术人员；

（四）有经考核合格的兽医卫生检验人员；

（五）依法取得动物防疫条件合格证和其他法律法规规定的证明文件。

第六十八条 畜禽屠宰经营者应当加强畜禽屠宰质量安全管理。畜禽屠宰企业应当建立畜禽屠宰质量安全管理制度。

未经检验、检疫或者经检验、检疫不合格的畜禽产品不得出厂销售。经检验、检疫不合格的畜禽产品，按照国家有关规定处理。

地方各级人民政府应当按照规定对无害化处理的费用和损失给予补助。

第六十九条 国务院农业农村主管部门负责组织制定畜禽屠宰质量安全风险监测计划。

省、自治区、直辖市人民政府农业农村主管部门根据国家畜禽屠宰质量安全风险监测计划,结合实际情况,制定本行政区域畜禽屠宰质量安全风险监测方案并组织实施。

保障与监督

第七十条 省级以上人民政府应当在其预算内安排支持畜禽种业创新和畜牧业发展的良种补贴、贴息补助、保费补贴等资金,并鼓励有关金融机构提供金融服务,支持畜禽养殖者购买优良畜禽、繁育良种、防控疫病,支持改善生产设施、畜禽粪污无害化处理和资源化利用设施设备、扩大养殖规模,提高养殖效益。

第七十一条 县级以上人民政府应当组织农业农村主管部门和其他有关部门,依照本法和有关法律、行政法规的规定,加强对畜禽饲养环境、种畜禽质量、畜禽交易与运输、畜禽屠宰以及饲料、饲料添加剂、兽药等投入品的生产、经营、使用的监督管理。

第七十二条 国务院农业农村主管部门应当制定畜禽标识和养殖档案管理办法,采取措施落实畜禽产品质量安全追溯和责任追究制度。

第七十三条 县级以上人民政府农业农村主管部门应当制定畜禽质量安全监督抽查计划,并按照计划开展监督抽查工作。

第七十四条 省级以上人民政府农业农村主管部门应当组织制定畜禽生产规范,指导畜禽的安全生产。

第七十五条 国家建立统一的畜禽生产和畜禽产品市场监测预警制度,逐步完善有关畜禽产品储备调节机制,加强市场调控,促进市场供需平衡和畜牧业健康发展。

县级以上人民政府有关部门应当及时发布畜禽产销信息,为畜禽生产经营者提供信息服务。

第七十六条 国家加强畜禽生产、加工、销售、运输体系建设,提升畜禽产品供应安全保障能力。

省、自治区、直辖市人民政府负责保障本行政区域内的畜禽产品供给,建立稳产保供的政策保障和责任考核体系。

国家鼓励畜禽主销区通过跨区域合作、建立养殖基地等方式,与主产区建立稳定的合作关系。

2. 动物防疫法

《中华人民共和国动物防疫法》(2021 年修订)

第三条 本法所称动物,是指家畜家禽和人工饲养、捕获的其他动物。

本法所称动物产品,是指动物的肉、生皮、原毛、绒、脏器、脂、血液、精液、卵、胚胎、骨、蹄、头、角、筋以及可能传播动物疫病的奶、蛋等。

本法所称动物疫病,是指动物传染病,包括寄生虫病。

本法所称动物防疫,是指动物疫病的预防、控制、诊疗、净化、消灭和动物、动物产品的检疫,以及病死动物、病害动物产品的无害化处理。

动物和动物产品的检疫

第四十八条 动物卫生监督机构依照本法和国务院农业农村主管部门的规定对动物、动物产品实施检疫。

动物卫生监督机构的官方兽医具体实施动物、动物产品检疫。

第四十九条 屠宰、出售或者运输动物以及出售或者运输动物产品前,货主应当按照国务院农业农村主管部门的规定向所在地动物卫生监督机构申报检疫。

动物卫生监督机构接到检疫申报后,应当及时指派官方兽医对动物、动物产品实施检疫;检疫合格的,出具检疫证明、加施检疫标志。实施检疫的官方兽医应当在检疫证明、检疫标志上签字或者盖章,并对检疫结论负责。

动物饲养场、屠宰企业的执业兽医或者动物防疫技术人员,应当协助官方兽医实施检疫。

第五十条 因科研、药用、展示等特殊情形需要非食用性利用的野生动物，应当按照国家有关规定报动物卫生监督机构检疫，检疫合格的，方可利用。

人工捕获的野生动物，应当按照国家有关规定报捕获地动物卫生监督机构检疫，检疫合格的，方可饲养、经营和运输。

国务院农业农村主管部门会同国务院野生动物保护主管部门制定野生动物检疫办法。

第五十一条　屠宰、经营、运输的动物，以及用于科研、展示、演出和比赛等非食用性利用的动物，应当附有检疫证明；经营和运输的动物产品，应当附有检疫证明、检疫标志。

第五十二条　经航空、铁路、道路、水路运输动物和动物产品的，托运人托运时应当提供检疫证明；没有检疫证明的，承运人不得承运。

进出口动物和动物产品，承运人凭进口报关单证或者海关签发的检疫单证运递。

从事动物运输的单位、个人以及车辆，应当向所在地县级人民政府农业农村主管部门备案，妥善保存行程路线和托运人提供的动物名称、检疫证明编号、数量等信息。具体办法由国务院农业农村主管部门制定。

运载工具在装载前和卸载后应当及时清洗、消毒。

第五十三条　省、自治区、直辖市人民政府确定并公布道路运输的动物进入本行政区域的指定通道，设置引导标志。跨省、自治区、直辖市通过道路运输动物的，应当经省、自治区、直辖市人民政府设立的指定通道入省境或者过省境。

第五十四条　输入到无规定动物疫病区的动物、动物产品，货主应当按照国务院农业农村主管部门的规定向无规定动物疫病区所在地动物卫生监督机构申报检疫，经检疫合格的，方可进入。

第五十五条　跨省、自治区、直辖市引进的种用、乳用动物到达输入地后，货主应当按照国务院农业农村主管部门的规定对引进的种用、乳用动物进行隔离观察。

第五十六条　经检疫不合格的动物、动物产品，货主应当在农业农村主管部门的监督下按照国家有关规定处理，处理费用由货主承担。

病死动物和病害动物产品的无害化处理

第五十七条　从事动物饲养、屠宰、经营、隔离以及动物产品生产、经营、加工、贮藏等活动的单位和个人，应当按照国家有关规定做好病死动物、病害动物产品的无害化处理，或者委托动物和动物产品无害化处理场所处理。

从事动物、动物产品运输的单位和个人，应当配合做好病死动物和病害动物产品的无害化处理，不得在途中擅自弃置和处理有关动物和动物产品。

任何单位和个人不得买卖、加工、随意弃置病死动物和病害动物产品。

动物和动物产品无害化处理管理办法由国务院农业农村、野生动物保护主管部门按照职责制定。

第五十八条　在江河、湖泊、水库等水域发现的死亡畜禽，由所在地县级人民政府组织收集、处理并溯源。

在城市公共场所和乡村发现的死亡畜禽，由所在地街道办事处、乡级人民政府组织收集、处理并溯源。

在野外环境发现的死亡野生动物，由所在地野生动物保护主管部门收集、处理。

第五十九条　省、自治区、直辖市人民政府制定动物和动物产品集中无害化处理场所建设规划，建立政府主导、市场运作的无害化处理机制。

第六十条　各级财政对病死动物无害化处理提供补助。具体补助标准和办法由县级以上人民政府财政部门会同本级人民政府农业农村、野生动物保护等有关部门制定。

3. 生猪屠宰管理总则

《生猪屠宰管理条例》（2021 年修订）

第四十三条　本条例所称生猪产品，是指生猪屠宰后未经加工的胴体、肉、脂、脏器、血液、骨、头、蹄、皮。

第四十四条 生猪定点屠宰证书、生猪定点屠宰标志牌以及肉品品质检验合格验讫印章和肉品品质检验合格证的式样，由国务院农业农村主管部门统一规定。

第一条 为了加强生猪屠宰管理，保证生猪产品质量安全，保障人民身体健康，制定本条例。

第二条 国家实行生猪定点屠宰、集中检疫制度。

除农村地区个人自宰自食的不实行定点屠宰外，任何单位和个人未经定点不得从事生猪屠宰活动。

在边远和交通不便的农村地区，可以设置仅限于向本地市场供应生猪产品的小型生猪屠宰场点，具体管理办法由省、自治区、直辖市制定。

第三条 国务院农业农村主管部门负责全国生猪屠宰的行业管理工作。县级以上地方人民政府农业农村主管部门负责本行政区域内生猪屠宰活动的监督管理。

县级以上人民政府有关部门在各自职责范围内负责生猪屠宰活动的相关管理工作。

第四条 县级以上地方人民政府应当加强对生猪屠宰监督管理工作的领导，及时协调、解决生猪屠宰监督管理工作中的重大问题。

乡镇人民政府、街道办事处应当加强生猪定点屠宰的宣传教育，协助做好生猪屠宰监督管理工作。

第五条 国家鼓励生猪养殖、屠宰、加工、配送、销售一体化发展，推行标准化屠宰，支持建设冷链流通和配送体系。

第六条 国家根据生猪定点屠宰厂（场）的规模、生产和技术条件以及质量安全管理状况，推行生猪定点屠宰厂（场）分级管理制度，鼓励、引导、扶持生猪定点屠宰厂（场）改善生产和技术条件，加强质量安全管理，提高生猪产品质量安全水平。生猪定点屠宰厂（场）分级管理的具体办法由国务院农业农村主管部门制定。

第七条 县级以上人民政府农业农村主管部门应当建立生猪定点屠宰厂（场）信用档案，记录日常监督检查结果、违法行为查处等情况，并依法向社会公示。

4. 生猪定点屠宰

《生猪屠宰管理条例》（2021年修订）

第九条　生猪定点屠宰厂（场）由设区的市级人民政府根据生猪屠宰行业发展规划，组织农业农村、生态环境主管部门以及其他有关部门，依照本条例规定的条件进行审查，经征求省、自治区、直辖市人民政府农业农村主管部门的意见确定，并颁发生猪定点屠宰证书和生猪定点屠宰标志牌。

生猪定点屠宰证书应当载明屠宰厂（场）名称、生产地址和法定代表人（负责人）等事项。

生猪定点屠宰厂（场）变更生产地址的，应当依照本条例的规定，重新申请生猪定点屠宰证书；变更屠宰厂（场）名称、法定代表人（负责人）的，应当在市场监督管理部门办理变更登记手续后15个工作日内，向原发证机关办理变更生猪定点屠宰证书。

设区的市级人民政府应当将其确定的生猪定点屠宰厂（场）名单及时向社会公布，并报省、自治区、直辖市人民政府备案。

第十条　生猪定点屠宰厂（场）应当将生猪定点屠宰标志牌悬挂于厂（场）区的显著位置。

生猪定点屠宰证书和生猪定点屠宰标志牌不得出借、转让。任何单位和个人不得冒用或者使用伪造的生猪定点屠宰证书和生猪定点屠宰标志牌。

第十一条　生猪定点屠宰厂（场）应当具备下列条件：

（一）有与屠宰规模相适应、水质符合国家规定标准的水源条件；

（二）有符合国家规定要求的待宰间、屠宰间、急宰间、检验室以及生猪屠宰设备和运载工具；

（三）有依法取得健康证明的屠宰技术人员；

（四）有经考核合格的兽医卫生检验人员；

（五）有符合国家规定要求的检验设备、消毒设施以及符合环境保护要求的污染防治设施；

（六）有病害生猪及生猪产品无害化处理设施或者无害化处理委托协议；

（七）依法取得动物防疫条件合格证。

第十二条 生猪定点屠宰厂（场）屠宰的生猪，应当依法经动物卫生监督机构检疫合格，并附有检疫证明。

第十三条 生猪定点屠宰厂（场）应当建立生猪进厂（场）查验登记制度。

生猪定点屠宰厂（场）应当依法查验检疫证明等文件，利用信息化手段核实相关信息，如实记录屠宰生猪的来源、数量、检疫证明号和供货者名称、地址、联系方式等内容，并保存相关凭证。发现伪造、变造检疫证明的，应当及时报告农业农村主管部门。发生动物疫情时，还应当查验、记录运输车辆基本情况。记录、凭证保存期限不得少于2年。

生猪定点屠宰厂（场）接受委托屠宰的，应当与委托人签订委托屠宰协议，明确生猪产品质量安全责任。委托屠宰协议自协议期满后保存期限不得少于2年。

第十四条 生猪定点屠宰厂（场）屠宰生猪，应当遵守国家规定的操作规程、技术要求和生猪屠宰质量管理规范，并严格执行消毒技术规范。发生动物疫情时，应当按照国务院农业农村主管部门的规定，开展动物疫病检测，做好动物疫情排查和报告。

第十五条 生猪定点屠宰厂（场）应当建立严格的肉品品质检验管理制度。肉品品质检验应当遵守生猪屠宰肉品品质检验规程，与生猪屠宰同步进行，并如实记录检验结果。检验结果记录保存期限不得少于2年。

经肉品品质检验合格的生猪产品，生猪定点屠宰厂（场）应当加盖肉品品质检验合格验讫印章，附具肉品品质检验合格证。未经肉品品质检验或者经肉品品质检验不合格的生猪产品，不得出厂（场）。经检验不合格的生猪产品，应当在兽医卫生检验人员的监督下，按照国家有关规定处理，并如实记录处理情况；处理情况记录保存期限不得少于2年。

生猪屠宰肉品品质检验规程由国务院农业农村主管部门制定。

第十六条　生猪屠宰的检疫及其监督，依照动物防疫法和国务院的有关规定执行。县级以上地方人民政府按照本级政府职责，将生猪、生猪产品的检疫和监督管理所需经费纳入本级预算。

县级以上地方人民政府农业农村主管部门应当按照规定足额配备农业农村主管部门任命的兽医，由其监督生猪定点屠宰厂（场）依法查验检疫证明等文件。

农业农村主管部门任命的兽医对屠宰的生猪实施检疫。检疫合格的，出具检疫证明、加施检疫标志，并在检疫证明、检疫标志上签字或者盖章，对检疫结论负责。未经检疫或者经检疫不合格的生猪产品，不得出厂（场）。经检疫不合格的生猪及生猪产品，应当在农业农村主管部门的监督下，按照国家有关规定处理。

第十七条　生猪定点屠宰厂（场）应当建立生猪产品出厂（场）记录制度，如实记录出厂（场）生猪产品的名称、规格、数量、检疫证明号、肉品品质检验合格证号、屠宰日期、出厂（场）日期以及购货者名称、地址、联系方式等内容，并保存相关凭证。记录、凭证保存期限不得少于 2 年。

第十八条　生猪定点屠宰厂（场）对其生产的生猪产品质量安全负责，发现其生产的生猪产品不符合食品安全标准、有证据证明可能危害人体健康、染疫或者疑似染疫的，应当立即停止屠宰，报告农业农村主管部门，通知销售者或者委托人，召回已经销售的生猪产品，并记录通知和召回情况。

生猪定点屠宰厂（场）应当对召回的生猪产品采取无害化处理等措施，防止其再次流入市场。

第十九条　生猪定点屠宰厂（场）对病害生猪及生猪产品进行无害化处理的费用和损失，由地方各级人民政府结合本地实际予以适当补贴。

第二十条　严禁生猪定点屠宰厂（场）以及其他任何单位和个人对生猪、生猪产品注水或者注入其他物质。

严禁生猪定点屠宰厂（场）屠宰注水或者注入其他物质的生猪。

第二十一条　生猪定点屠宰厂（场）对未能及时出厂（场）的生猪产品，应当采取冷冻或者冷藏等必要措施予以储存。

第二十二条　严禁任何单位和个人为未经定点违法从事生猪屠宰活动的单位和个人提供生猪屠宰场所或者生猪产品储存设施，严禁为对生猪、生猪产品注水或者注入其他物质的单位和个人提供场所。

第二十三条　从事生猪产品销售、肉食品生产加工的单位和个人以及餐饮服务经营者、集中用餐单位生产经营的生猪产品，必须是生猪定点屠宰厂（场）经检疫和肉品品质检验合格的生猪产品。

第二十四条　地方人民政府及其有关部门不得限制外地生猪定点屠宰厂（场）经检疫和肉品品质检验合格的生猪产品进入本地市场。

5. 监督管理

《生猪屠宰管理条例》（2021年修订）

第二十五条　国家实行生猪屠宰质量安全风险监测制度。国务院农业农村主管部门负责组织制定国家生猪屠宰质量安全风险监测计划，对生猪屠宰环节的风险因素进行监测。

省、自治区、直辖市人民政府农业农村主管部门根据国家生猪屠宰质量安全风险监测计划，结合本行政区域实际情况，制定本行政区域生猪屠宰质量安全风险监测方案并组织实施，同时报国务院农业农村主管部门备案。

第二十六条　县级以上地方人民政府农业农村主管部门应当根据生猪屠宰质量安全风险监测结果和国务院农业农村主管部门的规定，加强对生猪定点屠宰厂（场）质量安全管理状况的监督检查。

第二十七条　农业农村主管部门应当依照本条例的规定严格履行职责，加强对生猪屠宰活动的日常监督检查，建立健全随机抽查机制。

农业农村主管部门依法进行监督检查，可以采取下列措施：

（一）进入生猪屠宰等有关场所实施现场检查；

（二）向有关单位和个人了解情况；

（三）查阅、复制有关记录、票据以及其他资料；

（四）查封与违法生猪屠宰活动有关的场所、设施，扣押与违法生猪屠宰活动有关的生猪、生猪产品以及屠宰工具和设备。

农业农村主管部门进行监督检查时，监督检查人员不得少于2人，并应当出示执法证件。

对农业农村主管部门依法进行的监督检查，有关单位和个人应当予以配合，不得拒绝、阻挠。

第二十八条　农业农村主管部门应当建立举报制度，公布举报电话、信箱或者电子邮箱，受理对违反本条例规定行为的举报，并及时依法处理。

第二十九条　农业农村主管部门发现生猪屠宰涉嫌犯罪的，应当按照有关规定及时将案件移送同级公安机关。

公安机关在生猪屠宰相关犯罪案件侦查过程中认为没有犯罪事实或者犯罪事实显著轻微，不需要追究刑事责任的，应当及时将案件移送同级农业农村主管部门。公安机关在侦查过程中，需要农业农村主管部门给予检验、认定等协助的，农业农村主管部门应当给予协助。

6. 动物检疫管理

《动物检疫管理办法》（2022年）

第一条　为了加强动物检疫活动管理，预防、控制、净化、消灭动物疫病，防控人畜共患传染病，保障公共卫生安全和人体健康，根据《中华人民共和国动物防疫法》，制定本办法。

第二条　本办法适用于中华人民共和国领域内的动物、动物产品的检疫及其监督管理活动。

陆生野生动物检疫办法，由农业农村部会同国家林业和草原局另行制定。

第三条　动物检疫遵循过程监管、风险控制、区域化和可追溯管理相结合的原则。

第四条　农业农村部主管全国动物检疫工作。

县级以上地方人民政府农业农村主管部门主管本行政区域内的动物检疫工作，负责动物检疫监督管理工作。

县级人民政府农业农村主管部门可以根据动物检疫工作需要，向乡、镇或者特定区域派驻动物卫生监督机构或者官方兽医。

县级以上人民政府建立的动物疫病预防控制机构应当为动物检疫及其监督管理工作提供技术支撑。

第五条 农业农村部制定、调整并公布检疫规程，明确动物检疫的范围、对象和程序。

第六条 农业农村部加强信息化建设，建立全国统一的动物检疫管理信息化系统，实现动物检疫信息的可追溯。

县级以上动物卫生监督机构应当做好本行政区域内的动物检疫信息数据管理工作。

从事动物饲养、屠宰、经营、运输、隔离等活动的单位和个人，应当按照要求在动物检疫管理信息化系统填报动物检疫相关信息。

第七条 县级以上地方人民政府的动物卫生监督机构负责本行政区域内动物检疫工作，依照《中华人民共和国动物防疫法》、本办法以及检疫规程等规定实施检疫。

动物卫生监督机构的官方兽医实施检疫，出具动物检疫证明、加施检疫标志，并对检疫结论负责。

检疫申报

第八条 国家实行动物检疫申报制度。

出售或者运输动物、动物产品的，货主应当提前三天向所在地动物卫生监督机构申报检疫。

屠宰动物的，应当提前六小时向所在地动物卫生监督机构申报检疫；急宰动物的，可以随时申报。

第九条 向无规定动物疫病区输入相关易感动物、易感动物产品的，货主除按本办法第八条规定向输出地动物卫生监督机构申报检疫外，还应当在启运三天前向输入地动物卫生监督机构申报检疫。输入易感动物的，向输入地隔离场所在地动物卫生监督机构申报；输入易感动物产品的，在输入地省级动物卫生监督机构指定的地点申报。

第十条 动物卫生监督机构应当根据动物检疫工作需要，合理设置动物检疫申报点，并向社会公布。

县级以上地方人民政府农业农村主管部门应当采取有力措施，加强动物检疫申报点建设。

第十一条　申报检疫的，应当提交检疫申报单以及农业农村部规定的其他材料，并对申报材料的真实性负责。

申报检疫采取在申报点填报或者通过传真、电子数据交换等方式申报。

第十二条　动物卫生监督机构接到申报后，应当及时对申报材料进行审查。申报材料齐全的，予以受理；有下列情形之一的，不予受理，并说明理由：

（一）申报材料不齐全的，动物卫生监督机构当场或在三日内已经一次性告知申报人需要补正的内容，但申报人拒不补正的；

（二）申报的动物、动物产品不属于本行政区域的；

（三）申报的动物、动物产品不属于动物检疫范围的；

（四）农业农村部规定不应当检疫的动物、动物产品；

（五）法律法规规定的其他不予受理的情形。

第十三条　受理申报后，动物卫生监督机构应当指派官方兽医实施检疫，可以安排协检人员协助官方兽医到现场或指定地点核实信息，开展临床健康检查。

产地检疫

第十四条　出售或者运输的动物，经检疫符合下列条件的，出具动物检疫证明：

（一）来自非封锁区及未发生相关动物疫情的饲养场（户）；

（二）来自符合风险分级管理有关规定的饲养场（户）；

（三）申报材料符合检疫规程规定；

（四）畜禽标识符合规定；

（五）按照规定进行了强制免疫，并在有效保护期内；

（六）临床检查健康；

（七）需要进行实验室疫病检测的，检测结果合格。

出售、运输的种用动物精液、卵、胚胎、种蛋，经检疫其种用动物饲养场符合第一款第一项规定，申报材料符合第一款第三项规定，供体动物符合第一款第四项、第五项、第六项、第七项规定的，出具动物检疫证明。

出售、运输的生皮、原毛、绒、血液、角等产品，经检疫其饲养场（户）符合第一款第一项规定，申报材料符合第一款第三项规定，供体动物符合第一款第四项、第五项、第六项、第七项规定，且按规定消毒合格的，出具动物检疫证明。

第十五条　出售或者运输水生动物的亲本、稚体、幼体、受精卵、发眼卵及其他遗传育种材料等水产苗种的，经检疫符合下列条件的，出具动物检疫证明：

（一）来自未发生相关水生动物疫情的苗种生产场；

（二）申报材料符合检疫规程规定；

（三）临床检查健康；

（四）需要进行实验室疫病检测的，检测结果合格。

水产苗种以外的其他水生动物及其产品不实施检疫。

第十六条　已经取得产地检疫证明的动物，从专门经营动物的集贸市场继续出售或者运输的，或者动物展示、演出、比赛后需要继续运输的，经检疫符合下列条件的，出具动物检疫证明：

（一）有原始动物检疫证明和完整的进出场记录；

（二）畜禽标识符合规定；

（三）临床检查健康；

（四）原始动物检疫证明超过调运有效期，按规定需要进行实验室疫病检测的，检测结果合格。

第十七条　跨省、自治区、直辖市引进的乳用、种用动物到达输入地后，应当在隔离场或者饲养场内的隔离舍进行隔离观察，隔离期为三十天。经隔离观察合格的，方可混群饲养；不合格的，按照有关规定进行处理。隔离观察合格后需要继续运输的，货主应当申报检疫，并取得动物检疫证明。

跨省、自治区、直辖市输入到无规定动物疫病区的乳用、种用动物的隔离按照本办法第二十六条规定执行。

第十八条　出售或者运输的动物、动物产品取得动物检疫证明后，方可离开产地。

屠宰检疫

第十九条 动物卫生监督机构向依法设立的屠宰加工场所派驻（出）官方兽医实施检疫。屠宰加工场所应当提供与检疫工作相适应的官方兽医驻场检疫室、工作室和检疫操作台等设施。

第二十条 进入屠宰加工场所的待宰动物应当附有动物检疫证明并加施有符合规定的畜禽标识。

第二十一条 屠宰加工场所应当严格执行动物入场查验登记、待宰巡查等制度，查验进场待宰动物的动物检疫证明和畜禽标识，发现动物染疫或者疑似染疫的，应当立即向所在地农业农村主管部门或者动物疫病预防控制机构报告。

第二十二条 官方兽医应当检查待宰动物健康状况，在屠宰过程中开展同步检疫和必要的实验室疫病检测，并填写屠宰检疫记录。

第二十三条 经检疫符合下列条件的，对动物的胴体及生皮、原毛、绒、脏器、血液、蹄、头、角出具动物检疫证明，加盖检疫验讫印章或者加施其他检疫标志：

（一）申报材料符合检疫规程规定；

（二）待宰动物临床检查健康；

（三）同步检疫合格；

（四）需要进行实验室疫病检测的，检测结果合格。

第二十四条 官方兽医应当回收进入屠宰加工场所待宰动物附有的动物检疫证明，并将有关信息上传至动物检疫管理信息化系统。回收的动物检疫证明保存期限不得少于十二个月。

进入无规定动物疫病区的动物检疫

第二十五条 向无规定动物疫病区运输相关易感动物、动物产品的，除附有输出地动物卫生监督机构出具的动物检疫证明外，还应当按照本办法第二十六条、第二十七条规定取得动物检疫证明。

第二十六条 输入到无规定动物疫病区的相关易感动物，应当在输入地省级动物卫生监督机构指定的隔离场所进行隔离，隔离检疫期为三十天。隔离检疫合格的，由隔离场所在地县级动物卫生监督机构的官方兽医出具动物检疫证明。

第二十七条 输入到无规定动物疫病区的相关易感动物产品，应当在输入地省级动物卫生监督机构指定的地点，按照无规定动物疫病区有关检疫要求进行检疫。检疫合格的，由当地县级动物卫生监督机构的官方兽医出具动物检疫证明。

动物检疫证章标志管理

第三十五条 动物检疫证章标志包括：
（一）动物检疫证明；
（二）动物检疫印章、动物检疫标志；
（三）农业农村部规定的其他动物检疫证章标志。

第三十六条 动物检疫证章标志的内容、格式、规格、编码和制作等要求，由农业农村部统一规定。

第三十七条 县级以上动物卫生监督机构负责本行政区域内动物检疫证章标志的管理工作，建立动物检疫证章标志管理制度，严格按照程序订购、保管、发放。

第三十八条 任何单位和个人不得伪造、变造、转让动物检疫证章标志，不得持有或者使用伪造、变造、转让的动物检疫证章标志。

监督管理

第三十九条 禁止屠宰、经营、运输依法应当检疫而未经检疫或者检疫不合格的动物。

禁止生产、经营、加工、贮藏、运输依法应当检疫而未经检疫或者检疫不合格的动物产品。

第四十条 经检疫不合格的动物、动物产品，由官方兽医出具检疫处理通知单，货主或者屠宰加工场所应当在农业农村主管部门的监督下按照国家有关规定处理。

动物卫生监督机构应当及时向同级农业农村主管部门报告检疫不合格情况。

第四十一条　有下列情形之一的，出具动物检疫证明的动物卫生监督机构或者其上级动物卫生监督机构，根据利害关系人的请求或者依据职权，撤销动物检疫证明，并及时通告有关单位和个人：

（一）官方兽医滥用职权、玩忽职守出具动物检疫证明的；

（二）以欺骗、贿赂等不正当手段取得动物检疫证明的；

（三）超出动物检疫范围实施检疫，出具动物检疫证明的；

（四）对不符合检疫申报条件或者不符合检疫合格标准的动物、动物产品，出具动物检疫证明的；

（五）其他未按照《中华人民共和国动物防疫法》、本办法和检疫规程的规定实施检疫，出具动物检疫证明的。

第四十二条　有下列情形之一的，按照依法应当检疫而未经检疫处理处罚：

（一）动物种类、动物产品名称、畜禽标识号与动物检疫证明不符的；

（二）动物、动物产品数量超出动物检疫证明载明部分的；

（三）使用转让的动物检疫证明的。

第四十三条　依法应当检疫而未经检疫的动物、动物产品，由县级以上地方人民政府农业农村主管部门依照《中华人民共和国动物防疫法》处理处罚，不具备补检条件的，予以收缴销毁；具备补检条件的，由动物卫生监督机构补检。

依法应当检疫而未经检疫的胴体、肉、脏器、脂、血液、精液、卵、胚胎、骨、蹄、头、筋、种蛋等动物产品，不予补检，予以收缴销毁。

第四十四条　补检的动物具备下列条件的，补检合格，出具动物检疫证明：

（一）畜禽标识符合规定；

（二）检疫申报需要提供的材料齐全、符合要求；

（三）临床检查健康；

（四）不符合第一项或者第二项规定条件，货主于七日内提供检疫规程规定的实验室疫病检测报告，检测结果合格。

第四十五条　补检的生皮、原毛、绒、角等动物产品具备下列条件的，补检合格，出具动物检疫证明：

（一）经外观检查无腐烂变质；

（二）按照规定进行消毒；

（三）货主于七日内提供检疫规程规定的实验室疫病检测报告，检测结果合格。

第四十六条　经检疫合格的动物应当按照动物检疫证明载明的目的地运输，并在规定时间内到达，运输途中发生疫情的应当按有关规定报告并处置。

跨省、自治区、直辖市通过道路运输动物的，应当经省级人民政府设立的指定通道入省境或者过省境。

饲养场（户）或者屠宰加工场所不得接收未附有有效动物检疫证明的动物。

第四十七条　运输用于继续饲养或屠宰的畜禽到达目的地后，货主或者承运人应当在三日内向启运地县级动物卫生监督机构报告；目的地饲养场（户）或者屠宰加工场所应当在接收畜禽后三日内向所在地县级动物卫生监督机构报告。

法律责任

第四十八条　申报动物检疫隐瞒有关情况或者提供虚假材料的，或者以欺骗、贿赂等不正当手段取得动物检疫证明的，依照《中华人民共和国行政许可法》有关规定予以处罚。

第四十九条　违反本办法规定运输畜禽，有下列行为之一的，由县级以上地方人民政府农业农村主管部门处一千元以上三千元以下罚款；情节严重的，处三千元以上三万元以下罚款：

（一）运输用于继续饲养或者屠宰的畜禽到达目的地后，未向启运地动物卫生监督机构报告的；

（二）未按照动物检疫证明载明的目的地运输的；

（三）未按照动物检疫证明规定时间运达且无正当理由的；

（四）实际运输的数量少于动物检疫证明载明数量且无正当理由的。

第五十条　其他违反本办法规定的行为，依照《中华人民共和国动物防疫法》有关规定予以处罚。

三、乳制品

《乳品质量安全监督管理条例》（2008年）

第一条　为了加强乳品质量安全监督管理，保证乳品质量安全，保障公众身体健康和生命安全，促进奶业健康发展，制定本条例。

第二条　本条例所称乳品，是指生鲜乳和乳制品。

乳品质量安全监督管理适用本条例；法律对乳品质量安全监督管理另有规定的，从其规定。

第三条　奶畜养殖者、生鲜乳收购者、乳制品生产企业和销售者对其生产、收购、运输、销售的乳品质量安全负责，是乳品质量安全的第一责任者。

第四条　县级以上地方人民政府对本行政区域内的乳品质量安全监督管理负总责。

县级以上人民政府畜牧兽医主管部门负责奶畜饲养以及生鲜乳生产环节、收购环节的监督管理。县级以上质量监督检验检疫部门负责乳制品生产环节和乳品进出口环节的监督管理。县级以上工商行政管理部门负责乳制品销售环节的监督管理。县级以上食品药品监督部门负责乳制品餐饮服务环节的监督管理。县级以上人民政府卫生主管部门依照职权负责乳品质量安全监督管理的综合协调、组织查处食品安全重大事故。县级以上人民政府其他有关部门在各自职责范围内负责乳品质量安全监督管理的其他工作。

第五条　发生乳品质量安全事故，应当依照有关法律、行政法规的规定及时报告、处理；造成严重后果或者恶劣影响的，对有关人民政府、有关部门负有领导责任的负责人依法追究责任。

第六条　生鲜乳和乳制品应当符合乳品质量安全国家标准。乳品质量安全国家标准由国务院卫生主管部门组织制定，并根据风险监测和风险评估的结果及时组织修订。

乳品质量安全国家标准应当包括乳品中的致病性微生物、农药残留、兽药残留、重金属以及其他危害人体健康物质的限量规定，乳品生产经营过程的卫生要求，通用的乳品检验方法与规程，与乳品安全有关的质量要求，以及其他需要制定为乳品质量安全国家标准的内容。

制定婴幼儿奶粉的质量安全国家标准应当充分考虑婴幼儿身体特点和生长发育需要，保证婴幼儿生长发育所需的营养成分。

国务院卫生主管部门应当根据疾病信息和监督管理部门的监督管理信息等，对发现添加或者可能添加到乳品中的非食品用化学物质和其他可能危害人体健康的物质，立即组织进行风险评估，采取相应的监测、检测和监督措施。

第七条　禁止在生鲜乳生产、收购、贮存、运输、销售过程中添加任何物质。

禁止在乳制品生产过程中添加非食品用化学物质或者其他可能危害人体健康的物质。

1. 奶畜养殖

《乳品质量安全监督管理条例》（2008 年）

第十二条　设立奶畜养殖场、养殖小区应当具备下列条件：
（一）符合所在地人民政府确定的本行政区域奶畜养殖规模；
（二）有与其养殖规模相适应的场所和配套设施；
（三）有为其服务的畜牧兽医技术人员；
（四）具备法律、行政法规和国务院畜牧兽医主管部门规定的防疫条件；
（五）有对奶畜粪便、废水和其他固体废物进行综合利用的沼气池等设施或者其他无害化处理设施；
（六）有生鲜乳生产、销售、运输管理制度；
（七）法律、行政法规规定的其他条件。

奶畜养殖场、养殖小区开办者应当将养殖场、养殖小区的名称、养殖地址、奶畜品种和养殖规模向养殖场、养殖小区所在地县级人民政府畜牧兽医主管部门备案。

第十三条　奶畜养殖场应当建立养殖档案，载明以下内容：

（一）奶畜的品种、数量、繁殖记录、标识情况、来源和进出场日期；

（二）饲料、饲料添加剂、兽药等投入品的来源、名称、使用对象、时间和用量；

（三）检疫、免疫、消毒情况；

（四）奶畜发病、死亡和无害化处理情况；

（五）生鲜乳生产、检测、销售情况；

（六）国务院畜牧兽医主管部门规定的其他内容。

奶畜养殖小区开办者应当逐步建立养殖档案。

第十四条　从事奶畜养殖，不得使用国家禁用的饲料、饲料添加剂、兽药以及其他对动物和人体具有直接或者潜在危害的物质。

禁止销售在规定用药期和休药期内的奶畜产的生鲜乳。

第十五条　奶畜养殖者应当确保奶畜符合国务院畜牧兽医主管部门规定的健康标准，并确保奶畜接受强制免疫。

动物疫病预防控制机构应当对奶畜的健康情况进行定期检测；经检测不符合健康标准的，应当立即隔离、治疗或者做无害化处理。

第十六条　奶畜养殖者应当做好奶畜和养殖场所的动物防疫工作，发现奶畜染疫或者疑似染疫的，应当立即报告，停止生鲜乳生产，并采取隔离等控制措施，防止疫病扩散。

奶畜养殖者对奶畜养殖过程中的排泄物、废弃物应当及时清运、处理。

第十七条　奶畜养殖者应当遵守国务院畜牧兽医主管部门制定的生鲜乳生产技术规程。直接从事挤奶工作的人员应当持有有效的健康证明。

奶畜养殖者对挤奶设施、生鲜乳贮存设施等应当及时清洗、消毒，避免对生鲜乳造成污染。

第十八条　生鲜乳应当冷藏。超过2小时未冷藏的生鲜乳，不得销售。

2. 生鲜乳收购

《乳品质量安全监督管理条例》（2008 年）

第二十条　生鲜乳收购站应当由取得工商登记的乳制品生产企业、奶畜养殖场、奶农专业生产合作社开办，并具备下列条件，取得所在地县级人民政府畜牧兽医主管部门颁发的生鲜乳收购许可证：

（一）符合生鲜乳收购站建设规划布局；

（二）有符合环保和卫生要求的收购场所；

（三）有与收奶量相适应的冷却、冷藏、保鲜设施和低温运输设备；

（四）有与检测项目相适应的化验、计量、检测仪器设备；

（五）有经培训合格并持有有效健康证明的从业人员；

（六）有卫生管理和质量安全保障制度。

生鲜乳收购许可证有效期 2 年；生鲜乳收购站不再办理工商登记。

禁止其他单位或者个人开办生鲜乳收购站。禁止其他单位或者个人收购生鲜乳。

国家对生鲜乳收购站给予扶持和补贴，提高其机械化挤奶和生鲜乳冷藏运输能力。

第二十一条　生鲜乳收购站应当及时对挤奶设施、生鲜乳贮存运输设施等进行清洗、消毒，避免对生鲜乳造成污染。

生鲜乳收购站应当按照乳品质量安全国家标准对收购的生鲜乳进行常规检测。检测费用不得向奶畜养殖者收取。

生鲜乳收购站应当保持生鲜乳的质量。

第二十二条　生鲜乳收购站应当建立生鲜乳收购、销售和检测记录。生鲜乳收购、销售和检测记录应当包括畜主姓名、单次收购量、生鲜乳检测结果、销售去向等内容，并保存 2 年。

第二十三条　县级以上地方人民政府价格主管部门应当加强对生鲜乳价格的监控和通报，及时发布市场供求信息和价格信息。必要时，县级以上地方人民政府建立由价格、畜牧兽医等部门以及行业协会、乳制品生产企业、生鲜乳收购者、奶畜养殖者代表组成的生鲜乳价格协调委员会，确定生鲜乳交易参考价格，供购销双方签订合同时参考。

生鲜乳购销双方应当签订书面合同。生鲜乳购销合同示范文本由国务院畜牧兽医主管部门会同国务院工商行政管理部门制定并公布。

第二十四条　禁止收购下列生鲜乳：

（一）经检测不符合健康标准或者未经检疫合格的奶畜产的；

（二）奶畜产犊 7 日内的初乳，但以初乳为原料从事乳制品生产的除外；

（三）在规定用药期和休药期内的奶畜产的；

（四）其他不符合乳品质量安全国家标准的。

对前款规定的生鲜乳，经检测无误后，应当予以销毁或者采取其他无害化处理措施。

第二十五条　贮存生鲜乳的容器，应当符合国家有关卫生标准，在挤奶后 2 小时内应当降温至 0℃～4℃。

生鲜乳运输车辆应当取得所在地县级人民政府畜牧兽医主管部门核发的生鲜乳准运证明，并随车携带生鲜乳交接单。交接单应当载明生鲜乳收购站的名称、生鲜乳数量、交接时间，并由生鲜乳收购站经手人、押运员、司机、收奶员签字。

生鲜乳交接单一式两份，分别由生鲜乳收购站和乳品生产者保存，保存时间 2 年。准运证明和交接单式样由省、自治区、直辖市人民政府畜牧兽医主管部门制定。

第二十六条　县级以上人民政府应当加强生鲜乳质量安全监测体系建设，配备相应的人员和设备，确保监测能力与监测任务相适应。

第二十七条　县级以上人民政府畜牧兽医主管部门应当加强生鲜乳质量安全监测工作，制定并组织实施生鲜乳质量安全监测计划，对生鲜乳进行监督抽查，并按照法定权限及时公布监督抽查结果。

监测抽查不得向被抽查人收取任何费用，所需费用由同级财政列支。

3. 乳制品生产

《乳品质量安全监督管理条例》（2008 年）

第二十八条　从事乳制品生产活动，应当具备下列条件，取得所在地质量监督部门颁发的食品生产许可证：

（一）符合国家奶业产业政策；

（二）厂房的选址和设计符合国家有关规定；

（三）有与所生产的乳制品品种和数量相适应的生产、包装和检测设备；

（四）有相应的专业技术人员和质量检验人员；

（五）有符合环保要求的废水、废气、垃圾等污染物的处理设施；

（六）有经培训合格并持有有效健康证明的从业人员；

（七）法律、行政法规规定的其他条件。

质量监督部门对乳制品生产企业颁发食品生产许可证，应当征求所在地工业行业管理部门的意见。

未取得食品生产许可证的任何单位和个人，不得从事乳制品生产。

第二十九条　乳制品生产企业应当建立质量管理制度，采取质量安全管理措施，对乳制品生产实施从原料进厂到成品出厂的全过程质量控制，保证产品质量安全。

第三十条　乳制品生产企业应当符合良好生产规范要求。国家鼓励乳制品生产企业实施危害分析与关键控制点体系，提高乳制品安全管理水平。生产婴幼儿奶粉的企业应当实施危害分析与关键控制点体系。

对通过良好生产规范、危害分析与关键控制点体系认证的乳制品生产企业，认证机构应当依法实施跟踪调查；对不再符合认证要求的企业，应当依法撤销认证，并及时向有关主管部门报告。

第三十一条 乳制品生产企业应当建立生鲜乳进货查验制度，逐批检测收购的生鲜乳，如实记录质量检测情况、供货者的名称以及联系方式、进货日期等内容，并查验运输车辆生鲜乳交接单。查验记录和生鲜乳交接单应当保存2年。乳制品生产企业不得向未取得生鲜乳收购许可证的单位和个人购进生鲜乳。

乳制品生产企业不得购进兽药等化学物质残留超标，或者含有重金属等有毒有害物质、致病性的寄生虫和微生物、生物毒素以及其他不符合乳品质量安全国家标准的生鲜乳。

第三十二条 生产乳制品使用的生鲜乳、辅料、添加剂等，应当符合法律、行政法规的规定和乳品质量安全国家标准。

生产的乳制品应当经过巴氏杀菌、高温杀菌、超高温杀菌或者其他有效方式杀菌。

生产发酵乳制品的菌种应当纯良、无害，定期鉴定，防止杂菌污染。

生产婴幼儿奶粉应当保证婴幼儿生长发育所需的营养成分，不得添加任何可能危害婴幼儿身体健康和生长发育的物质。

第三十三条 乳制品的包装应当有标签。标签应当如实标明产品名称、规格、净含量、生产日期，成分或者配料表，生产企业的名称、地址、联系方式，保质期，产品标准代号，贮存条件，所使用的食品添加剂的化学通用名称，食品生产许可证编号，法律、行政法规或者乳品质量安全国家标准规定必须标明的其他事项。

使用奶粉、黄油、乳清粉等原料加工的液态奶，应当在包装上注明；使用复原乳作为原料生产液态奶的，应当标明"复原乳"字样，并在产品配料中如实标明复原乳所含原料及比例。

婴幼儿奶粉标签还应当标明主要营养成分及其含量，详细说明使用方法和注意事项。

第三十四条 出厂的乳制品应当符合乳品质量安全国家标准。

乳制品生产企业应当对出厂的乳制品逐批检验，并保存检验报告，留取样品。检验内容应当包括乳制品的感官指标、理化指标、卫生指标和乳制品中使用的添加剂、稳定剂以及酸奶中使用的菌种等；婴幼儿奶粉在出厂前还应当检测营养成分。对检验合格的乳制品应当标识检验合格证号；检验不合格的不得出厂。检验报告应当保存2年。

第三十五条 乳制品生产企业应当如实记录销售的乳制品名称、数量、生产日期、生产批号、检验合格证号、购货者名称及其联系方式、销售日期等。

第三十六条 乳制品生产企业发现其生产的乳制品不符合乳品质量安全国家标准、存在危害人体健康和生命安全危险或者可能危害婴幼儿身体健康或者生长发育的，应当立即停止生产，报告有关主管部门，告知销售者、消费者，召回已经出厂、上市销售的乳制品，并记录召回情况。

乳制品生产企业对召回的乳制品应当采取销毁、无害化处理等措施，防止其再次流入市场。

4. 乳制品销售

《乳品质量安全监督管理条例》（2008年）

第三十七条 从事乳制品销售应当按照食品安全监督管理的有关规定，依法向工商行政管理部门申请领取有关证照。

第三十八条 乳制品销售者应当建立并执行进货查验制度，审验供货商的经营资格，验明乳制品合格证明和产品标识，并建立乳制品进货台账，如实记录乳制品的名称、规格、数量、供货商及其联系方式、进货时间等内容。从事乳制品批发业务的销售企业应当建立乳制品销售台账，如实记录批发的乳制品的品种、规格、数量、流向等内容。进货台账和销售台账保存期限不得少于2年。

第三十九条 乳制品销售者应当采取措施，保持所销售乳制品的质量。

销售需要低温保存的乳制品的，应当配备冷藏设备或者采取冷藏措施。

第四十条 禁止购进、销售无质量合格证明、无标签或者标签残缺不清的乳制品。

禁止购进、销售过期、变质或者不符合乳品质量安全国家标准的乳制品。

第四十一条 乳制品销售者不得伪造产地，不得伪造或者冒用他人的厂名、厂址，不得伪造或者冒用认证标志等质量标志。

第四十二条 对不符合乳品质量安全国家标准、存在危害人体健康和生命安全或者可能危害婴幼儿身体健康和生长发育的乳制品，销售者应当立即停止销售，追回已经售出的乳制品，并记录追回情况。

乳制品销售者自行发现其销售的乳制品有前款规定情况的，还应当立即报告所在地工商行政管理等有关部门，通知乳制品生产企业。

第四十三条 乳制品销售者应当向消费者提供购货凭证，履行不合格乳制品的更换、退货等义务。

乳制品销售者依照前款规定履行更换、退货等义务后，属于乳制品生产企业或者供货商的责任的，销售者可以向乳制品生产企业或者供货商追偿。

第四十四条 进口的乳品应当按照乳品质量安全国家标准进行检验；尚未制定乳品质量安全国家标准的，可以参照国家有关部门指定的国外有关标准进行检验。

第四十五条 出口乳品的生产者、销售者应当保证其出口乳品符合乳品质量安全国家标准的同时还符合进口国家（地区）的标准或者合同要求。

四、蛋类

食品安全国家标准 蛋与蛋制品
GB 2749—2015

1. 鲜蛋与蛋制品

1）鲜蛋定义

各种家禽生产的、未经加工或仅用冷藏法、液浸法、涂膜法、消毒法、气调法、干藏法等贮藏方法处理的带壳蛋。

2）蛋制品定义

（1）液蛋制品

以鲜蛋为原料，经去壳、加工处理后制成的蛋制品，如全蛋液、蛋黄液、蛋白液等。

（2）干蛋制品

以鲜蛋为原料，经去壳、加工处理、脱糖、干燥等工艺制成的蛋制品，如全蛋粉、蛋黄粉、蛋白粉等。

（3）冰蛋制品

以鲜蛋为原料，经去壳、加工处理、冷冻等工艺制成的蛋制品，如冰全蛋、冰蛋黄、冰蛋白等。

（4）再制蛋

以鲜蛋为原料，添加或不添加辅料，经盐、碱、麻、糟、卤等不同工艺加工而成的蛋制品，如皮蛋、咸蛋、咸蛋黄、糟蛋、卤蛋等。

3）原料要求

原料应符合相应的食品标准和有关规定。

4）感官要求

鲜蛋的感官要求应符合表 1 的规定，蛋制品的感官要求应符合表 2 的规定。

表 1　鲜蛋感官要求

项目	要求	检验方法
色泽	灯光透视时整个蛋呈微红色；去壳后蛋黄呈橘黄色至橙色，蛋白澄清、透明，无其他异常颜色	取带壳鲜蛋在灯光下透视观察。去壳后置于白色瓷盘中，在自然光下观察色泽和状态。闻其气味
气味	蛋液具有固有的蛋腥味，无异味	
状态	蛋壳清洁完整，无裂纹，无霉斑，灯光透视时蛋内无黑点及异物；去壳后蛋黄凸起完整并带有韧性，蛋白稀稠分明，无正常视力可见外来异物	

表 2　蛋制品感官要求

项目	要求	检验方法
色泽	具有产品正常的色泽	取适量试样置于白色瓷盘中，在自然光下观察色泽和状态。尝其滋味，闻其气味
滋味、气味	具有产品正常的滋味、气味，无异味	
状态	具有产品正常的形状、形态，无酸败、霉变、生虫及其他危害食品安全的异物	

5）食品添加剂和营养强化剂

（1）食品添加剂的使用应符合 GB 2760 的规定。
（2）食品营养强化剂的使用应符合 GB 14880 的规定。

国家标准　包装鸡蛋
GB/T 39438—2020

2. 包装鸡蛋

经过清洁、分级、喷码（或不喷码）等处理，按统一规格包装后销售的鲜鸡蛋。

1）包装鸡蛋等级划分与要求

包装鸡蛋等级要求见表 3。单枚鸡蛋质量分级要求见附录 A。

表 3　包装鸡蛋等级要求

等级	指标			
	特级鸡蛋比例/%	一级鸡蛋比例/%	二级鸡蛋比例/%	破损率/%
AA	≥90	≤10	0	≤1
A	≥90		≤10	≤2
B	≥90			≤3

注：破损率要求仅适用于监督检验。

2）包装鸡蛋的包装要求

（1）包装材料应无毒、无害、无异味、无毒变，满足运输和销售要求，宜使用环保材料。
（2）包装应适度，能有效避免鸡蛋碰撞。

3）标签与标识

（1）蛋壳标识：

宜在蛋壳上标识，标识包括但不限于生产商（或包装商）代码（或商标）、生产（或包装）日期。标识应采用食品级材料。

（2）包装标签与标识：

最小销售包装应标示品名、生产日期、生产商（或包装商）名称、地址和联系方式、产品执行标准、净含量、质量等级、批号、保质期、储存条件等。标示原则和形式应符合附录D要求。

运输包装应标明品名、生产日期、生产商（或包装商）名称、净含量、运输和储存注意事项等，并按 GB/T 191 的相关要求进行图示标识。

4）贮存、运输与销售

包装鸡蛋，其贮存、运输、销售过程中环境温度应控制在 0℃～25℃，相对湿度宜在 70%～88%。

不得与有毒、有害、有腐蚀性或有异味的货物混装、混贮。

附件

附录A 鸡蛋质量分级要求

鸡蛋质量分级要求如下。

鸡蛋质量分级要求

指标		分级		
		特级	一级	二级
外观	蛋壳质量	具有本品蛋类固有的色泽，蛋壳完整无破损，不得出现明显斑点、沙皮、畸形蛋		

续表

指标		分级		
		特级	一级	二级
外观	蛋壳清洁度	蛋壳外表无肉眼可见的污渍		蛋壳外表有肉眼可见的污渍，单个不洁物面积应≤4mm^2，且不洁总面积≤8mm^2
内容物	蛋黄	完整，未出现散黄		
	哈氏单位	>72	>60	>55
	蛋白	黏稠、透明 浓蛋白、稀蛋白清晰可辨	较黏稠、透明 浓蛋白、稀蛋白清晰可辨	较黏稠、透明
	胚盘	未见明显发育		
	异物	允许有直径小于2mm的血斑、肉斑，无其他异物		

附录B 鸡蛋质量分级检测方法

B.1 外观指标

在光线充足的条件下，将蛋放在手掌心中，小头指向手心内侧，一边旋转一边观察鸡蛋的色泽、蛋形、清洁和破损程度。指标的检测方法如下：

a) 蛋壳色泽：目测；

b) 蛋壳形状：目测，见下图；

c) 蛋壳清洁度：可采用1mm×1mm的网格对不洁面进行对比检测，统计不洁面超过筛孔面积一半以上的筛孔个数；

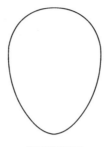

规则卵圆形

d) 蛋壳破损：用手稍微用力握蛋，观察蛋壳表面有无裂纹等破损。

"内容物指标"详见 GB/T 39438—2020。

附录 C 不同规格包装鸡蛋外观检测抽样方案与接收数

不同规格包装鸡蛋外观检测抽样方案与接收数如下。

不同规格包装鸡蛋外观检测抽样方案与接收数

包装规格 枚/件	每100件 抽取件数	鸡蛋枚数	接收数	每50件 抽取件数	鸡蛋枚数	接收数
6	14	84	14	9	54	10
8	10	80	14	7	56	10
10	8	80	14	5	50	10
12	7	84	14	7	84	14
15	9	135	21	6	90	14
18	7	126	21	5	90	14
24	6	144	21	4	96	14
30	4	120	21	4	120	21
40	4	160	21	3	120	21
48	3	144	21	3	144	21
60	3	180	21	2	120	21

续表

包装规格 枚/件	每100件 抽取件数	鸡蛋枚数	接收数	每50件 抽取件数	鸡蛋枚数	接收数
120	2	240	21	2	240	21
240	1	240	21	1	240	21
360	1	360	21	1	360	21

注：如组批总数超过50件，按照100件对应抽取件数抽取。最小抽取件数为1。如组批总数小于50件，按照50件对应抽取件数抽取。如果组批总数不足要求的抽样数，则按100%取样检验。

附录D 标示原则和形式

D.1 标示原则

D.1.1 应符合法律、法规的规定，并符合相应食品安全标准的规定。

D.1.2 应清晰、醒目、持久，应使消费者购买时易于辨识和识读。

D.1.3 应通俗易懂、有科学依据。

D.1.4 内容应真实、准确，不得以虚假、夸大、使消费者误解或欺骗性的文字、图形等方式介绍产品，也不得利用字号大小或色差误导消费者。

D.1.5 不应误导消费者将产品与另一产品混淆。

D.1.6 不应标注或暗示产品具有预防、治疗疾病作用的内容。

D.2 标示形式

D.2.1 净含量和规格的标示

净含量的标示可以采用质量计量方式或数量（枚数）计量方式，或同时标注质量和数量（枚数）。在质量计量方式前应标注净含量（或规格）。示例如下：

——净含量（或净含量/规格）：720g；

——净含量（或净含量/规格）：12 枚；

——净含量（或净含量/规格）：720g（12 枚）；

——净含量（或净含量/规格）：60g×12 枚；

——净含量（或净含量/规格）：720g（60g×12 枚）。

D.2.2 日期标示

日期中年、月、日可用空格、斜杠、连字符、句点等符号分隔，或不用分隔符。年代号一般应标示 4 位数字，在蛋壳表面喷码时可以标示 2 位数字。除直接用年、月、日分隔外，月、日应标示两位数字。示例如下：

——2018 年 1 月 15 日；

——20180120；

——2018 01 20；

——2018-01-15；

——1 月 15 日 2018 年；

——15 日 1 月 2018 年；

——（月/日/年）：01 20 2018；

——（月/日/年）：01/20/2018；

——（月/日/年）：01-20-2018。

D.2.3 保质期的标示

保质期可用有如下标示形式：

——最好在……之前食用；

——应在……之前食用；

——保质期（至）……；

——保质期××个月（或××日，或××天，或××周，或××年）。

D.2.4 贮存条件的标示

贮存条件可以标示"贮存条件""贮藏条件""贮藏方法"等标题，或不用标题。贮存条件可以与保质期联合标示。贮存条件可以有如下标示形式：

——常温（或冷藏）保存；

——××℃~××℃保存；

——请置于阴凉干燥处保存；

——常温保质期1个月（或30天），冷藏条件下保质期2个月（或60天）；

——贮存条件：常温（建议冷藏）。

五、责任部分

1. 农产品

《中华人民共和国农产品质量安全法》（2022年修订）

第六十二条　违反本法规定，地方各级人民政府有下列情形之一的，对直接负责的主管人员和其他直接责任人员给予警告、记过、记大过处分；造成严重后果的，给予降级或者撤职处分：

（一）未确定有关部门的农产品质量安全监督管理工作职责，未建立健全农产品质量安全工作机制，或者未落实农产品质量安全监督管理责任；

（二）未制定本行政区域的农产品质量安全突发事件应急预案，或者发生农产品质量安全事故后未按照规定启动应急预案。

第六十三条　违反本法规定，县级以上人民政府农业农村等部门有下列行为之一的，对直接负责的主管人员和其他直接责任人员给予记大过处分；情节较重的，给予降级或者撤职处分；情节严重的，给予开除处分；造成严重后果的，其主要负责人还应当引咎辞职：

（一）隐瞒、谎报、缓报农产品质量安全事故或者隐匿、伪造、毁灭有关证据；

（二）未按照规定查处农产品质量安全事故，或者接到农产品质量安全事故报告未及时处理，造成事故扩大或者蔓延；

（三）发现农产品质量安全重大风险隐患后，未及时采取相应措施，造成农产品质量安全事故或者不良社会影响；

（四）不履行农产品质量安全监督管理职责，导致发生农产品质量安全事故。

第六十四条　县级以上地方人民政府农业农村、市场监督管理等部门在履行农产品质量安全监督管理职责过程中，违法实施检查、强制等执法措施，给农产品生产经营者造成损失的，应当依法予以赔偿，对直接负责的主管人员和其他直接责任人员依法给予处分。

第六十五条　农产品质量安全检测机构、检测人员出具虚假检测报告的，由县级以上人民政府农业农村主管部门没收所收取的检测费用，检测费用不足一万元的，并处五万元以上十万元以下罚款，检测费用一万元以上的，并处检测费用五倍以上十倍以下罚款；对直接负责的主管人员和其他直接责任人员处一万元以上五万元以下罚款；使消费者的合法权益受到损害的，农产品质量安全检测机构应当与农产品生产经营者承担连带责任。

因农产品质量安全违法行为受到刑事处罚或者因出具虚假检测报告导致发生重大农产品质量安全事故的检测人员，终身不得从事农产品质量安全检测工作。农产品质量安全检测机构不得聘用上述人员。

农产品质量安全检测机构有前两款违法行为的，由授予其资质的主管部门或者机构吊销该农产品质量安全检测机构的资质证书。

第六十六条　违反本法规定，在特定农产品禁止生产区域种植、养殖、捕捞、采集特定农产品或者建立特定农产品生产基地的，由县级以上地方人民政府农业农村主管部门责令停止违法行为，没收农产品和违法所得，并处违法所得一倍以上三倍以下罚款。

违反法律、法规规定，向农产品产地排放或者倾倒废水、废气、固体废物或者其他有毒有害物质的，依照有关环境保护法律、法规的规定处理、处罚；造成损害的，依法承担赔偿责任。

第六十七条　农药、肥料、农用薄膜等农业投入品的生产者、经营者、使用者未按照规定回收并妥善处置包装物或者废弃物的，由县级以上地方人民政府农业农村主管部门依照有关法律、法规的规定处理、处罚。

第六十八条　违反本法规定，农产品生产企业有下列情形之一的，由县级以上地方人民政府农业农村主管部门责令限期改正；逾期不改正的，处五千元以上五万元以下罚款：

（一）未建立农产品质量安全管理制度；

（二）未配备相应的农产品质量安全管理技术人员，且未委托具有专业技术知识的人员进行农产品质量安全指导。

第六十九条　农产品生产企业、农民专业合作社、农业社会化服务组织未依照本法规定建立、保存农产品生产记录，或者伪造、变造农产品生产记录的，由县级以上地方人民政府农业农村主管部门责令限期改正；逾期不改正的，处二千元以上二万元以下罚款。

第七十条　违反本法规定，农产品生产经营者有下列行为之一，尚不构成犯罪的，由县级以上地方人民政府农业农村主管部门责令停止生产经营、追回已经销售的农产品，对违法生产经营的农产品进行无害化处理或者予以监督销毁，没收违法所得，并可以没收用于违法生产经营的工具、设备、原料等物品；违法生产经营的农产品货值金额不足一万元的，并处十万元以上十五万元以下罚款，货值金额一万元以上的，并处货值金额十五倍以上三十倍以下罚款；对农户，并处一千元以上一万元以下罚款；情节严重的，有许可证的吊销许可证，并可以由公安机关对其直接负责的主管人员和其他直接责任人员处五日以上十五日以下拘留：

（一）在农产品生产经营过程中使用国家禁止使用的农业投入品或者其他有毒有害物质；

（二）销售含有国家禁止使用的农药、兽药或者其他化合物的农产品；

（三）销售病死、毒死或者死因不明的动物及其产品。

明知农产品生产经营者从事前款规定的违法行为，仍为其提供生产经营场所或者其他条件的，由县级以上地方人民政府农业农村主管部门责令停止违法行为，没收违法所得，并处十万元以上二十万元以下罚款；使消费者的合法权益受到损害的，应当与农产品生产经营者承担连带责任。

第七十一条　违反本法规定，农产品生产经营者有下列行为之一，尚不构成犯罪的，由县级以上地方人民政府农业农村主管部门责令停止生产经营、追回已经销售的农产品，对违法生产经营的农产品进行无害化处理或者予以监督销毁，没收违法所得，并可以没收用于违法生产经营的工具、设备、原料等物品；违法生产经营的农产品货值金额不足一万元的，并处五万元以上十万元以下罚款，货值金额一万元以上的，并处货值金额十倍以上二十倍以下罚款；对农户，并处五百元以上五千元以下罚款：

（一）销售农药、兽药等化学物质残留或者含有的重金属等有毒有害物质不符合农产品质量安全标准的农产品；

（二）销售含有的致病性寄生虫、微生物或者生物毒素不符合农产品质量安全标准的农产品；

（三）销售其他不符合农产品质量安全标准的农产品。

第七十二条　违反本法规定，农产品生产经营者有下列行为之一的，由县级以上地方人民政府农业农村主管部门责令停止生产经营、追回已经销售的农产品，对违法生产经营的农产品进行无害化处理或者予以监督销毁，没收违法所得，并可以没收用于违法生产经营的工具、设备、原料等物品；违法生产经营的农产品货值金额不足一万元的，并处五千元以上五万元以下罚款，货值金额一万元以上的，并处货值金额五倍以上十倍以下罚款；对农户，并处三百元以上三千元以下罚款：

（一）在农产品生产场所以及生产活动中使用的设施、设备、消毒剂、洗涤剂等不符合国家有关质量安全规定；

（二）未按照国家有关强制性标准或者其他农产品质量安全规定使用保鲜剂、防腐剂、添加剂、包装材料等，或者使用的保鲜剂、防腐剂、添加剂、包装材料等不符合国家有关强制性标准或者其他质量安全规定；

（三）将农产品与有毒有害物质一同储存、运输。

第七十三条　违反本法规定，有下列行为之一的，由县级以上地方人民政府农业农村主管部门按照职责给予批评教育，责令限期改正；逾期不改正的，处一百元以上一千元以下罚款：

（一）农产品生产企业、农民专业合作社、从事农产品收购的单位或者个人未按照规定开具承诺达标合格证；

(二)从事农产品收购的单位或者个人未按照规定收取、保存承诺达标合格证或者其他合格证明。

第七十四条　农产品生产经营者冒用农产品质量标志,或者销售冒用农产品质量标志的农产品的,由县级以上地方人民政府农业农村主管部门按照职责责令改正,没收违法所得;违法生产经营的农产品货值金额不足五千元的,并处五千元以上五万元以下罚款,货值金额五千元以上的,并处货值金额十倍以上二十倍以下罚款。

第七十五条　违反本法关于农产品质量安全追溯规定的,由县级以上地方人民政府农业农村主管部门按照职责责令限期改正;逾期不改正的,可以处一万元以下罚款。

第七十六条　违反本法规定,拒绝、阻挠依法开展的农产品质量安全监督检查、事故调查处理、抽样检测和风险评估的,由有关主管部门按照职责责令停产停业,并处二千元以上五万元以下罚款;构成违反治安管理行为的,由公安机关依法给予治安管理处罚。

第七十七条　《中华人民共和国食品安全法》对食用农产品进入批发、零售市场或者生产加工企业后的违法行为和法律责任有规定的,由县级以上地方人民政府市场监督管理部门依照其规定进行处罚。

第七十八条　违反本法规定,构成犯罪的,依法追究刑事责任。

第七十九条　违反本法规定,给消费者造成人身、财产或者其他损害的,依法承担民事赔偿责任。生产经营者财产不足以同时承担民事赔偿责任和缴纳罚款、罚金时,先承担民事赔偿责任。

食用农产品生产经营者违反本法规定,污染环境、侵害众多消费者合法权益,损害社会公共利益的,人民检察院可以依照《中华人民共和国民事诉讼法》、《中华人民共和国行政诉讼法》等法律的规定向人民法院提起诉讼。

《食用农产品市场销售质量安全监督管理办法》

(2023年6月30日国家市场监督管理总局令第81号公布　自2023年12月1日起施行)

第三十六条　市、县级市场监督管理部门发现下列情形之一的,应当及时通报所在地同级农业农村主管部门:

（一）农产品生产企业、农民专业合作社、从事农产品收购的单位或者个人未按照规定出具承诺达标合格证；

（二）承诺达标合格证存在虚假信息；

（三）附具承诺达标合格证的食用农产品不合格；

（四）其他有关承诺达标合格证违法违规行为。

农业农村主管部门发现附具承诺达标合格证的食用农产品不合格，向所在地市、县级市场监督管理部门通报的，市、县级市场监督管理部门应当根据农业农村主管部门提供的流向信息，及时追查不合格食用农产品并依法处理。

第三十七条　县级以上地方市场监督管理部门在监督管理中发现食用农产品质量安全事故，或者接到食用农产品质量安全事故的投诉举报，应当立即会同相关部门进行调查处理，采取措施防止或者减少社会危害。按照应急预案的规定报告当地人民政府和上级市场监督管理部门，并在当地人民政府统一领导下及时开展食用农产品质量安全事故调查处理。

第三十八条　销售者违反本办法第七条第一、二款、第十六条、第十八条规定，食用农产品贮存和运输受托方违反本办法第十七条、第十八条规定，有下列情形之一的，由县级以上市场监督管理部门责令改正，给予警告；拒不改正的，处五千元以上三万元以下罚款：

（一）销售和贮存场所环境、设施、设备等不符合食用农产品质量安全要求的；

（二）销售、贮存和运输对温度、湿度等有特殊要求的食用农产品，未配备必要的保温、冷藏或者冷冻等设施设备并保持有效运行的；

（三）贮存期间未定期检查，及时清理腐败变质、油脂酸败、霉变生虫或者感官性状异常的食用农产品的。

第三十九条　有下列情形之一的，由县级以上市场监督管理部门依照食品安全法第一百二十六条第一款的规定给予处罚：

（一）销售者违反本办法第八条第一款规定，未按要求建立食用农产品进货查验记录制度，或者未按要求索取进货凭证的；

（二）销售者违反本办法第八条第二款规定，采购、销售按规定应当检疫、检验的肉类或进口食用农产品，未索取或留存相关证明文件的；

（三）从事批发业务的食用农产品销售企业违反本办法第十一条规定，未按要求建立食用农产品销售记录制度的。

[《中华人民共和国食品安全法》（2021年修正）第一百二十六条　违反本法规定，有下列情形之一的，由县级以上人民政府食品安全监督管理部门责令改正，给予警告；拒不改正的，处五千元以上五万元以下罚款；情节严重的，责令停产停业，直至吊销许可证：

（一）食品、食品添加剂生产者未按规定对采购的食品原料和生产的食品、食品添加剂进行检验；]

第四十条　销售者违反本办法第十二条、第十三条规定，未按要求标明食用农产品相关信息的，由县级以上市场监督管理部门责令改正；拒不改正的，处二千元以上一万元以下罚款。

第四十一条　销售者违反本办法第十四条规定，加工、销售即食食用农产品，未采取有效措施做好食品安全防护，造成污染的，由县级以上市场监督管理部门责令改正；拒不改正的，处五千元以上三万元以下罚款。

第四十二条　销售者违反本办法第十五条规定，采购、销售食品安全法第三十四条规定情形的食用农产品的，由县级以上市场监督管理部门依照食品安全法有关规定给予处罚。

[《中华人民共和国食品安全法》（2021年修正）第三十四条　禁止生产经营下列食品、食品添加剂、食品相关产品：

（一）用非食品原料生产的食品或者添加食品添加剂以外的化学物质和其他可能危害人体健康物质的食品，或者用回收食品作为原料生产的食品；

（二）致病性微生物，农药残留、兽药残留、生物毒素、重金属等污染物质以及其他危害人体健康的物质含量超过食品安全标准限量的食品、食品添加剂、食品相关产品；

（三）用超过保质期的食品原料、食品添加剂生产的食品、食品添加剂；

（四）超范围、超限量使用食品添加剂的食品；

（五）营养成分不符合食品安全标准的专供婴幼儿和其他特定人群的主辅食品；

（六）腐败变质、油脂酸败、霉变生虫、污秽不洁、混有异物、掺假掺杂或者感官性状异常的食品、食品添加剂；

（七）病死、毒死或者死因不明的禽、畜、兽、水产动物肉类及其制品；

（八）未按规定进行检疫或者检疫不合格的肉类，或者未经检验或者检验不合格的肉类制品；

（九）被包装材料、容器、运输工具等污染的食品、食品添加剂；

（十）标注虚假生产日期、保质期或者超过保质期的食品、食品添加剂；

（十一）无标签的预包装食品、食品添加剂；

（十二）国家为防病等特殊需要明令禁止生产经营的食品；

（十三）其他不符合法律、法规或者食品安全标准的食品、食品添加剂、食品相关产品。]

第四十三条　集中交易市场开办者违反本办法第十九条、第二十四条规定，未按规定建立健全食品安全管理制度，或者未按规定配备、培训、考核食品安全总监、食品安全员等食品安全管理人员的，由县级以上市场监督管理部门依照食品安全法第一百二十六条第一款的规定给予处罚。

第四十四条　集中交易市场开办者违反本办法第二十条第一款规定，未按要求向所在地县级市场监督管理部门如实报告市场有关信息的，由县级以上市场监督管理部门依照食品安全法实施条例第七十二条的规定给予处罚。

第四十五条　集中交易市场开办者违反本办法第二十条第二款、第二十一条、第二十三条规定，有下列情形之一的，由县级以上市场监督管理部门责令改正；拒不改正的，处五千元以上三万元以下罚款：

（一）未按要求建立入场销售者档案并及时更新的；

（二）未按照食用农产品类别实施分区销售，经营条件不符合食品安全要求，或者未按规定对市场经营环境和条件进行定期检查和维护的；

（三）未按要求查验入场销售者和入场食用农产品的相关凭证信息，允许无法提供进货凭证的食用农产品入场销售，或者对无法提供食用农产品质量合格凭证的食用农产品未经抽样检验合格即允许入场销售的。

第四十六条　集中交易市场开办者违反本办法第二十五条第二款规定，抽检发现场内食用农产品不符合食品安全标准，未按要求处理并报告的，由县级以上市场监督管理部门责令改正；拒不改正的，处五千元以上三万元以下罚款。

集中交易市场开办者违反本办法第二十六条规定，未按要求公布食用农产品相关信息的，由县级以上市场监督管理部门责令改正；拒不改正的，处二千元以上一万元以下罚款。

第四十七条　批发市场开办者违反本办法第二十五条第一款规定，未依法对进入该批发市场销售的食用农产品进行抽样检验的，由县级以上市场监督管理部门依照食品安全法第一百三十条第二款的规定给予处罚。

批发市场开办者违反本办法第二十七条规定，未按要求向入场销售者提供统一格式的销售凭证或者指导入场销售者自行印制符合要求的销售凭证的，由县级以上市场监督管理部门责令改正；拒不改正的，处五千元以上三万元以下罚款。

第四十八条　销售者履行了本办法规定的食用农产品进货查验等义务，有充分证据证明其不知道所采购的食用农产品不符合食品安全标准，并能如实说明其进货来源的，可以免予处罚，但应当依法没收其不符合食品安全标准的食用农产品；造成人身、财产或者其他损害的，依法承担赔偿责任。

2. 屠宰类

《中华人民共和国畜牧法》（2022 年修订）

第七十七条　违反本法规定，县级以上人民政府农业农村主管部门及其工作人员有下列行为之一的，对直接负责的主管人员和其他直接责任人员依法给予处分：

（一）利用职务上的便利，收受他人财物或者牟取其他利益；

（二）对不符合条件的申请人准予许可，或者超越法定职权准予许可；

（三）发现违法行为不予查处；

（四）其他滥用职权、玩忽职守、徇私舞弊等不依法履行监督管理工作职责的行为。

第七十八条　违反本法第十四条第二款规定，擅自处理受保护的畜禽遗传资源，造成畜禽遗传资源损失的，由省级以上人民政府农业农村主管部门处十万元以上一百万元以下罚款。

第七十九条　违反本法规定，有下列行为之一的，由省级以上人民政府农业农村主管部门责令停止违法行为，没收畜禽遗传资源和违法所得，并处五万元以上五十万元以下罚款：

（一）未经审核批准，从境外引进畜禽遗传资源；

（二）未经审核批准，在境内与境外机构、个人合作研究利用列入保护名录的畜禽遗传资源；

（三）在境内与境外机构、个人合作研究利用未经国家畜禽遗传资源委员会鉴定的新发现的畜禽遗传资源。

第八十条　违反本法规定，未经国务院农业农村主管部门批准，向境外输出畜禽遗传资源的，依照《中华人民共和国海关法》的有关规定追究法律责任。海关应当将扣留的畜禽遗传资源移送省、自治区、直辖市人民政府农业农村主管部门处理。

第八十一条　违反本法规定，销售、推广未经审定或者鉴定的畜禽品种、配套系的，由县级以上地方人民政府农业农村主管部门责令停止违法行为，没收畜禽和违法所得；违法所得在五万元以上的，并处违法所得一倍以上三倍以下罚款；没有违法所得或者违法所得不足五万元的，并处五千元以上五万元以下罚款。

第八十二条　违反本法规定，无种畜禽生产经营许可证或者违反种畜禽生产经营许可证规定生产经营，或者伪造、变造、转让、租借种畜禽生产经营许可证的，由县级以上地方人民政府农业农村主管部门责令停止违法行为，收缴伪造、变造的种畜禽生产经营许可证，没收种畜禽、商品代仔畜、雏禽和违法所得；违法所得在三万元以上的，并处违法所得一倍以上三倍以下罚款；没有违法所得或者违法所得不足三万元的，并处三千元以上三万元以下罚款。违反种畜禽生产经营许可证的规定生产经营或者转让、租借种畜禽生产经营许可证，情节严重的，并处吊销种畜禽生产经营许可证。

第八十三条　违反本法第二十九条规定的，依照《中华人民共和国广告法》的有关规定追究法律责任。

第八十四条　违反本法规定，使用的种畜禽不符合种用标准的，由县级以上地方人民政府农业农村主管部门责令停止违法行为，没收种畜禽和违法所得；违法所得在五千元以上的，并处违法所得一倍以上二倍以下罚款；没有违法所得或者违法所得不足五千元的，并处一千元以上五千元以下罚款。

第八十五条　销售种畜禽有本法第三十一条第一项至第四项违法行为之一的，由县级以上地方人民政府农业农村主管部门和市场监督管理部门按照职责分工责令停止销售，没收违法销售的（种）畜禽和违法所得；违法所得在五万元以上的，并处违法所得一倍以上五倍以下罚款；没有违法所得或者违法所得不足五万元的，并处五千元以上五万元以下罚款；情节严重的，并处吊销种畜禽生产经营许可证或者营业执照。

第八十六条　违反本法规定，兴办畜禽养殖场未备案，畜禽养殖场未建立养殖档案或者未按照规定保存养殖档案的，由县级以上地方人民政府农业农村主管部门责令限期改正，可以处一万元以下罚款。

第八十七条　违反本法第四十三条规定养殖畜禽的，依照有关法律、行政法规的规定处理、处罚。

[《中华人民共和国畜牧法》（2022年修订）第四十三条　从事畜禽养殖，不得有下列行为：

（一）违反法律、行政法规和国家有关强制性标准、国务院农业农村主管部门的规定使用饲料、饲料添加剂、兽药；

（二）使用未经高温处理的餐馆、食堂的泔水饲喂家畜；

（三）在垃圾场或者使用垃圾场中的物质饲养畜禽；

（四）随意弃置和处理病死畜禽；

（五）法律、行政法规和国务院农业农村主管部门规定的危害人和畜禽健康的其他行为。]

第八十八条　违反本法规定，销售的种畜禽未附具种畜禽合格证明、家畜系谱，销售、收购国务院农业农村主管部门规定应当加施标识而没有标识的畜禽，或者重复使用畜禽标识的，由县级以上地方人民政府农业农村主管部门和市场监督管理部门按照职责分工责令改正，可以处二千元以下罚款。

销售的种畜禽未附具检疫证明，伪造、变造畜禽标识，或者持有、使用伪造、变造的畜禽标识的，依照《中华人民共和国动物防疫法》的有关规定追究法律责任。

第八十九条　违反本法规定，未经定点从事畜禽屠宰活动的，依照有关法律法规的规定处理、处罚。

第九十条　县级以上地方人民政府农业农村主管部门发现畜禽屠宰企业不再具备本法规定条件的，应当责令停业整顿，并限期整改；逾期仍未达到本法规定条件的，责令关闭，对实行定点屠宰管理的，由发证机关依法吊销定点屠宰证书。

第九十一条　违反本法第六十八条规定，畜禽屠宰企业未建立畜禽屠宰质量安全管理制度，或者畜禽屠宰经营者对经检验不合格的畜禽产品未按照国家有关规定处理的，由县级以上地方人民政府农业农村主管部门责令改正，给予警告；拒不改正的，责令停业整顿，并处五千元以上五万元以下罚款，对直接负责的主管人员和其他直接责任人员处二千元以上二万元以下罚款；情节严重的，责令关闭，对实行定点屠宰管理的，由发证机关依法吊销定点屠宰证书。

违反本法第六十八条规定的其他行为的，依照有关法律法规的规定处理、处罚。

《中华人民共和国动物防疫法》（2021年修订）

第八十七条　地方各级人民政府及其工作人员未依照本法规定履行职责的，对直接负责的主管人员和其他直接责任人员依法给予处分。

第八十八条　县级以上人民政府农业农村主管部门及其工作人员违反本法规定，有下列行为之一的，由本级人民政府责令改正，通报批评；对直接负责的主管人员和其他直接责任人员依法给予处分：

（一）未及时采取预防、控制、扑灭等措施的；

（二）对不符合条件的颁发动物防疫条件合格证、动物诊疗许可证，或者对符合条件的拒不颁发动物防疫条件合格证、动物诊疗许可证的；

（三）从事与动物防疫有关的经营性活动，或者违法收取费用的；

（四）其他未依照本法规定履行职责的行为。

第八十九条　动物卫生监督机构及其工作人员违反本法规定，有下列行为之一的，由本级人民政府或者农业农村主管部门责令改正，通报批评；对直接负责的主管人员和其他直接责任人员依法给予处分：

（一）对未经检疫或者检疫不合格的动物、动物产品出具检疫证明、加施检疫标志，或者对检疫合格的动物、动物产品拒不出具检疫证明、加施检疫标志的；

（二）对附有检疫证明、检疫标志的动物、动物产品重复检疫的；

（三）从事与动物防疫有关的经营性活动，或者违法收取费用的；

（四）其他未依照本法规定履行职责的行为。

第九十条　动物疫病预防控制机构及其工作人员违反本法规定，有下列行为之一的，由本级人民政府或者农业农村主管部门责令改正，通报批评；对直接负责的主管人员和其他直接责任人员依法给予处分：

（一）未履行动物疫病监测、检测、评估职责或者伪造监测、检测、评估结果的；

（二）发生动物疫情时未及时进行诊断、调查的；

（三）接到染疫或者疑似染疫报告后，未及时按照国家规定采取措施、上报的；

（四）其他未依照本法规定履行职责的行为。

第九十一条　地方各级人民政府、有关部门及其工作人员瞒报、谎报、迟报、漏报或者授意他人瞒报、谎报、迟报动物疫情，或者阻碍他人报告动物疫情的，由上级人民政府或者有关部门责令改正，通报批评；对直接负责的主管人员和其他直接责任人员依法给予处分。

第九十二条　违反本法规定，有下列行为之一的，由县级以上地方人民政府农业农村主管部门责令限期改正，可以处一千元以下罚款；逾期不改正的，处一千元以上五千元以下罚款，由县级以上地方人民政府农业农村主管部门委托动物诊疗机构、无害化处理场所等代为处理，所需费用由违法行为人承担：

（一）对饲养的动物未按照动物疫病强制免疫计划或者免疫技术规范实施免疫接种的；

（二）对饲养的种用、乳用动物未按照国务院农业农村主管部门的要求定期开展疫病检测，或者经检测不合格而未按照规定处理的；

（三）对饲养的犬只未按照规定定期进行狂犬病免疫接种的；

（四）动物、动物产品的运载工具在装载前和卸载后未按照规定及时清洗、消毒的。

第九十三条　违反本法规定，对经强制免疫的动物未按照规定建立免疫档案，或者未按照规定加施畜禽标识的，依照《中华人民共和国畜牧法》的有关规定处罚。

第九十四条　违反本法规定，动物、动物产品的运载工具、垫料、包装物、容器等不符合国务院农业农村主管部门规定的动物防疫要求的，由县级以上地方人民政府农业农村主管部门责令改正，可以处五千元以下罚款；情节严重的，处五千元以上五万元以下罚款。

第九十五条　违反本法规定，对染疫动物及其排泄物、染疫动物产品或者被染疫动物、动物产品污染的运载工具、垫料、包装物、容器等未按照规定处置的，由县级以上地方人民政府农业农村主管部门责令限期处理；逾期不处理的，由县级以上地方人民政府农业农村主管部门委托有关单位代为处理，所需费用由违法行为人承担，处五千元以上五万元以下罚款。

造成环境污染或者生态破坏的，依照环境保护有关法律法规进行处罚。

第九十六条　违反本法规定，患有人畜共患传染病的人员，直接从事动物疫病监测、检测、检验检疫，动物诊疗以及易感染动物的饲养、屠宰、经营、隔离、运输等活动的，由县级以上地方人民政府农业农村或者野生动物保护主管部门责令改正；拒不改正的，处一千元以上一万元以下罚款；情节严重的，处一万元以上五万元以下罚款。

第九十七条　违反本法第二十九条规定，屠宰、经营、运输动物或者生产、经营、加工、贮藏、运输动物产品的，由县级以上地方人民政府农业农村主管部门责令改正、采取补救措施，没收违法所得、动物和动物产品,并处同类检疫合格动物、动物产品货值金额十五倍以上三十倍以下罚款;同类检疫合格动物、动物产品货值金额不足一万元的,并处五万元以上十五万元以下罚款;其中依法应当检疫而未检疫的,依照本法第一百条的规定处罚。

前款规定的违法行为人及其法定代表人(负责人)、直接负责的主管人员和其他直接责任人员,自处罚决定作出之日起五年内不得从事相关活动;构成犯罪的,终身不得从事屠宰、经营、运输动物或者生产、经营、加工、贮藏、运输动物产品等相关活动。

第九十八条 违反本法规定,有下列行为之一的,由县级以上地方人民政府农业农村主管部门责令改正,处三千元以上三万元以下罚款;情节严重的,责令停业整顿,并处三万元以上十万元以下罚款:

(一)开办动物饲养场和隔离场所、动物屠宰加工场所以及动物和动物产品无害化处理场所,未取得动物防疫条件合格证的;

(二)经营动物、动物产品的集贸市场不具备国务院农业农村主管部门规定的防疫条件的;

(三)未经备案从事动物运输的;

(四)未按照规定保存行程路线和托运人提供的动物名称、检疫证明编号、数量等信息的;

(五)未经检疫合格,向无规定动物疫病区输入动物、动物产品的;

(六)跨省、自治区、直辖市引进种用、乳用动物到达输入地后未按照规定进行隔离观察的;

(七)未按照规定处理或者随意弃置病死动物、病害动物产品的。

第九十九条 动物饲养场和隔离场所、动物屠宰加工场所以及动物和动物产品无害化处理场所,生产经营条件发生变化,不再符合本法第二十四条规定的动物防疫条件继续从事相关活动的,由县级以上地方人民政府农业农村主管部门给予警告,责令限期改正;逾期仍达不到规定条件的,吊销动物防疫条件合格证,并通报市场监督管理部门依法处理。

第一百条 违反本法规定,屠宰、经营、运输的动物未附有检疫证明,经营和运输的动物产品未附有检疫证明、检疫标志的,由县级以上地方人民政府农业农村主管部门责令改正，处同类检疫合格动物、动物产品货值金额一倍以下罚款；对货主以外的承运人处运输费用三倍以上五倍以下罚款，情节严重的，处五倍以上十倍以下罚款。

违反本法规定，用于科研、展示、演出和比赛等非食用性利用的动物未附有检疫证明的，由县级以上地方人民政府农业农村主管部门责令改正，处三千元以上一万元以下罚款。

第一百零一条　违反本法规定，将禁止或者限制调运的特定动物、动物产品由动物疫病高风险区调入低风险区的，由县级以上地方人民政府农业农村主管部门没收运输费用、违法运输的动物和动物产品，并处运输费用一倍以上五倍以下罚款。

第一百零二条　违反本法规定，通过道路跨省、自治区、直辖市运输动物，未经省、自治区、直辖市人民政府设立的指定通道入省境或者过省境的，由县级以上地方人民政府农业农村主管部门对运输人处五千元以上一万元以下罚款；情节严重的，处一万元以上五万元以下罚款。

第一百零三条　违反本法规定，转让、伪造或者变造检疫证明、检疫标志或者畜禽标识的，由县级以上地方人民政府农业农村主管部门没收违法所得和检疫证明、检疫标志、畜禽标识，并处五千元以上五万元以下罚款。

持有、使用伪造或者变造的检疫证明、检疫标志或者畜禽标识的，由县级以上人民政府农业农村主管部门没收检疫证明、检疫标志、畜禽标识和对应的动物、动物产品，并处三千元以上三万元以下罚款。

第一百零四条　违反本法规定，有下列行为之一的，由县级以上地方人民政府农业农村主管部门责令改正，处三千元以上三万元以下罚款：

（一）擅自发布动物疫情的；

（二）不遵守县级以上人民政府及其农业农村主管部门依法作出的有关控制动物疫病规定的；

（三）藏匿、转移、盗掘已被依法隔离、封存、处理的动物和动物产品的。

第一百零五条　违反本法规定,未取得动物诊疗许可证从事动物诊疗活动的,由县级以上地方人民政府农业农村主管部门责令停止诊疗活动,没收违法所得,并处违法所得一倍以上三倍以下罚款;违法所得不足三万元的,并处三千元以上三万元以下罚款。

动物诊疗机构违反本法规定,未按照规定实施卫生安全防护、消毒、隔离和处置诊疗废弃物的,由县级以上地方人民政府农业农村主管部门责令改正,处一千元以上一万元以下罚款;造成动物疫病扩散的,处一万元以上五万元以下罚款;情节严重的,吊销动物诊疗许可证。

第一百零六条　违反本法规定,未经执业兽医备案从事经营性动物诊疗活动的,由县级以上地方人民政府农业农村主管部门责令停止动物诊疗活动,没收违法所得,并处三千元以上三万元以下罚款;对其所在的动物诊疗机构处一万元以上五万元以下罚款。

执业兽医有下列行为之一的,由县级以上地方人民政府农业农村主管部门给予警告,责令暂停六个月以上一年以下动物诊疗活动;情节严重的,吊销执业兽医资格证书:

(一)违反有关动物诊疗的操作技术规范,造成或者可能造成动物疫病传播、流行的;

(二)使用不符合规定的兽药和兽医器械的;

(三)未按照当地人民政府或者农业农村主管部门要求参加动物疫病预防、控制和动物疫情扑灭活动的。

第一百零七条　违反本法规定,生产经营兽医器械,产品质量不符合要求的,由县级以上地方人民政府农业农村主管部门责令限期整改;情节严重的,责令停业整顿,并处二万元以上十万元以下罚款。

第一百零八条　违反本法规定,从事动物疫病研究、诊疗和动物饲养、屠宰、经营、隔离、运输,以及动物产品生产、经营、加工、贮藏、无害化处理等活动的单位和个人,有下列行为之一的,由县级以上地方人民政府农业农村主管部门责令改正,可以处一万元以下罚款;拒不改正的,处一万元以上五万元以下罚款,并可以责令停业整顿:

(一)发现动物染疫、疑似染疫未报告,或者未采取隔离等控制措施的;

（二）不如实提供与动物防疫有关的资料的；

（三）拒绝或者阻碍农业农村主管部门进行监督检查的；

（四）拒绝或者阻碍动物疫病预防控制机构进行动物疫病监测、检测、评估的；

（五）拒绝或者阻碍官方兽医依法履行职责的。

第一百零九条　违反本法规定，造成人畜共患传染病传播、流行的，依法从重给予处分、处罚。

违反本法规定，构成违反治安管理行为的，依法给予治安管理处罚；构成犯罪的，依法追究刑事责任。

违反本法规定，给他人人身、财产造成损害的，依法承担民事责任。

《生猪屠宰管理条例》（2021年修订）

第三十条　农业农村主管部门在监督检查中发现生猪定点屠宰厂（场）不再具备本条例规定条件的，应当责令停业整顿，并限期整改；逾期仍达不到本条例规定条件的，由设区的市级人民政府吊销生猪定点屠宰证书，收回生猪定点屠宰标志牌。

第三十一条　违反本条例规定，未经定点从事生猪屠宰活动的，由农业农村主管部门责令关闭，没收生猪、生猪产品、屠宰工具和设备以及违法所得；货值金额不足1万元的，并处5万元以上10万元以下的罚款；货值金额1万元以上的，并处货值金额10倍以上20倍以下的罚款。

冒用或者使用伪造的生猪定点屠宰证书或者生猪定点屠宰标志牌的，依照前款的规定处罚。

生猪定点屠宰厂（场）出借、转让生猪定点屠宰证书或者生猪定点屠宰标志牌的，由设区的市级人民政府吊销生猪定点屠宰证书，收回生猪定点屠宰标志牌；有违法所得的，由农业农村主管部门没收违法所得，并处5万元以上10万元以下的罚款。

第三十二条　违反本条例规定，生猪定点屠宰厂（场）有下列情形之一的，由农业农村主管部门责令改正，给予警告；拒不改正的，责令停业整顿，处5000元以上5万元以下的罚款，对其直接负责的主管人员和其他直接责任人员处 2 万元以上 5 万元以下的罚款；情节严重的，由设区的市级人民政府吊销生猪定点屠宰证书，收回生猪定点屠宰标志牌：

（一）未按照规定建立并遵守生猪进厂（场）查验登记制度、生猪产品出厂（场）记录制度的；

（二）未按照规定签订、保存委托屠宰协议的；

（三）屠宰生猪不遵守国家规定的操作规程、技术要求和生猪屠宰质量管理规范以及消毒技术规范的；

（四）未按照规定建立并遵守肉品品质检验制度的；

（五）对经肉品品质检验不合格的生猪产品未按照国家有关规定处理并如实记录处理情况的。

发生动物疫情时，生猪定点屠宰厂（场）未按照规定开展动物疫病检测的，由农业农村主管部门责令停业整顿，并处 5000 元以上 5 万元以下的罚款，对其直接负责的主管人员和其他直接责任人员处 2 万元以上 5 万元以下的罚款；情节严重的，由设区的市级人民政府吊销生猪定点屠宰证书，收回生猪定点屠宰标志牌。

第三十三条　违反本条例规定，生猪定点屠宰厂（场）出厂（场）未经肉品品质检验或者经肉品品质检验不合格的生猪产品的，由农业农村主管部门责令停业整顿，没收生猪产品和违法所得；货值金额不足 1 万元的，并处 10 万元以上 15 万元以下的罚款；货值金额 1 万元以上的，并处货值金额 15 倍以上 30 倍以下的罚款；对其直接负责的主管人员和其他直接责任人员处 5 万元以上 10 万元以下的罚款；情节严重的，由设区的市级人民政府吊销生猪定点屠宰证书，收回生猪定点屠宰标志牌，并可以由公安机关依照《中华人民共和国食品安全法》的规定，对其直接负责的主管人员和其他直接责任人员处 5 日以上 15 日以下拘留。

第三十四条　生猪定点屠宰厂（场）依照本条例规定应当召回生猪产品而不召回的，由农业农村主管部门责令召回，停止屠宰；拒不召回或者拒不停止屠宰的，责令停业整顿，没收生猪产品和违法所得；货值金额不足 1 万元的，并处 5 万元以上 10 万元以下的罚款；货值金额 1 万元以上的，并处货值金额 10 倍以上 20 倍以下的罚款；对其直接负责的主管人员和其他直接责任人员处 5 万元以上 10 万元以下的罚款；情节严重的，由设区的市级人民政府吊销生猪定点屠宰证书，收回生猪定点屠宰标志牌。

委托人拒不执行召回规定的，依照前款规定处罚。

第三十五条　违反本条例规定，生猪定点屠宰厂（场）、其他单位和个人对生猪、生猪产品注水或者注入其他物质的，由农业农村主管部门没收注水或者注入其他物质的生猪、生猪产品、注水工具和设备以及违法所得；货值金额不足 1 万元的，并处 5 万元以上 10 万元以下的罚款；货值金额 1 万元以上的，并处货值金额 10 倍以上 20 倍以下的罚款；对生猪定点屠宰厂（场）或者其他单位的直接负责的主管人员和其他直接责任人员处 5 万元以上 10 万元以下的罚款。注入其他物质的，还可以由公安机关依照《中华人民共和国食品安全法》的规定，对其直接负责的主管人员和其他直接责任人员处 5 日以上 15 日以下拘留。

生猪定点屠宰厂（场）对生猪、生猪产品注水或者注入其他物质的，除依照前款规定处罚外，还应当由农业农村主管部门责令停业整顿；情节严重的，由设区的市级人民政府吊销生猪定点屠宰证书，收回生猪定点屠宰标志牌。

第三十六条　违反本条例规定，生猪定点屠宰厂（场）屠宰注水或者注入其他物质的生猪的，由农业农村主管部门责令停业整顿，没收注水或者注入其他物质的生猪、生猪产品和违法所得；货值金额不足 1 万元的，并处 5 万元以上 10 万元以下的罚款；货值金额 1 万元以上的，并处货值金额 10 倍以上 20 倍以下的罚款；对其直接负责的主管人员和其他直接责任人员处 5 万元以上 10 万元以下的罚款；情节严重的，由设区的市级人民政府吊销生猪定点屠宰证书，收回生猪定点屠宰标志牌。

第三十七条　违反本条例规定，为未经定点违法从事生猪屠宰活动的单位和个人提供生猪屠宰场所或者生猪产品储存设施，或者为对生猪、生猪产品注水或者注入其他物质的单位和个人提供场所的，由农业农村主管部门责令改正，没收违法所得，并处 5 万元以上 10 万以下的罚款。

第三十八条　违反本条例规定，生猪定点屠宰厂（场）被吊销生猪定点屠宰证书的，其法定代表人（负责人）、直接负责的主管人员和其他直接责任人员自处罚决定作出之日起5年内不得申请生猪定点屠宰证书或者从事生猪屠宰管理活动；因食品安全犯罪被判处有期徒刑以上刑罚的，终身不得从事生猪屠宰管理活动。

第三十九条　农业农村主管部门和其他有关部门的工作人员在生猪屠宰监督管理工作中滥用职权、玩忽职守、徇私舞弊，尚不构成犯罪的，依法给予处分。

第四十条　本条例规定的货值金额按照同类检疫合格及肉品品质检验合格的生猪、生猪产品的市场价格计算。

《动物检疫管理办法》（2022年）

第四十八条　申报动物检疫隐瞒有关情况或者提供虚假材料的，或者以欺骗、贿赂等不正当手段取得动物检疫证明的，依照《中华人民共和国行政许可法》有关规定予以处罚。

第四十九条　违反本办法规定运输畜禽，有下列行为之一的，由县级以上地方人民政府农业农村主管部门处一千元以上三千元以下罚款；情节严重的，处三千元以上三万元以下罚款：

（一）运输用于继续饲养或者屠宰的畜禽到达目的地后，未向启运地动物卫生监督机构报告的；

（二）未按照动物检疫证明载明的目的地运输的；

（三）未按照动物检疫证明规定时间运达且无正当理由的；

（四）实际运输的数量少于动物检疫证明载明数量且无正当理由的。

3. 乳品类

《乳品质量安全监督管理条例》（2008年）

第五十四条　生鲜乳收购者、乳制品生产企业在生鲜乳收购、乳制品生产过程中，加入非食品用化学物质或者其他可能危害人体健康的物质，依照刑法第一百四十四条的规定，构成犯罪的，依法追究刑事责任，并由发证机关吊销许可证照；尚不构成犯罪的，由畜牧兽医主管部门、质量监督部门依据各自职责没收违法所得和违法生产的乳品，以及相关的工具、设备等物品，并处违法乳品货值金额15倍以上30倍以下罚款，由发证机关吊销许可证照。

第五十五条 生产、销售不符合乳品质量安全国家标准的乳品，依照刑法第一百四十三条的规定，构成犯罪的，依法追究刑事责任，并由发证机关吊销许可证照；尚不构成犯罪的，由畜牧兽医主管部门、质量监督部门、工商行政管理部门依据各自职责没收违法所得、违法乳品和相关的工具、设备等物品，并处违法乳品货值金额10倍以上20倍以下罚款，由发证机关吊销许可证照。

第五十六条 乳制品生产企业违反本条例第三十六条的规定，对不符合乳品质量安全国家标准、存在危害人体健康和生命安全或者可能危害婴幼儿身体健康和生长发育的乳制品，不停止生产、不召回的，由质量监督部门责令停止生产、召回；拒不停止生产、拒不召回的，没收其违法所得、违法乳制品和相关的工具、设备等物品，并处违法乳制品货值金额15倍以上30倍以下罚款，由发证机关吊销许可证照。

第五十七条 乳制品销售者违反本条例第四十二条的规定，对不符合乳品质量安全国家标准、存在危害人体健康和生命安全或者可能危害婴幼儿身体健康和生长发育的乳制品，不停止销售、不追回的，由工商行政管理部门责令停止销售、追回；拒不停止销售、拒不追回的，没收其违法所得、违法乳制品和相关的工具、设备等物品，并处违法乳制品货值金额15倍以上30倍以下罚款，由发证机关吊销许可证照。

第五十八条 违反本条例规定，在婴幼儿奶粉生产过程中，加入非食品用化学物质或其他可能危害人体健康的物质的，或者生产、销售的婴幼儿奶粉营养成分不足、不符合乳品质量安全国家标准的，依照本条例规定，从重处罚。

第五十九条 奶畜养殖者、生鲜乳收购者、乳制品生产企业和销售者在发生乳品质量安全事故后未报告、处置的，由畜牧兽医、质量监督、工商行政管理、食品药品监督等部门依据各自职责，责令改正，给予警告；毁灭有关证据的，责令停产停业，并处10万元以上20万元以下罚款；造成严重后果的，由发证机关吊销许可证照；构成犯罪的，依法追究刑事责任。

第六十条 有下列情形之一的，由县级以上地方人民政府畜牧兽医主管部门没收违法所得、违法收购的生鲜乳和相关的设备、设施等物品，并处违法乳品货值金额 5 倍以上 10 倍以下罚款；有许可证照的，由发证机关吊销许可证照：

（一）未取得生鲜乳收购许可证收购生鲜乳的；

（二）生鲜乳收购站取得生鲜乳收购许可证后，不再符合许可条件继续从事生鲜乳收购的；

（三）生鲜乳收购站收购本条例第二十四条规定禁止收购的生鲜乳的。

第六十一条 乳制品生产企业和销售者未取得许可证，或者取得许可证后不按照法定条件、法定要求从事生产销售活动的，由县级以上地方质量监督部门、工商行政管理部门依照《国务院关于加强食品等产品安全监督管理的特别规定》等法律、行政法规的规定处罚。

第六十二条 畜牧兽医、卫生、质量监督、工商行政管理等部门，不履行本条例规定职责、造成后果的，或者滥用职权、有其他渎职行为的，由监察机关或者任免机关对其主要负责人、直接负责的主管人员和其他直接责任人员给予记大过或者降级的处分；造成严重后果的，给予撤职或者开除的处分；构成犯罪的，依法追究刑事责任。

案例解析

案例一

郑某、天津市南开区某生鲜超市买卖合同纠纷案

【争议焦点】

原告基于购买草莓中出现个别草莓腐烂的事实，援引《中华人民共和国食品安全法》第一百四十八条的规定主张惩罚性赔偿是否应得到支持。

【案情简介】

原告在某生鲜超市购买一盒草莓，回家后发现个别草莓已经腐烂，要求被告赔偿三盒草莓，被告表示只愿意赔偿一盒草莓并且是施舍给原告的，原告认为其态度给自己造成了精神损失。基于此，原告要求被告支付1000元食品腐烂赔偿金以及200元精神损失费。被告辩称，不同意原告的诉讼请求。原告所述的购买草莓以及索赔过程属实，被告认可个别草莓存在腐烂的情况，但是原告索赔金额过高，被告愿意与原告调解解决。法院分析认为，根据《中华人民共和国农产品质量安全法》草莓是新鲜水果，属于食用农产品范畴。食用农产品属于食品中的特殊一类，对于案涉草莓的质量安全管理不适用《中华人民共和国食品安全法》，故原告所主张的惩罚性赔偿法院不予支持。关于原告的精神损失费，被告已当庭致歉，因此原告主张的200元精神损失费法院不予支持。因此，法院驳回原告全部诉讼请求。

【关联法规】

《中华人民共和国农产品质量安全法》第二条。

案例二

新疆某马铃薯开发有限公司与王某产品责任纠纷案

【争议焦点】

原告的损失与某马铃薯公司是否存在因果关系。

【案情简介】

原告于2021年4月从被告公司购买陇薯3号一级种薯31500公斤,用于其65亩土地的种植,原告在种植过程中发现用其种薯播种的马铃薯出现出苗不齐、苗发黄、苗的根茎腐烂变质的现象。原告委托某公司进行鉴定,鉴定结果为,马铃薯出苗差和植株死亡与种薯有直接关系。原告将被告诉至法院,请求被告赔偿因缺苗造成的损失163995元、鉴定费10000元。一审法院认定,被告公司提供的一级种薯存在质量问题,与原告的损失有因果关系,判决被告赔偿原告损失费111596元及鉴定费10000元,合计121596元,并驳回原告的其他诉讼请求。被告公司不服一审判决,提起上诉,主张一审判决认定事实错误、适用法律错误、程序违法。被告公司认为其提供的种薯为农产品,非《中华人民共和国产品质量法》所指的产品,且一审法院采用的鉴定意见违反法律规定。二审法院经审理,认为一审判决认定事实清楚,适用法律适当,审理程序合法,结果正确,故驳回上诉,维持原判。

【关联法规】

《中华人民共和国产品质量法》第四十三条。

案例三

某火锅店买卖合同纠纷案

【争议焦点】

不具有市场主体资格的个人,以市场主体签订的买卖合同为案由进行起诉，主体是否适格。

【案情简介】

原告起诉某火锅店经营期间购买原告的蒙牛牌奶制品，共拖欠货款 30330 元，原告向法院提起诉讼。经法院查明，根据《乳品质量安全监督管理条例》第三十七条规定："从事乳制品销售应当按照食品安全监督管理的有关规定，依法向工商行政管理部门申请领取有关证照。"原告作为个人不具备销售乳制品的市场主体资格，与被告签订的买卖合同主体为以原告为法定代表人的某商贸有限公司。某商贸有限公司工商登记范围包括预包装食品零售、乳制品（不含婴幼儿配方乳品）、日用百货等。原告作为法定代表人以某商贸有限公司的名义销售乳制品，买卖合同双方为某火锅店与某商贸有限公司。原告以个人名义起诉，主体不适格。因此，应当驳回全部诉讼请求。依照《中华人民共和国民事诉讼法》第一百一十九条、《最高人民法院关于适用〈中华人民共和国民事诉讼法〉的解释》第二百零八条第三款之规定，裁定如下：驳回原告的起诉。案件受理费减半收取 280 元，其余部分予以退还。

【关联法规】

《乳品质量安全监督管理条例》第三十七条。

案例四

陈某、韶某公司买卖合同纠纷案

【争议焦点】

原告与被告签订的《禽苗购销合同》是否合法有效，以及双方是否应按照合同约定履行各自义务。

【案情简介】

本案为买卖合同纠纷案。原告是一名家禽养殖户，被告则是一家从事家禽幼苗销售的公司。案件的核心争议在于，原告与被告于2023年4月15日签订了《禽苗购销合同》，合同约定原告向被告订购9000只鸭苗，总价78000元。被告承诺提供养殖技术、免费前期饲料，并保证鸭子成活率95%以上。合同签订后，原告支付了鸭苗货款，被告则将鸭苗运送至原告养殖场地。然而，原告在验收时发现大量鸭苗已死亡，剩余的鸭苗在被告技术人员指导下不久后也全部死亡。被告补发的鸭苗同样在短时间内死亡。原告认为鸭苗存在质量问题，请求解除合同，并要求被告返还货款、赔偿差旅费、场地补贴费及预期利益损失。被告则辩称，合同依法有效，原告无法证明鸭苗存在死亡结果，且鸭苗死亡与被告无关。被告还提出，已向原告提供动物检疫合格证明，证明鸭苗符合标准，而原告未严格按照养殖流程进行养殖，导致鸭苗死亡。

法院经审理认为，原、被告双方签订的《禽苗购销合同》合法有效，但由于鸭苗在短时间内大量死亡，导致合同目的无法实现，故支持原告解除合同的请求。法院确认合同于2023年10月11日解除，并判决被告退还鸭苗款78000元，赔偿原告差旅费1721元、场地补贴费4000元及经济损失14000元，驳回原告其他诉讼请求。

【关联法规】

《中华人民共和国畜牧法》第三十三条，《中华人民共和国动物防疫法》第四十九条、第五十一条。

案例五

祁某、吕某等买卖合同纠纷案

【争议焦点】

原告与被告签订的合同是否合法有效，以及双方是否应按照合同约定履行各自义务。

【案情简介】

四原告于2020年6月17日共同向被告购买了4100只培育了21

天的雏鸡，每只价格为10元。被告向原告提供了保证，承诺雏鸡不得病，若因疫苗问题导致鸡死亡，由被告负责赔偿。然而，在原告喂养雏鸡20余天后，雏鸡开始不明原因死亡。原告要求被告补偿，但被告未履行赔偿责任。双方于2020年7月13日达成调解协议，约定被告赔偿原告2700只雏鸡，并约定了具体的赔偿条件和时间。但2021年清明节后被告未按协议约定赔偿雏鸡，原告因此向法院提起诉讼，请求确认双方的买卖合同和调解协议无效，并要求被告返还购买雏鸡款41000元及承担相关诉讼费用。被告辩称，他们作为中间销售主体，不适用《中华人民共和国畜牧法》第二十二条规定，且法律没有强制规定中间销售主体必须出具动物检疫合格证等手续。被告还指出，原告没有足够证据证明雏鸡存在质量问题或雏鸡死亡与雏鸡本身质量有因果关系，原告没有专业饲养技术，将问题推给被告是不公平的。

法院经审理认为，原告未能提供充分证据证明被告是种畜禽生产经营者，且未能证明雏鸡死亡与雏鸡本身质量存在因果关系。法院还指出，即便合同无效，调解协议是对返还达成的新赔偿，原告应根据调解协议主张权利。因此，法院不支持原告主张合同无效和返还购买雏鸡款的请求，最终判决驳回原告的全部诉讼请求。

【关联法规】

《中华人民共和国畜牧法》第二十二条。

第二章
食品添加剂相关法律法规及案例解读

一、生产环节

《中华人民共和国食品安全法》（2021年修正）

第三十四条 禁止生产经营下列食品、食品添加剂、食品相关产品：

（一）用非食品原料生产的食品或者添加食品添加剂以外的化学物质和其他可能危害人体健康物质的食品，或者用回收食品作为原料生产的食品；

（二）致病性微生物，农药残留、兽药残留、生物毒素、重金属等污染物质以及其他危害人体健康的物质含量超过食品安全标准限量的食品、食品添加剂、食品相关产品；

（三）用超过保质期的食品原料、食品添加剂生产的食品、食品添加剂；

（四）超范围、超限量使用食品添加剂的食品；

（五）营养成分不符合食品安全标准的专供婴幼儿和其他特定人群的主辅食品；

（六）腐败变质、油脂酸败、霉变生虫、污秽不洁、混有异物、掺假掺杂或者感官性状异常的食品、食品添加剂；

（七）病死、毒死或者死因不明的禽、畜、兽、水产动物肉类及其制品；

（八）未按规定进行检疫或者检疫不合格的肉类，或者未经检验或者检验不合格的肉类制品；

（九）被包装材料、容器、运输工具等污染的食品、食品添加剂；

（十）标注虚假生产日期、保质期或者超过保质期的食品、食品添加剂；

（十一）无标签的预包装食品、食品添加剂；

（十二）国家为防病等特殊需要明令禁止生产经营的食品；

（十三）其他不符合法律、法规或者食品安全标准的食品、食品添加剂、食品相关产品。

第三十七条　利用新的食品原料生产食品，或者生产食品添加剂新品种、食品相关产品新品种，应当向国务院卫生行政部门提交相关产品的安全性评估材料。国务院卫生行政部门应当自收到申请之日起六十日内组织审查；对符合食品安全要求的，准予许可并公布；对不符合食品安全要求的，不予许可并书面说明理由。

第三十九条　国家对食品添加剂生产实行许可制度。从事食品添加剂生产，应当具有与所生产食品添加剂品种相适应的场所、生产设备或者设施、专业技术人员和管理制度，并依照本法第三十五条第二款规定的程序，取得食品添加剂生产许可。

生产食品添加剂应当符合法律、法规和食品安全国家标准。

《食品生产许可管理办法》（2020年）

第十五条　从事食品添加剂生产活动，应当依法取得食品添加剂生产许可。

申请食品添加剂生产许可，应当具备与所生产食品添加剂品种相适应的场所、生产设备或者设施、食品安全管理人员、专业技术人员和管理制度。

第十六条　申请食品添加剂生产许可，应当向申请人所在地县级以上地方市场监督管理部门提交下列材料：

（一）食品添加剂生产许可申请书；

（二）食品添加剂生产设备布局图和生产工艺流程图；

（三）食品添加剂生产主要设备、设施清单；

（四）专职或者兼职的食品安全专业技术人员、食品安全管理人员信息和食品安全管理制度。

第二十四条　食品添加剂生产许可申请符合条件的，由申请人所在地县级以上地方市场监督管理部门依法颁发食品生产许可证，并标注食品添加剂。

《中华人民共和国食品安全法实施条例》（2019年修订）

第二十一条　食品、食品添加剂生产经营者委托生产食品、食品添加剂的，应当委托取得食品生产许可、食品添加剂生产许可的生产者生产，并对其生产行为进行监督，对委托生产的食品、食品添加剂的安全负责。受托方应当依照法律、法规、食品安全标准以及合同约定进行生产，对生产行为负责，并接受委托方的监督。

二、管理环节

《中华人民共和国食品安全法》（2021年修正）

第五十条　食品生产者采购食品原料、食品添加剂、食品相关产品，应当查验供货者的许可证和产品合格证明；对无法提供合格证明的食品原料，应当按照食品安全标准进行检验；不得采购或者使用不符合食品安全标准的食品原料、食品添加剂、食品相关产品。

食品生产企业应当建立食品原料、食品添加剂、食品相关产品进货查验记录制度，如实记录食品原料、食品添加剂、食品相关产品的名称、规格、数量、生产日期或者生产批号、保质期、进货日期以及供货者名称、地址、联系方式等内容，并保存相关凭证。记录和凭证保存期限不得少于产品保质期满后六个月；没有明确保质期的，保存期限不得少于二年。

第五十二条　食品、食品添加剂、食品相关产品的生产者，应当按照食品安全标准对所生产的食品、食品添加剂、食品相关产品进行检验，检验合格后方可出厂或者销售。

第五十九条　食品添加剂生产者应当建立食品添加剂出厂检验记录制度，查验出厂产品的检验合格证和安全状况，如实记录食品添加剂的名称、规格、数量、生产日期或者生产批号、保质期、检验合格证号、销售日期以及购货者名称、地址、联系方式等相关内容，并保存相关凭证。记录和凭证保存期限应当符合本法第五十条第二款的规定。

第六十条　食品添加剂经营者采购食品添加剂，应当依法查验供货者的许可证和产品合格证明文件，如实记录食品添加剂的名称、规格、数量、生产日期或者生产批号、保质期、进货日期以及供货者名称、地址、联系方式等内容，并保存相关凭证。记录和凭证保存期限应当符合本法第五十条第二款的规定。

第七十一条　食品和食品添加剂的标签、说明书，不得含有虚假内容，不得涉及疾病预防、治疗功能。生产经营者对其提供的标签、说明书的内容负责。

食品和食品添加剂的标签、说明书应当清楚、明显，生产日期、保质期等事项应当显著标注，容易辨识。

食品和食品添加剂与其标签、说明书的内容不符的，不得上市销售。

《食品召回管理办法》（2020年修订）

特别说明：

第四十五条　本办法适用于食品、食品添加剂和保健食品。

第一条　为加强食品生产经营管理，减少和避免不安全食品的危害，保障公众身体健康和生命安全，根据《中华人民共和国食品安全法》及其实施条例等法律法规的规定，制定本办法。

第二条　在中华人民共和国境内，不安全食品的停止生产经营、召回和处置及其监督管理，适用本办法。

不安全食品是指食品安全法律法规规定禁止生产经营的食品以及其他有证据证明可能危害人体健康的食品。

第三条　食品生产经营者应当依法承担食品安全第一责任人的义务，建立健全相关管理制度，收集、分析食品安全信息，依法履行不安全食品的停止生产经营、召回和处置义务。

第四条　国家市场监督管理总局负责指导全国不安全食品停止生产经营、召回和处置的监督管理工作。

县级以上地方市场监督管理部门负责本行政区域的不安全食品停止生产经营、召回和处置的监督管理工作。

第五条　县级以上市场监督管理部门组织建立由医学、毒理、化学、食品、法律等相关领域专家组成的食品安全专家库，为不安全食品的停止生产经营、召回和处置提供专业支持。

第六条　国家市场监督管理总局负责汇总分析全国不安全食品的停止生产经营、召回和处置信息，根据食品安全风险因素，完善食品安全监督管理措施。

县级以上地方食品药品监督管理部门负责收集、分析和处理本行政区域不安全食品的停止生产经营、召回和处置信息，监督食品生产经营者落实主体责任。

第七条　鼓励和支持食品行业协会加强行业自律，制定行业规范，引导和促进食品生产经营者依法履行不安全食品的停止生产经营、召回和处置义务。

鼓励和支持公众对不安全食品的停止生产经营、召回和处置等活动进行社会监督。

1. 停止生产经营

《食品召回管理办法》（2020年修订）

第八条　食品生产经营者发现其生产经营的食品属于不安全食品的，应当立即停止生产经营，采取通知或者公告的方式告知相关食品生产经营者停止生产经营、消费者停止食用，并采取必要的措施防控食品安全风险。

食品生产经营者未依法停止生产经营不安全食品的，县级以上市场监督管理部门可以责令其停止生产经营不安全食品。

第九条　食品集中交易市场的开办者、食品经营柜台的出租者、食品展销会的举办者发现食品经营者经营的食品属于不安全食品的，应当及时采取有效措施,确保相关经营者停止经营不安全食品。

第十条　网络食品交易第三方平台提供者发现网络食品经营者经营的食品属于不安全食品的,应当依法采取停止网络交易平台服务等措施,确保网络食品经营者停止经营不安全食品。

2. 召回

《食品召回管理办法》(2020 年修订)

第十二条　食品生产者通过自检自查、公众投诉举报、经营者和监督管理部门告知等方式知悉其生产经营的食品属于不安全食品的,应当主动召回。

食品生产者应当主动召回不安全食品而没有主动召回的,县级以上食品药品监督管理部门可以责令其召回。

第十三条　根据食品安全风险的严重和紧急程度,食品召回分为三级:

(一)一级召回:食用后已经或者可能导致严重健康损害甚至死亡的,食品生产者应当在知悉食品安全风险后 24 小时内启动召回,并向县级以上地方市场监督管理部门报告召回计划。

(二)二级召回:食用后已经或者可能导致一般健康损害,食品生产者应当在知悉食品安全风险后 48 小时内启动召回,并向县级以上地方市场监督管理部门报告召回计划。

(三)三级召回:标签、标识存在虚假标注的食品,食品生产者应当在知悉食品安全风险后 72 小时内启动召回,并向县级以上地方市场监督管理部门报告召回计划。标签、标识存在瑕疵,食用后不会造成健康损害的食品,食品生产者应当改正,可以自愿召回。

第十四条　食品生产者应当按照召回计划召回不安全食品。

县级以上地方市场监督管理部门收到食品生产者的召回计划后,必要时可以组织专家对召回计划进行评估。评估结论认为召回计划应当修改的,食品生产者应当立即修改,并按照修改后的召回计划实施召回。

第十五条　食品召回计划应当包括下列内容：

（一）食品生产者的名称、住所、法定代表人、具体负责人、联系方式等基本情况；

（二）食品名称、商标、规格、生产日期、批次、数量以及召回的区域范围；

（三）召回原因及危害后果；

（四）召回等级、流程及时限；

（五）召回通知或者公告的内容及发布方式；

（六）相关食品生产经营者的义务和责任；

（七）召回食品的处置措施、费用承担情况；

（八）召回的预期效果。

第十六条　食品召回公告应当包括下列内容：

（一）食品生产者的名称、住所、法定代表人、具体负责人、联系电话、电子邮箱等；

（二）食品名称、商标、规格、生产日期、批次等；

（三）召回原因、等级、起止日期、区域范围；

（四）相关食品生产经营者的义务和消费者退货及赔偿的流程。

第十七条　不安全食品在本省、自治区、直辖市销售的，食品召回公告应当在省级市场监督管理部门网站和省级主要媒体上发布。省级市场监督管理部门网站发布的召回公告应当与国家市场监督管理总局网站链接。

不安全食品在两个以上省、自治区、直辖市销售的，食品召回公告应当在国家市场监督管理总局网站和中央主要媒体上发布。

第十八条　实施一级召回的，食品生产者应当自公告发布之日起10个工作日内完成召回工作。

实施二级召回的，食品生产者应当自公告发布之日起20个工作日内完成召回工作。

实施三级召回的，食品生产者应当自公告发布之日起30个工作日内完成召回工作。

情况复杂的，经县级以上地方市场监督管理部门同意，食品生产者可以适当延长召回时间并公布。

第十九条　食品经营者知悉食品生产者召回不安全食品后，应当立即采取停止购进、销售，封存不安全食品，在经营场所醒目位置张贴生产者发布的召回公告等措施，配合食品生产者开展召回工作。

第二十条　食品经营者对因自身原因所导致的不安全食品，应当根据法律法规的规定在其经营的范围内主动召回。

食品经营者召回不安全食品应当告知供货商。供货商应当及时告知生产者。

食品经营者在召回通知或者公告中应当特别注明系因其自身的原因导致食品出现不安全问题。

第二十一条　因生产者无法确定、破产等原因无法召回不安全食品的，食品经营者应当在其经营的范围内主动召回不安全食品。

第二十二条　食品经营者召回不安全食品的程序，参照食品生产者召回不安全食品的相关规定处理。

3. 处置

《食品召回管理办法》（2020年修订）

第二十三条　食品生产经营者应当依据法律法规的规定，对因停止生产经营、召回等原因退出市场的不安全食品采取补救、无害化处理、销毁等处置措施。

食品生产经营者未依法处置不安全食品的，县级以上地方食品药品监督管理部门可以责令其依法处置不安全食品。

第二十四条　对违法添加非食用物质、腐败变质、病死畜禽等严重危害人体健康和生命安全的不安全食品，食品生产经营者应当立即就地销毁。

不具备就地销毁条件的，可由不安全食品生产经营者集中销毁处理。食品生产经营者在集中销毁处理前，应当向县级以上地方食品药品监督管理部门报告。

第二十五条　对因标签、标识等不符合食品安全标准而被召回的食品，食品生产者可以在采取补救措施且能保证食品安全的情况下继续销售，销售时应当向消费者明示补救措施。

第二十六条　对不安全食品进行无害化处理，能够实现资源循环利用的，食品生产经营者可以按照国家有关规定进行处理。

第二十七条　食品生产经营者对不安全食品处置方式不能确定的，应当组织相关专家进行评估，并根据评估意见进行处置。

第二十八条　食品生产经营者应当如实记录停止生产经营、召回和处置不安全食品的名称、商标、规格、生产日期、批次、数量等内容。记录保存期限不得少于2年。

4. 监督管理

《食品召回管理办法》（2020年修订）

第二十九条　县级以上地方市场监督管理部门发现不安全食品的，应当通知相关食品生产经营者停止生产经营或者召回，采取相关措施消除食品安全风险。

第三十条　县级以上地方市场监督管理部门发现食品生产经营者生产经营的食品可能属于不安全食品的，可以开展调查分析，相关食品生产经营者应当积极协助。

第三十一条　县级以上地方市场监督管理部门可以对食品生产经营者停止生产经营、召回和处置不安全食品情况进行现场监督检查。

第三十二条　食品生产经营者停止生产经营、召回和处置的不安全食品存在较大风险的，应当在停止生产经营、召回和处置不安全食品结束后5个工作日内向县级以上地方市场监督管理部门书面报告情况。

第三十三条　县级以上地方市场监督管理部门可以要求食品生产经营者定期或者不定期报告不安全食品停止生产经营、召回和处置情况。

第三十四条　县级以上地方市场监督管理部门可以对食品生产经营者提交的不安全食品停止生产经营、召回和处置报告进行评价。

评价结论认为食品生产经营者采取的措施不足以控制食品安全风

险的，县级以上地方市场监督管理部门应当责令食品生产经营者采取更为有效的措施停止生产经营、召回和处置不安全食品。

第三十五条　为预防和控制食品安全风险，县级以上地方市场监督管理部门可以发布预警信息，要求相关食品生产经营者停止生产经营不安全食品，提示消费者停止食用不安全食品。

第三十六条　县级以上地方市场监督管理部门将不安全食品停止生产经营、召回和处置情况记入食品生产经营者信用档案。

三、销售环节

《食品召回管理办法》（2020年修订）

（上文提到该办法第四十五条：适用于食品添加剂）

第十一条　食品生产经营者生产经营的不安全食品未销售给消费者，尚处于其他生产经营者控制中的，食品生产经营者应当立即追回不安全食品，并采取必要措施消除风险。

第十七条　不安全食品在本省、自治区、直辖市销售的，食品召回公告应当在省级市场监督管理部门网站和省级主要媒体上发布。省级市场监督管理部门网站发布的召回公告应当与国家市场监督管理总局网站链接。

不安全食品在两个以上省、自治区、直辖市销售的，食品召回公告应当在国家市场监督管理总局网站和中央主要媒体上发布。

第十九条　食品经营者知悉食品生产者召回不安全食品后，应当立即采取停止购进、销售，封存不安全食品，在经营场所醒目位置张贴生产者发布的召回公告等措施，配合食品生产者开展召回工作。

第二十五条　对因标签、标识等不符合食品安全标准而被召回的食品，食品生产者可以在采取补救措施且能保证食品安全的情况下继续销售，销售时应当向消费者明示补救措施。

四、使用环节

《中华人民共和国食品安全法》（2021年修正）

第四十条　食品添加剂应当在技术上确有必要且经过风险评估证明安全可靠，方可列入允许使用的范围；有关食品安全国家标准应当根据技术必要性和食品安全风险评估结果及时修订。

食品生产经营者应当按照食品安全国家标准使用食品添加剂。

第六十六条　进入市场销售的食用农产品在包装、保鲜、贮存、运输中使用保鲜剂、防腐剂等食品添加剂和包装材料等食品相关产品，应当符合食品安全国家标准。

《食品添加剂新品种管理办法》（2017年修订）

第二条　食品添加剂新品种是指：

（一）未列入食品安全国家标准的食品添加剂品种；

（二）未列入国家卫生计生委公告允许使用的食品添加剂品种；

（三）扩大使用范围或者用量的食品添加剂品种。

第三条　食品添加剂应当在技术上确有必要且经过风险评估证明安全可靠。

第四条　使用食品添加剂应当符合下列要求：

（一）不应当掩盖食品腐败变质；

（二）不应当掩盖食品本身或者加工过程中的质量缺陷；

（三）不以掺杂、掺假、伪造为目的而使用食品添加剂；

（四）不应当降低食品本身的营养价值；

（五）在达到预期的效果下尽可能降低在食品中的用量；

（六）食品工业用加工助剂应当在制成最后成品之前去除，有规定允许残留量的除外。

第六条　申请食品添加剂新品种生产、经营、使用或者进口的单位或者个人（以下简称申请人），应当提出食品添加剂新品种许可申请，并提交以下材料：

（一）添加剂的通用名称、功能分类，用量和使用范围；

（二）证明技术上确有必要和使用效果的资料或者文件；

（三）食品添加剂的质量规格要求、生产工艺和检验方法，食品中该添加剂的检验方法或者相关情况说明；

（四）安全性评估材料，包括生产原料或者来源、化学结构和物理特性、生产工艺、毒理学安全性评价资料或者检验报告、质量规格检验报告；

（五）标签、说明书和食品添加剂产品样品；

（六）其他国家（地区）、国际组织允许生产和使用等有助于安全性评估的资料。

申请食品添加剂品种扩大使用范围或者用量的，可以免于提交前款第四项材料，但是技术评审中要求补充提供的除外。

第九条 申请人应当在其提交的本办法第六条第一款第一项、第二项、第三项材料中注明不涉及商业秘密，可以向社会公开的内容。

食品添加剂新品种技术上确有必要和使用效果等情况，应当向社会公开征求意见，同时征求质量监督、工商行政管理、食品药品监督管理、工业和信息化、商务等有关部门和相关行业组织的意见。

对有重大意见分歧，或者涉及重大利益关系的，可以举行听证会听取意见。

反映的有关意见作为技术评审的参考依据。

五、责任部分

《食品生产许可管理办法》（2020年）

第四十九条 未取得食品生产许可从事食品生产活动的，由县级以上地方市场监督管理部门依照《中华人民共和国食品安全法》第一百二十二条的规定给予处罚。

食品生产者生产的食品不属于食品生产许可证上载明的食品类别的，视为未取得食品生产许可从事食品生产活动。

第五十条　许可申请人隐瞒真实情况或者提供虚假材料申请食品生产许可的，由县级以上地方市场监督管理部门给予警告。申请人在1年内不得再次申请食品生产许可。

第五十一条　被许可人以欺骗、贿赂等不正当手段取得食品生产许可的，由原发证的市场监督管理部门撤销许可，并处1万元以上3万元以下罚款。被许可人在3年内不得再次申请食品生产许可。

第五十二条　违反本办法第三十一条第一款规定，食品生产者伪造、涂改、倒卖、出租、出借、转让食品生产许可证的，由县级以上地方市场监督管理部门责令改正，给予警告，并处1万元以下罚款；情节严重的，处1万元以上3万元以下罚款。

违反本办法第三十一条第二款规定，食品生产者未按规定在生产场所的显著位置悬挂或者摆放食品生产许可证的，由县级以上地方市场监督管理部门责令改正；拒不改正的，给予警告。

第五十三条　违反本办法第三十二条第一款规定，食品生产许可证有效期内，食品生产者名称、现有设备布局和工艺流程、主要生产设备设施等事项发生变化，需要变更食品生产许可证载明的许可事项，未按规定申请变更的，由原发证的市场监督管理部门责令改正，给予警告；拒不改正的，处1万元以上3万元以下罚款。

违反本办法第三十二条第二款规定，食品生产者的生产场所迁址后未重新申请取得食品生产许可从事食品生产活动的，由县级以上地方市场监督管理部门依照《中华人民共和国食品安全法》第一百二十二条的规定给予处罚。

违反本办法第三十二条第三款、第四十条第一款规定，食品生产许可证副本载明的同一食品类别内的事项发生变化，食品生产者未按规定报告的，食品生产者终止食品生产，食品生产许可被撤回、撤销或者食品生产许可证被吊销，未按规定申请办理注销手续的，由原发证的市场监督管理部门责令改正；拒不改正的，给予警告，并处5000元以下罚款。

第五十四条　食品生产者违反本办法规定，有《中华人民共和国食品安全法实施条例》第七十五条第一款规定的情形的，依法对单位的法定代表人、主要负责人、直接负责的主管人员和其他直接责任人员给予处罚。

被吊销生产许可证的食品生产者及其法定代表人、直接负责的主管人员和其他直接责任人员自处罚决定作出之日起5年内不得申请食品生产经营许可，或者从事食品生产经营管理工作、担任食品生产经营企业食品安全管理人员。

第五十五条　市场监督管理部门对不符合条件的申请人准予许可，或者超越法定职权准予许可的，依照《中华人民共和国食品安全法》第一百四十四条的规定给予处分。

《食品召回管理办法》（2020年修订）

第三十七条　食品生产经营者违反本办法有关不安全食品停止生产经营、召回和处置的规定，食品安全法律法规有规定的，依照相关规定处理。

第三十八条　食品生产经营者违反本办法第八条第一款、第十二条第一款、第十三条、第十四条、第二十条第一款、第二十一条、第二十三条第一款、第二十四条第一款的规定，不立即停止生产经营、不主动召回、不按规定时限启动召回、不按照召回计划召回不安全食品或者不按照规定处置不安全食品的，由市场监督管理部门给予警告，并处1万元以上3万元以下罚款。

第三十九条　食品经营者违反本办法第十九条的规定，不配合食品生产者召回不安全食品的，由市场监督管理部门给予警告，并处5000元以上3万元以下罚款。

第四十条　食品生产经营者违反本办法第十三条、第二十四条第二款、第三十二条的规定，未按规定履行相关报告义务的，由市场监督管理部门责令改正，给予警告；拒不改正的，处2000元以上2万元以下罚款。

第四十一条　食品生产经营者违反本办法第二十三条第二款的规定，市场监督管理部门责令食品生产经营者依法处置不安全食品，食品生产经营者拒绝或者拖延履行的，由市场监督管理部门给予警告，并处 2 万元以上 3 万元以下罚款。

第四十二条　食品生产经营者违反本办法第二十八条的规定，未按规定记录保存不安全食品停止生产经营、召回和处置情况的，由市场监督管理部门责令改正，给予警告；拒不改正的，处 2000 元以上 2 万元以下罚款。

第四十三条　食品生产经营者停止生产经营、召回和处置不安全食品，不免除其依法应当承担的其他法律责任。

食品生产经营者主动采取停止生产经营、召回和处置不安全食品措施，消除或者减轻危害后果的，依法从轻或者减轻处罚；违法情节轻微并及时纠正，没有造成危害后果的，不予行政处罚。

第四十四条　县级以上地方市场监督管理部门不依法履行本办法规定的职责，造成不良后果的，依照《中华人民共和国食品安全法》的有关规定，对直接负责的主管人员和其他直接责任人员给予行政处分。

《食品添加剂新品种管理办法》（2017 年修订）

第十六条　申请人隐瞒有关情况或者提供虚假材料申请食品添加剂新品种许可的，国家卫生计生委不予受理或者不予行政许可，并给予警告，且申请人在一年内不得再次申请食品添加剂新品种许可。

以欺骗、贿赂等不正当手段通过食品添加剂新品种审查并取得许可的，国家卫生计生委应当撤销许可，且申请人在三年内不得再次申请食品添加剂新品种许可。

 案例解析

案例一

王某生产、销售有毒、有害食品罪案

【争议焦点】

被告人生产有毒有害食品能否以未造成既定的危害后果为由进行抗辩。

【案情简介】

被告人在租赁房屋内制作凉皮,并在制作凉皮的过程中加入硼砂,后将制作的上述凉皮进行销售,经鉴定,查获的凉皮中硼砂含量为 99.3 mg/kg。公诉机关认为,被告人在生产、销售的食品中掺入有毒有害的食品原料,其行为触犯我国刑法。被告人的辩护人辩护:1. 被告人对添加的硼砂对人体的危害性认识不足;2. 以目前尚未造成既定的危害后果为由,建议对被告人从轻处罚。法院认定,我国《食品安全法》和《食品添加剂新品种管理办法》明令禁止硼砂作为食品添加剂使用,作为食品生产、销售人员,被告人对此有法定的认知义务,应当知道硼砂系有毒有害的非食品原料,不能以不知法律规定作为抗辩理由。虽无证据证明本案有造成中毒及其他显性的损害后果,但是硼砂在人体内有积存性,多次摄取会在体内蓄积,虽然目前未对人体造成明显伤害,但是食用含有硼砂的凉皮很可能给人体造成潜在伤害。因此法院不予支持其辩护意见。法院判决被告人犯生产、销售有毒、有害食品罪,判处有期徒刑 8 个月,并处罚金人民币 10000 元。

【关联法规】

《中华人民共和国刑法》第一百四十三条、第一百四十四条。

案例二

靳某与李某买卖合同纠纷案

【争议焦点】

上诉人要求退回货款及主张的十倍赔偿是否应予支持。

【案情简介】

原告从被告经营的某网店购买某品牌金箔酒。购买后，原告认为涉案金箔酒添加的金箔不符合《中华人民共和国食品安全法》的相关规定。一审法院认为原告未提交法定检验报告的认定意见，没有证明其不符合相关法律规定。故一审法院认为原告证据不足，不予采纳。二审中，原告提交金箔酒照片，证实所购酒品现状。根据《关于对"金箔酒"进行卫生监督有关问题请示的批复》，金箔既不是酒类食品的生产原料，也不能作为食品添加剂使用，应该禁止将金箔加入食品中。虽然国家对于金箔列为食品添加剂新品种向社会征求意见，但现在并无定论。涉案酒品以金箔为配料，违反了我国现有食品安全标准。故上诉人提出退回货款的诉讼请求应予以支持。二审过程中，被告方作为经营者未尽到进货检查义务亦并未提交涉案酒水的合格证明文件。故二审法院判决上诉人退还被上诉人涉案酒品，被上诉人退还上诉人货款。同时被上诉人给付上诉人十倍赔偿。

【关联法规】

《中华人民共和国食品安全法》第三十四条、第五十三条。

案例三

钟某与四川某公司信息网络买卖合同纠纷案

【争议焦点】

食品未纳入食品安全标准，是否代表该食品为不安全食品。

【案情简介】

原告在被告所经营的网店购买了某药业富锌酵母凝胶食品，原告认为，"富锌酵母"属于食品用富营养素酵母，根据《食品添加剂新品种管理办法》，"富锌酵母"作为食品添加剂新品种，利用其生产加工食品应先通过国务院卫生行政部门安全性评估。但作为食品原料，"富锌酵母"直到现在仍未获得国家批准。由此可见，其不能作为食品添加剂、营养强化剂添加于食品中。被告认为涉案产品中含有"富锌酵母"并不违反《中华人民共和国食品安全法》；其可提供生产企业的相关材料和报告，上述材料可证明涉案产品系合格产品；其系经销商，在进购涉案产品时尽到了谨慎审查义务，审核了生产企业的资质，假如涉案产品系不合格产品，其在销售时也不知情，故也无须承担赔偿责任。法院认为，《中华人民共和国食品安全法》保护的核心利益是食品安全，根据该法第一百五十条规定，违反食品安全标准并不当然构成该法所称的不安全食品。而且原告提供的证据不足以证明被告是明知不符合食品安全标准而故意为之。因庭审中被告同意原告退货退款，故原告要求被告向其退还货款285元的诉讼请求，本院予以支持。驳回原告其他诉讼请求。

【关联法规】

《食品添加剂新品种管理办法》第三十七条，《中华人民共和国食品安全法》第一百五十条。

案例四

姚某与重庆某超市公司等产品责任纠纷案

【争议焦点】

涉案食品是否符合食品安全标准以及各被告的责任承担问题。

【案情简介】

原告在某超市公司的分公司购买进口食品（以下简称涉案食品）。

该食品外包装加贴的中文标签上标注的生产日期为 2015 年 9 月 16 日，保质期为 18 个月，该食品原包装配料表中标注该食品添加了"矽铝酸钠"。国家卫生健康委员会等多部门已于 2014 年 5 月 14 日联合发布《关于调整含铝食品添加剂使用规定的公告》。公告规定，自 2014 年 7 月 1 日起禁止将"硅铝酸钠"等物质用于食品添加剂生产、经营和使用，故涉案食品添加"硅铝酸钠"违反了我国的食品安全标准，属于不符合食品安全标准的食品。被告辩称，该食品出厂原包装上标注添加的"矽铝酸钠"与原告所述的"硅铝酸钠"并非同一种物质。该食品在进口报关检验时已经福州出入境检验检疫局检验合格，检验检疫部门加贴的中文标签上也没有标注添加了"硅铝酸钠"，故涉案食品符合我国的食品安全标准，被告在进口环节已对涉案食品是否符合我国食品安全标准尽到了合理的审查义务，不应承担惩罚性赔偿责任。法院认为，据《新华字典》，"矽"是化学元素"硅"的旧名，二者系同一种元素的不同称呼，故认定"矽铝酸钠"与"硅铝酸钠"系同一种物质；且涉案食品系 2014 年 7 月 1 日之后生产、进口和销售，其成分中添加了我国已明令禁止添加的"硅铝酸钠"，违反了食品安全相关规定。原告的诉讼请求得到支持。

【关联法规】

《中华人民共和国食品安全法》第三十四条、第九十二条。

案例五

龚某、A 公司买卖合同纠纷案

【争议焦点】

原告十倍价款的赔偿诉求是否合理。

【案情简介】

原告与朋友在被告开设的酒吧喝酒，购买日本威士忌宫城峡一瓶 2380 元和日本威士忌余市一瓶 1680 元，消费共计 4060 元。后原告发现自己购买的两瓶威士忌酒要么无中文标签，要么中文标签不全，而且生产地都是日本核辐射地区。原告发现以后进行投诉，举报到了被告管辖的市场监督管理局。过了几个月，市场监督管理局答复已对被告作出了行政处罚。处罚书中确认三点：1. 被告没有履行进货查验义务；2. 销售的两瓶酒的标签不符合国家食品安全标准；3. 被告销售的两瓶威士忌酒产于日本核辐射地区，是国家发文公告明令禁止进口的。原告要求十倍价款赔偿。被告辩称，原告并非为生活所需的消费者，而是为牟取利益的职业打假人，按《最高人民法院关于审理食品药品纠纷案件适用法律若干问题的规定》第十五条规定应当作实质性审查，原告应当举证证明所购买食品危害人体健康的事实。经审理，法院支持原告诉讼请求。

【关联法规】

《中华人民共和国食品安全法》第二十六条，《食品召回管理办法》第二条。

第三章
食品标识信息相关法律法规及案例解读

一、基本标识信息规定

《食品标识管理规定》（2009 年修订）

第三条 本规定所称食品标识是指粘贴、印刷、标记在食品或者其包装上，用以表示食品名称、质量等级、商品量、食用或者使用方法、生产者或者销售者等相关信息的文字、符号、数字、图案以及其他说明的总称。

1. 食品标识的标注

1）食品标识的标注内容

《食品标识管理规定》（2009 年修订）

第五条 食品或者其包装上应当附加标识，但是按法律、行政法规规定可以不附加标识的食品除外。

食品标识的内容应当真实准确、通俗易懂、科学合法。

第六条 食品标识应当标注食品名称。

食品名称应当表明食品的真实属性，并符合下列要求：

（一）国家标准、行业标准对食品名称有规定的，应当采用国家标准、行业标准规定的名称；

（二）国家标准、行业标准对食品名称没有规定的，应当使用不会引起消费者误解和混淆的常用名称或者俗名；

（三）标注"新创名称"、"奇特名称"、"音译名称"、"牌号名称"、"地区俚语名称"或者"商标名称"等易使人误解食品属性的名称时，应当在所示名称的邻近部位使用同一字号标注本条（一）、（二）项规定的一个名称或者分类（类属）名称；

（四）由两种或者两种以上食品通过物理混合而成且外观均匀一致难以相互分离的食品，其名称应当反映该食品的混合属性和分类（类属）名称；

（五）以动、植物食物为原料，采用特定的加工工艺制作，用以模仿其他生物的个体、器官、组织等特征的食品，应当在名称前冠以"人造"、"仿"或者"素"等字样，并标注该食品真实属性的分类（类属）名称。

第七条 食品标识应当标注食品的产地。

食品产地应当按照行政区划标注到地市级地域。

第八条 食品标识应当标注生产者的名称、地址和联系方式。生产者名称和地址应当是依法登记注册、能够承担产品质量责任的生产者的名称、地址。

有下列情形之一的，按照下列规定相应予以标注：

（一）依法独立承担法律责任的公司或者其子公司，应当标注各自的名称和地址；

（二）依法不能独立承担法律责任的公司分公司或者公司的生产基地，应当标注公司和分公司或者生产基地的名称、地址，或者仅标注公司的名称、地址；

（三）受委托生产加工食品且不负责对外销售的，应当标注委托企业的名称和地址；对于实施生产许可证管理的食品，委托企业具有其委托加工的食品生产许可证的，应当标注委托企业的名称、地址和被委托企业的名称，或者仅标注委托企业的名称和地址；

（四）分装食品应当标注分装者的名称及地址，并注明分装字样。

第九条　食品标识应当清晰地标注食品的生产日期、保质期，并按照有关规定要求标注贮存条件。

乙醇含量10％以上（含10％）的饮料酒、食醋、食用盐、固态食糖类，可以免除标注保质期。

日期的标注方法应当符合国家标准规定或者采用"年、月、日"表示。

第十条　定量包装食品标识应当标注净含量，并按照有关规定要求标注规格。对含有固、液两相物质的食品，除标示净含量外，还应当标示沥干物（固形物）的含量。

净含量应当与食品名称排在食品包装的同一展示版面。净含量的标注应当符合《定量包装商品计量监督管理办法》的规定。

[附《定量包装商品计量监督管理办法》关于净含量的标注规定：

第二条　在中华人民共和国境内，生产、销售定量包装商品，以及对定量包装商品实施计量监督管理，应当遵守本办法。

本办法所称定量包装商品是指以销售为目的，在一定量限范围内具有统一的质量、体积、长度、面积、计数标注等标识内容的预包装商品。药品、危险化学品除外。

第五条　定量包装商品的生产者、销售者应当在其商品包装的显著位置正确、清晰地标注定量包装商品的净含量。

净含量的标注由"净含量"（中文）、数字和法定计量单位（或者用中文表示的计数单位）三个部分组成。法定计量单位的选择应当符合本办法附件1的规定。

以长度、面积、计数单位标注净含量的定量包装商品，可以免于标注"净含量"三个中文字，只标注数字和法定计量单位（或者用中文表示的计数单位）。

第六条　定量包装商品净含量标注字符的最小高度应当符合本办法附件2的规定。

第七条　同一包装内含有多件同种定量包装商品的，应当标注单件定量包装商品的净含量和总件数，或者标注总净含量。

同一包装内含有多件不同种定量包装商品的，应当标注各种不同种定量包装商品的单件净含量和各种不同种定量包装商品的件数，或者分别标注各种不同种定量包装商品的总净含量。

第八条　单件定量包装商品的实际含量应当准确反映其标注净含量，标注净含量与实际含量之差不得大于本办法附件3规定的允许短缺量。

第九条　批量定量包装商品的平均实际含量应当大于或者等于其标注净含量。

用抽样的方法评定一个检验批的定量包装商品，应当符合定量包装商品净含量计量检验规则等系列计量技术规范。

第十条　强制性国家标准中对定量包装商品的净含量标注、允许短缺量以及法定计量单位的选择已有规定的，从其规定；没有规定的按照本办法执行。

第十一条　对因水分变化等因素引起净含量变化较大的定量包装商品，生产者应当采取措施保证在规定条件下商品净含量的准确。

第十二条　县级以上市场监督管理部门应当对生产、销售的定量包装商品进行计量监督检查。

市场监督管理部门进行计量监督检查时，应当充分考虑环境及水分变化等因素对定量包装商品净含量产生的影响。

第十三条　对定量包装商品实施计量监督检查进行的检验，应当由被授权的计量检定机构按照定量包装商品净含量计量检验规则等系列计量技术规范进行。

检验定量包装商品，应当考虑储存和运输等环境条件可能引起的商品净含量的合理变化。

第十四条　国家鼓励定量包装商品生产者自愿开展计量保证能力评价工作，保证计量诚信。鼓励社会团体、行业组织建立行业规范、加强行业自律，促进计量诚信。

自愿开展计量保证能力评价的定量包装商品生产者，应当按照定量包装商品生产企业计量保证能力要求，进行自我评价。自我评价符合要求的，通过省级市场监督管理部门指定的网站进行声明后，可以在定量包装商品上使用全国统一的计量保证能力合格标志。

定量包装商品生产者自我声明后，企业主体资格、生产的定量包装商品品种或者规格等信息发生重大变化的，应当自发生变化一个月内再次进行声明。

第二十条　本办法下列用语的含义是：

（一）预包装商品是指销售前预先用包装材料或者包装容器将商品包装好，并有预先确定的量值（或者数量）的商品。

（二）净含量是指除去包装容器和其他包装材料后内装商品的量。

（三）实际含量是指市场监督管理部门授权的计量检定机构按照定量包装商品净含量计量检验规则等系列计量技术规范，通过计量检验确定的商品实际所包含的商品内容物的量。

（四）标注净含量是指由生产者或者销售者在定量包装商品的包装上明示的商品的净含量。

（五）允许短缺量是指单件定量包装商品的标注净含量与其实际含量之差的最大允许量值（或者数量）。

（六）检验批是指接受计量检验的，由同一生产者在相同生产条件下生产的一定数量的同种定量包装商品或者在销售者抽样地点现场存在的同种定量包装商品。

（七）同种定量包装商品是指由同一生产者生产，品种、标注净含量、包装规格及包装材料均相同的定量包装商品。

（八）计量保证能力合格标志（也称 C 标志）是指由国家市场监督管理总局统一规定式样，定量包装商品生产者明示其计量保证能力达到规定要求的标志。]

附件 1

法定计量单位的选择

商品的标注类别	检查要求	
	标注净含量的量限	计量单位
质量	$Q_n < 1$ 克	mg（毫克）
	1 克 $\leqslant Q_n < 1000$ 克	g（克）
	$Q_n \geqslant 1000$ 克	kg（千克）

续表

商品的标注类别		检查要求	
		标注净含量的量限	计量单位
体积（容积）	容积（液体）	$Q_n<1000$ 毫升	mL（ml）（毫升）或 cL（cl）（厘升）
		$Q_n\geqslant 1000$ 毫升	L（l）（升）
	体积（固体）	$Q_n\leqslant 1000$ 立方厘米（1 立方分米）	cm^3（立方厘米）或 mL（ml）（毫升）
		1 立方分米$<Q_n<$1000 立方分米	dm^3（立方分米）或 L（l）（升）
		$Q_n\geqslant 1000$ 立方分米	m^3（立方米）
长度		$Q_n<1$ 毫米	μm（微米）或 mm（毫米）
		1 毫米$\leqslant Q_n<$100 厘米	mm（毫米）或 cm（厘米）
		$Q_n\geqslant 100$ 厘米	m（米）
		注：长度标注包括所有的线性测量，如宽度、高度、厚度和直径	
面积		$Q_n<100$ 平方厘米（1 平方分米）	mm^2（平方毫米）或 cm^2（平方厘米）
		1 平方分米$\leqslant Q_n<$100 平方分米	dm^2（平方分米）
		$Q_n\geqslant 1$ 平方米	m^2（平方米）

附件 2

标注字符高度

标注净含量（Q_n）	字符的最小高度（mm）
$Q_n\leqslant 50g$ $Q_n\leqslant 50mL$	2

续表

标注净含量（Q_n）	字符的最小高度（mm）
50g＜Q_n≤200g 50mL＜Q_n≤200mL	3
200g＜Q_n≤1000g 200mL＜Q_n≤1000mL	4
Q_n＞1kg Q_n＞1L	6
以长度、面积、计数单位标注	2

附件3

允许短缺量

质量或体积定量包装商品标注净含量 Q_n g 或 ml	允许短缺量 T^*	
	Q_n 的百分比	g 或 ml
0～50	9	—
50～100	—	4.5
100～200	4.5	—
200～300	—	9
300～500	3	—
500～1000	—	15
1000～10000	1.5	—
10000～15000	—	150
15000～50000	1	—

注*：对于允许短缺量 T，当 Q_n≤1kg（L）时，T 值的 0.01g（ml）位上的数字修约至 0.1g（ml）位；当 Q_n＞1kg（L）时，T 值的 0.1g（ml）位上的数字修约至 g（ml）位。

续表

长度定量包装商品标注净含量 Q_n	允许短缺量 T m
$Q_n \leqslant 5m$	不允许出现短缺量
$Q_n > 5m$	$Q_n \times 2\%$
面积定量包装商品标注净含量 Q_n	允许短缺量 T
全部 Q_n	$Q_n \times 3\%$
计数定量包装商品标注净含量 Q_n	允许短缺量 T
$Q_n \leqslant 50$	不允许出现短缺量
$Q_n > 50$	$Q_n \times 1\%$ **

注**：以计数方式标注的商品，其净含量乘以 1%，如果允许短缺量出现小数，就把该小数进位到下一个紧邻的整数。这个数值可能大于 1%，这是可以允许的，因为商品的个数只能为整数，不能为小数。

第十一条 食品标识应当标注食品的成分或者配料清单。

配料清单中各种配料应当按照生产加工食品时加入量的递减顺序进行标注，具体标注方法按照国家标准的规定执行。

在食品中直接使用甜味剂、防腐剂、着色剂的，应当在配料清单食品添加剂项下标注具体名称；使用其他食品添加剂的，可以标注具体名称、种类或者代码。食品添加剂的使用范围和使用量应当按照国家标准的规定执行。

专供婴幼儿和其他特定人群的主辅食品，其标识还应当标注主要营养成分及其含量。

第十二条 食品标识应当标注企业所执行的产品标准代号。

第十三条 食品执行的标准明确要求标注食品的质量等级、加工工艺的，应当相应地予以标明。

第十四条 实施生产许可证管理的食品，食品标识应当标注食品生产许可证编号及 QS 标志。

委托生产加工实施生产许可证管理的食品，委托企业具有其委托加工食品生产许可证的，可以标注委托企业或者被委托企业的生产许可证编号。

第十五条　混装非食用产品易造成误食，使用不当，容易造成人身伤害的，应当在其标识上标注警示标志或者中文警示说明。

第十六条　食品有以下情形之一的，应当在其标识上标注中文说明：

（一）医学临床证明对特殊群体易造成危害的；

（二）经过电离辐射或者电离能量处理过的；

（三）属于转基因食品或者含法定转基因原料的；

（四）按照法律、法规和国家标准等规定，应当标注其他中文说明的。

第十七条　食品在其名称或者说明中标注"营养"、"强化"字样的，应当按照国家标准有关规定，标注该食品的营养素和热量，并符合国家标准规定的定量标示。

第十八条　食品标识不得标注下列内容：

（一）明示或者暗示具有预防、治疗疾病作用的；

（二）非保健食品明示或者暗示具有保健作用的；

（三）以欺骗或者误导的方式描述或者介绍食品的；

（四）附加的产品说明无法证实其依据的；

（五）文字或者图案不尊重民族习俗，带有歧视性描述的；

（六）使用国旗、国徽或者人民币等进行标注的；

（七）其他法律、法规和标准禁止标注的内容。

第十九条　禁止下列食品标识违法行为：

（一）伪造或者虚假标注生产日期和保质期；

（二）伪造食品产地，伪造或者冒用其他生产者的名称、地址；

（三）伪造、冒用、变造生产许可证标志及编号；

（四）法律、法规禁止的其他行为。

2）食品标识的标注形式

《食品标识管理规定》（2009年修订）

第二十条　食品标识不得与食品或者其包装分离。

第二十一条 食品标识应当直接标注在最小销售单元的食品或者其包装上。

第二十二条 在一个销售单元的包装中含有不同品种、多个独立包装的食品，每件独立包装的食品标识应当按照本规定进行标注。

透过销售单元的外包装，不能清晰地识别各独立包装食品的所有或者部分强制标注内容的，应当在销售单元的外包装上分别予以标注，但外包装易于开启识别的除外；能够清晰地识别各独立包装食品的所有或者部分强制标注内容的，可以不在外包装上重复标注相应内容。

第二十三条 食品标识应当清晰醒目，标识的背景和底色应当采用对比色，使消费者易于辨认、识读。

第二十四条 食品标识所用文字应当为规范的中文，但注册商标除外。

食品标识可以同时使用汉语拼音或者少数民族文字，也可以同时使用外文，但应当与中文有对应关系，所用外文不得大于相应的中文，但注册商标除外。

第二十五条 食品或者其包装最大表面面积大于 20 平方厘米时，食品标识中强制标注内容的文字、符号、数字的高度不得小于 1.8 毫米。

食品或者其包装最大表面面积小于 10 平方厘米时，其标识可以仅标注食品名称、生产者名称和地址、净含量以及生产日期和保质期。但是，法律、行政法规规定应当标注的，依照其规定。

2. 常见食品保质期、临近期规定

名词解释

第一百五十条 食品保质期，指食品在标明的贮存条件下保持品质的期限。

——《中华人民共和国食品安全法》（2021 年修正）

《中华人民共和国食品安全法》（2021年修正）

第三十四条　禁止生产经营下列食品、食品添加剂、食品相关产品：

（三）用超过保质期的食品原料、食品添加剂生产的食品、食品添加剂；

（十）标注虚假生产日期、保质期或者超过保质期的食品、食品添加剂。

第五十条　食品生产者采购食品原料、食品添加剂、食品相关产品，应当查验供货者的许可证和产品合格证明；对无法提供合格证明的食品原料，应当按照食品安全标准进行检验；不得采购或者使用不符合食品安全标准的食品原料、食品添加剂、食品相关产品。

食品生产企业应当建立食品原料、食品添加剂、食品相关产品进货查验记录制度，如实记录食品原料、食品添加剂、食品相关产品的名称、规格、数量、生产日期或者生产批号、保质期、进货日期以及供货者名称、地址、联系方式等内容，并保存相关凭证。记录和凭证保存期限不得少于产品保质期满后六个月；没有明确保质期的，保存期限不得少于二年。

第五十一条　食品生产企业应当建立食品出厂检验记录制度，查验出厂食品的检验合格证和安全状况，如实记录食品的名称、规格、数量、生产日期或者生产批号、保质期、检验合格证号、销售日期以及购货者名称、地址、联系方式等内容，并保存相关凭证。记录和凭证保存期限应当符合本法第五十条第二款的规定。

第五十三条　食品经营者采购食品，应当查验供货者的许可证和食品出厂检验合格证或者其他合格证明（以下称合格证明文件）。

食品经营企业应当建立食品进货查验记录制度，如实记录食品的名称、规格、数量、生产日期或者生产批号、保质期、进货日期以及供货者名称、地址、联系方式等内容，并保存相关凭证。记录和凭证保存期限应当符合本法第五十条第二款的规定。

实行统一配送经营方式的食品经营企业，可以由企业总部统一查验供货者的许可证和食品合格证明文件，进行食品进货查验记录。

从事食品批发业务的经营企业应当建立食品销售记录制度,如实记录批发食品的名称、规格、数量、生产日期或者生产批号、保质期、销售日期以及购货者名称、地址、联系方式等内容,并保存相关凭证。记录和凭证保存期限应当符合本法第五十条第二款的规定。

第五十四条　食品经营者应当按照保证食品安全的要求贮存食品,定期检查库存食品,及时清理变质或者超过保质期的食品。

食品经营者贮存散装食品,应当在贮存位置标明食品的名称、生产日期或者生产批号、保质期、生产者名称及联系方式等内容。

第六十七条　预包装食品的包装上应当有标签。标签应当标明下列事项:

(一)名称、规格、净含量、生产日期;

(二)成分或者配料表;

(三)生产者的名称、地址、联系方式;

(四)保质期;

(五)产品标准代号;

(六)贮存条件;

(七)所使用的食品添加剂在国家标准中的通用名称;

(八)生产许可证编号;

(九)法律、法规或者食品安全标准规定应当标明的其他事项。

专供婴幼儿和其他特定人群的主辅食品,其标签还应当标明主要营养成分及其含量。

食品安全国家标准对标签标注事项另有规定的,从其规定。

第六十八条　食品经营者销售散装食品,应当在散装食品的容器、外包装上标明食品的名称、生产日期或者生产批号、保质期以及生产经营者名称、地址、联系方式等内容。

第七十一条　食品和食品添加剂的标签、说明书,不得含有虚假内容,不得涉及疾病预防、治疗功能。生产经营者对其提供的标签、说明书的内容负责。

食品和食品添加剂的标签、说明书应当清楚、明显,生产日期、保质期等事项应当显著标注,容易辨识。

食品和食品添加剂与其标签、说明书的内容不符的,不得上市销售。

《中华人民共和国产品质量法》(2018 年修正)

第二十七条　产品或者其包装上的标识必须真实,并符合下列要求:

(一)有产品质量检验合格证明;

(二)有中文标明的产品名称、生产厂厂名和厂址;

(三)根据产品的特点和使用要求,需要标明产品规格、等级、所含主要成份的名称和含量的,用中文相应予以标明;需要事先让消费者知晓的,应当在外包装上标明,或者预先向消费者提供有关资料;

(四)限期使用的产品,应当在显著位置清晰地标明生产日期和安全使用期或者失效日期;

(五)使用不当,容易造成产品本身损坏或者可能危及人身、财产安全的产品,应当有警示标志或者中文警示说明。

裸装的食品和其他根据产品的特点难以附加标识的裸装产品,可以不附加产品标识。

《食品相关产品质量安全监督管理暂行办法》(2023 年)

第三十八条　本办法所称食品相关产品,是指用于食品的包装材料、容器、洗涤剂、消毒剂和用于食品生产经营的工具、设备。其中,消毒剂的质量安全监督管理按照有关规定执行。

第十五条　食品相关产品标识信息应当清晰、真实、准确,不得欺骗、误导消费者。标识信息应当标明下列事项:

(一)食品相关产品名称;

(二)生产者名称、地址、联系方式;

(三)生产日期和保质期(适用时);

(四)执行标准;

(五)材质和类别;

(六)注意事项或者警示信息;

(七)法律、法规、规章、食品安全标准及其他强制性规定要求的应当标明的其他事项。

食品相关产品还应当按照有关标准要求在显著位置标注"食品接触用"、"食品包装用"等用语或者标志。

食品安全标准对食品相关产品标识信息另有其他要求的，从其规定。

二、广告宣传规定

1. 虚假宣传

 名词解释

最高人民法院关于适用《中华人民共和国反不正当竞争法》若干问题的解释第十六条经营者在商业宣传过程中，提供不真实的商品相关信息，欺骗、误导相关公众的，人民法院应当认定为反不正当竞争法第八条第一款规定的虚假的商业宣传。

《中华人民共和国广告法》（2021 年修正）

第三条 广告应当真实、合法，以健康的表现形式表达广告内容，符合社会主义精神文明建设和弘扬中华民族优秀传统文化的要求。

第四条 广告不得含有虚假或者引人误解的内容，不得欺骗、误导消费者。

广告主应当对广告内容的真实性负责。

第八条 广告中对商品的性能、功能、产地、用途、质量、成分、价格、生产者、有效期限、允诺等或者对服务的内容、提供者、形式、质量、价格、允诺等有表示的，应当准确、清楚、明白。

广告中表明推销的商品或者服务附带赠送的，应当明示所附带赠送商品或者服务的品种、规格、数量、期限和方式。

法律、行政法规规定广告中应当明示的内容，应当显著、清晰表示。

第九条　广告不得有下列情形：

（二）使用或者变相使用国家机关、国家机关工作人员的名义或者形象；

（三）使用"国家级"、"最高级"、"最佳"等用语；

（十一）法律、行政法规规定禁止的其他情形。

第十四条　广告应当具有可识别性，能够使消费者辨明其为广告。

大众传播媒介不得以新闻报道形式变相发布广告。通过大众传播媒介发布的广告应当显著标明"广告"，与其他非广告信息相区别，不得使消费者产生误解。

第十八条　保健食品广告不得含有下列内容：

（一）表示功效、安全性的断言或者保证；

（二）涉及疾病预防、治疗功能；

（三）声称或者暗示广告商品为保障健康所必需；

（四）与药品、其他保健食品进行比较；

（五）利用广告代言人作推荐、证明；

（六）法律、行政法规规定禁止的其他内容。

保健食品广告应当显著标明"本品不能代替药物"。

第二十条　禁止在大众传播媒介或者公共场所发布声称全部或者部分替代母乳的婴儿乳制品、饮料和其他食品广告。

第二十八条　广告以虚假或者引人误解的内容欺骗、误导消费者的，构成虚假广告。

广告有下列情形之一的，为虚假广告：

（一）商品或者服务不存在的；

（二）商品的性能、功能、产地、用途、质量、规格、成分、价格、生产者、有效期限、销售状况、曾获荣誉等信息，或者服务的内容、提供者、形式、质量、价格、销售状况、曾获荣誉等信息，以及与商品或者服务有关的允诺等信息与实际情况不符，对购买行为有实质性影响的；

（三）使用虚构、伪造或者无法验证的科研成果、统计资料、调查结果、文摘、引用语等信息作证明材料的；

（四）虚构使用商品或者接受服务的效果的；

（五）以虚假或者引人误解的内容欺骗、误导消费者的其他情形。

《中华人民共和国食品安全法》（2021年修正）

第七十三条　食品广告的内容应当真实合法，不得含有虚假内容，不得涉及疾病预防、治疗功能。食品生产经营者对食品广告内容的真实性、合法性负责。

县级以上人民政府食品安全监督管理部门和其他有关部门以及食品检验机构、食品行业协会不得以广告或者其他形式向消费者推荐食品。消费者组织不得以收取费用或者其他牟取利益的方式向消费者推荐食品。

2. 欺骗性标识（引人误解宣传）

名词解释

经营者具有下列行为之一，欺骗、误导相关公众的，人民法院可以认定为反不正当竞争法第八条第一款规定的"引人误解的商业宣传"：

（一）对商品作片面的宣传或者对比；

（二）将科学上未定论的观点、现象等当作定论的事实用于商品宣传；

（三）使用歧义性语言进行商业宣传；

（四）其他足以引人误解的商业宣传行为。

法院应当根据日常生活经验、相关公众一般注意力、发生误解的事实和被宣传对象的实际情况等因素，对引人误解的商业宣传行为进行认定。

——最高人民法院关于适用《中华人民共和国反不正当竞争法》若干问题的解释

《中华人民共和国广告法》(2021 年修正)

第四条　广告不得含有虚假或者引人误解的内容，不得欺骗、误导消费者。

《中华人民共和国反不正当竞争法》(2019 年修正)

第八条　经营者不得对其商品的性能、功能、质量、销售状况、用户评价、曾获荣誉等作虚假或者引人误解的商业宣传，欺骗、误导消费者。

经营者不得通过组织虚假交易等方式，帮助其他经营者进行虚假或者引人误解的商业宣传。

《中华人民共和国电子商务法》(2018 年)

第十七条　电子商务经营者应当全面、真实、准确、及时地披露商品或者服务信息，保障消费者的知情权和选择权。电子商务经营者不得以虚构交易、编造用户评价等方式进行虚假或者引人误解的商业宣传，欺骗、误导消费者。

三、责任部分

《食品标识管理规定》(2009 年修订)

第二十六条　违反本规定构成《中华人民共和国食品安全法》及其实施条例等法律法规规定的违法行为的，依照有关法律法规的规定予以处罚。

第二十七条　违反本规定第六条至第八条、第十一条至第十三条，未按规定标注应当标注内容的，责令限期改正；逾期不改的，处以 500 元以上 1 万元以下罚款。

第二十八条　违反本规定第十五条，未按规定标注警示标志或中文警示说明的,依照《中华人民共和国产品质量法》第五十四条规定进行处罚。

(《中华人民共和国产品质量法》第五十四条　产品标识不符合本法第二十七条规定的,责令改正;有包装的产品标识不符合本法第二十七条第(四)项、第(五)项规定,情节严重的,责令停止生产、销售,并处违法生产、销售产品货值金额百分之三十以下的罚款;有违法所得的,并处没收违法所得。)

第二十九条　违反本规定第十条,未按规定标注净含量的,依照《定量包装商品计量监督管理办法》规定进行处罚。

第三十条　违反本规定第十七条,未按规定标注食品营养素、热量以及定量标示的,责令限期改正;逾期不改的,处以 5000 元以下罚款。

第三十一条　违反本规定第十八条,食品标识标注禁止性内容的,责令限期改正;逾期不改的,处以 1 万元以下罚款;违反有关法律法规规定的,按有关法律法规规定处理。

第三十二条　伪造或者虚假标注食品生产日期和保质期的,责令限期改正,处以 500 元以上 1 万元以下罚款;情节严重,造成后果的,依照有关法律、行政法规规定进行处罚。

第三十三条　伪造食品产地,伪造或者冒用其他生产者的名称、地址的,依照《中华人民共和国产品质量法》第五十三条规定进行处罚。

(《中华人民共和国产品质量法》第五十三条　伪造产品产地的,伪造或者冒用他人厂名、厂址的,伪造或者冒用认证标志等质量标志的,责令改正,没收违法生产、销售的产品,并处违法生产、销售产品货值金额等值以下的罚款;有违法所得的,并处没收违法所得;情节严重的,吊销营业执照。)

第三十四条　违反本规定第二十条,食品标识与食品或者其包装分离的,责令限期改正,处以 5000 元以下罚款。

第三十五条　违反本规定第二十一条、第二十二第二款、第二十四条、第二十五条的,责令限期改正;逾期不改的,处以 1 万元以下罚款。

第三十六条　违反本规定第二十二条第一款的，依照本章有关规定处罚。

第三十七条　从事食品标识监督管理的工作人员，玩忽职守、滥用职权、包庇放纵违法行为的，依法给予行政处分；构成犯罪的，依法追究刑事责任。

《定量包装商品计量监督管理办法》（2023年修订）

第十五条　违反本办法规定，《中华人民共和国消费者权益保护法》《中华人民共和国产品质量法》等法律法规对法律责任已有规定的，从其规定。

第十六条　定量包装商品生产者按要求进行自我声明，使用计量保证能力合格标志，达不到定量包装商品生产企业计量保证能力要求的，由县级以上地方市场监督管理部门责令改正，处三万元以下罚款。

定量包装商品生产者未按要求进行自我声明，使用计量保证能力合格标志的，由县级以上地方市场监督管理部门责令改正，处五万元以下罚款。

第十七条　生产、销售定量包装商品违反本办法第五条、第六条、第七条规定，未正确、清晰地标注净含量的，由县级以上地方市场监督管理部门责令改正；未标注净含量的，限期改正，处三万元以下罚款。

第十八条　生产、销售的定量包装商品，经检验违反本办法第八条、第九条规定的，由县级以上地方市场监督管理部门责令改正，处三万元以下罚款。

第十九条　从事定量包装商品计量监督检验的机构伪造检验数据的，由县级以上地方市场监督管理部门处十万元以下罚款；有下列行为之一的，由县级以上市场监督管理部门责令改正，予以警告、通报批评：

（一）违反定量包装商品净含量计量检验规则等系列计量技术规范进行计量检验的；

（二）使用未经检定、检定不合格或者超过检定周期的计量器具开展计量检验的；

（三）擅自将检验结果及有关材料对外泄露的；

（四）利用检验结果参与有偿活动的。

案例解析

案例一

郑某、立山区某茶铺买卖合同纠纷案

【争议焦点】

郑某是否有权主张十倍赔偿。

【案情简介】

原告在某茶铺购买龙井茶叶,原告提出的上诉理由为:该茶叶属于预包装食品,包装外应按照规定标明产品的品名、产地、生产者、生产日期等信息,但是茶叶外包装并未注明。一审法院认定涉案茶叶系在销售环节对茶叶进行的包装,并不属于预包装食品。礼盒外包装并未完全密封,因此属于散装食品。另外,原告在购买涉案茶叶时可以要求查看茶叶的产品信息,其陈列在店时外包装上印有产品合格证,并不会对原告造成误导。原告不服一审法院判决,遂上诉。二审法院认为,在一、二审期间上诉人并未提供其他证据证明其购买茶叶时,该茶叶是预包装好的茶叶。原审法院在审理本案的过程中亦到被告茶铺进行了现场考察。被告茶铺并无预包装好的茶叶,其所销售的龙井茶及铁观音茶的大包装外均贴有产品合格证,并载明了供货公司、产品名称、配料、净含量、生产许可证号、产品标签代码、贮存方法、保质期、生产日期、产地等内容。因此二审法院驳回上诉人的上诉申请,维持原判。

【关联法规】

《中华人民共和国食品安全法》第一百五十条、《农产品包装和标识管理办法》第十条。

案例二

宁波某生物科技有限公司、宁波某进出口有限公司买卖合同纠纷案

【争议焦点】

涉案多肽产品添加硬脂酸镁及预包装标签仅标记 5 种营养成分是否符合合同约定。

【案情简介】

2019 年宁波某生物科技公司（下文简称甲公司）与某进出口公司（下文简称乙公司）签订《供货协议》，约定甲公司为乙公司多肽系列产品供应商。乙公司于 2020 年尚欠款 367000 元未结清。乙公司以甲公司交付产品中添加硬脂酸镁违反法律禁止性规定，且在预包装标签上仅标记 5 种营养成分不符合中国香港特区有关部门要求为由提起诉讼。一审法院认为，根据双方约定的备案企业标准，硬脂酸镁可用于出口食品，且甲公司符合所出口地区的标准要求。关于预包装食品标签问题，涉案多肽产品符合《食品安全国家标准 预包装食品营养标签通则》（GB 28050—2011）相关规定，文件对预包装必须标记的营养成分种类未予以规定。综上，一审法院认定甲公司已按约交付符合双方约定的多肽产品，乙公司应当承担按约支付货款的合同义务，该院对甲公司的相关诉讼请求予以支持。乙公司在收货后对产品质量未提出异议，却在产品保质期 24 个月期满后主张产品存在质量问题，拒绝付款，且不同意退货，其主张缺乏证据支持，该院不予采信，乙公司应按约支付货款。一审审理结束，乙公司不服一审判决故提起二审诉讼。二审过程中双方未提交新的证据，二审法院认为，涉案《供货协议》系双方当事人真实意思表示，内容合法有效，对双方当事人均具有法律约束力。二审法院驳回乙公司上诉，维持原判。

【关联法规】

《食品标识管理规定》第十一条。

案例三

吴某、阜某买卖合同纠纷案

【争议焦点】

涉案蛋糕中放置不可食用玫瑰花是否违反食品安全标准。

【案情简介】

原告通过外卖平台购买到被告出售的一款"一心一意"情人节蛋糕，食用时发现被告蛋糕外表添加玫瑰花，并与蛋糕直接接触。按照《中华人民共和国食品安全法》第三十八条规定，生产经营的食品中不得添加药品，但是可以添加按照传统既是食品又是中药材的物质（在国家卫计委2010年第3号公告中，只有重瓣红玫瑰才能作为普通食品）。玫瑰花作为中药材，不可以作为普通食品原料或者食品相关产品来使用。被告辩称，原告购买的蛋糕在外卖网站上有图片。原告在选购时并无异议，应当是认可了蛋糕上的玫瑰花。玫瑰花并没有作为食品原材料添加在蛋糕中，而是放置在蛋糕表面起装饰观赏作用。玫瑰花在放置前进行了盐水浸泡处理，并不构成食品安全危害，且也未对原告造成任何损害。法院认为，首先，在蛋糕中装饰鲜花等装饰物，是近期较为流行的食品装饰，该行为是否违反食品安全标准，应当以是否足以损害身体健康为评判标准。以一般人的注意标准，应当能够分辨鲜花仅是装饰用途，不能用于食用。其次，原告吴某曾向某县市场监督管理局举报，某县市场监督管理局以在蛋糕上放置玫瑰花未标注警示标志或中文警示说明为由，作出立即予以改正的通知书，但并未作出违反食品安全标准的认定。综上，驳回原告诉讼请求。

【关联法规】

《中华人民共和国食品安全法》第二十六条。

案例四

米某与某县某水产调料点买卖合同纠纷案

【争议焦点】

涉案食物是否是在被告处购买的,以及被告涉案食物是否有不贴标签的行为。

【案情简介】

原告阐述其在被告处购买了5袋即食海参,发现该即食海参外包装上只有生产日期,无保质期、生产许可、生产厂家等信息,这不符合《中华人民共和国食品安全法》的相关规定。被告辩称,原告曾经在被告处购买过海参,但是购买的海参有标签、标识,该海参在海鲜市场都有同类产品,且标签、标识非常易撕坏、掉落,原告不能证明涉案的海参就是在被告处购买的。原告举报后,某县市场监督管理局进行了深入的调查了解,对被告的供货商某商贸中心进行了现场取证,证实了被告所购进而后卖出的海参均有标签、标识。某县市场监督管理局以证据不足,也无其他证据证实被告违反市场监督法律、法规、规章等行为,作出了不予行政处罚的决定;且本案涉及的海参属于散装食品,不需要预先定量包装,被告没有违法、违规行为。法院认为,某县市场监督管理局对被告出售涉案货物溯源调查,发现并无相关违法行为,原告也对此知晓。本案中,原告提交的录像证据展示购买时其中两袋即食海参的外包装情况,无法显示食品包装的全部情形,不能证实原告所称产品没有标识的主张。因此,驳回原告诉讼请求。

【关联法规】

《中华人民共和国食品安全法》第六十七条。

案例五

高某、广州某公司网络购物合同纠纷案

【争议焦点】

被告的行为是否构成欺诈。

【案情简介】

原告在网上被告处购买"甘草片"一瓶，在商品外包装上没有找到药品唯一身份识别码（药品追溯码），亦无"国药准字"编号。商品包装上"甘草片"下有小字"压片糖果"。涉案商品链接标题是"甘草片复方润肺止咳化痰60片甘草中药材镇咳祛痰散"；第一张宣传图片左侧是涉案商品，右侧是描述咳嗽症状与治疗效果的"止咳清痰/喉咙不适/咳嗽痰多/咽痛咽干"等醒目大字。原告认为，压片糖果是普通食品的一种，不具有任何治疗疾病的功能，而被告的宣传图片与链接标题醒目标明了"止咳清痰"等字样误导了原告，原告才下单购买了该涉案商品，被告的销售行为构成欺诈。被告未答辩，亦未举证。法院最终判决，本案中，原告购买的涉案商品属于食品范畴：其一，用料含量与标题含量不符；其二，宣传的药效属于夸大商品作用；其三，广告图片下方标明该商品系"药房正品""某药业出品"，但对比涉案商品外包装，该商品生产企业系某药业有限公司。因此，被告的上述行为有误导消费者之嫌，应属欺诈，依法应承担民事赔偿责任。

【关联法规】

《中华人民共和国食品安全法》第七十三条。

第四章
转基因食品相关法律法规及案例解读

《农业转基因生物安全管理条例》（2017年修订）

第三条 本条例所称农业转基因生物，是指利用基因工程技术改变基因组构成，用于农业生产或者农产品加工的动植物、微生物及其产品，主要包括：

（一）转基因动植物（含种子、种畜禽、水产苗种）和微生物；

（二）转基因动植物、微生物产品；

（三）转基因农产品的直接加工品；

（四）含有转基因动植物、微生物或者其产品成分的种子、种畜禽、水产苗种、农药、兽药、肥料和添加剂等产品。

本条例所称农业转基因生物安全，是指防范农业转基因生物对人类、动植物、微生物和生态环境构成的危险或者潜在风险。

一、研究与申请

《农业转基因生物安全管理条例》（2017年修订）

第九条 国务院农业行政主管部门应当加强农业转基因生物研究与试验的安全评价管理工作，并设立农业转基因生物安全委员会，负责农业转基因生物的安全评价工作。

农业转基因生物安全委员会由从事农业转基因生物研究、生产、加工、检验检疫以及卫生、环境保护等方面的专家组成。

第十条　国务院农业行政主管部门根据农业转基因生物安全评价工作的需要，可以委托具备检测条件和能力的技术检测机构对农业转基因生物进行检测。

第十一条　从事农业转基因生物研究与试验的单位，应当具备与安全等级相适应的安全设施和措施，确保农业转基因生物研究与试验的安全，并成立农业转基因生物安全小组，负责本单位农业转基因生物研究与试验的安全工作。

第十二条　从事Ⅲ、Ⅳ级农业转基因生物研究的，应当在研究开始前向国务院农业行政主管部门报告。

第十三条　农业转基因生物试验，一般应当经过中间试验、环境释放和生产性试验三个阶段。

中间试验，是指在控制系统内或者控制条件下进行的小规模试验。

环境释放，是指在自然条件下采取相应安全措施所进行的中规模的试验。

生产性试验，是指在生产和应用前进行的较大规模的试验。

第十四条　农业转基因生物在实验室研究结束后，需要转入中间试验的，试验单位应当向国务院农业行政主管部门报告。

第十五条　农业转基因生物试验需要从上一试验阶段转入下一试验阶段的，试验单位应当向国务院农业行政主管部门提出申请；经农业转基因生物安全委员会进行安全评价合格的，由国务院农业行政主管部门批准转入下一试验阶段。

试验单位提出前款申请，应当提供下列材料：

（一）农业转基因生物的安全等级和确定安全等级的依据；

（二）农业转基因生物技术检测机构出具的检测报告；

（三）相应的安全管理、防范措施；

（四）上一试验阶段的试验报告。

第十六条　从事农业转基因生物试验的单位在生产性试验结束后，可以向国务院农业行政主管部门申请领取农业转基因生物安全证书。

试验单位提出前款申请，应当提供下列材料：

（一）农业转基因生物的安全等级和确定安全等级的依据；

（二）生产性试验的总结报告；

（三）国务院农业行政主管部门规定的试验材料、检测方法等其他材料。

国务院农业行政主管部门收到申请后，应当委托具备检测条件和能力的技术检测机构进行检测，并组织农业转基因生物安全委员会进行安全评价；安全评价合格的，方可颁发农业转基因生物安全证书。

第十七条　转基因植物种子、种畜禽、水产苗种，利用农业转基因生物生产的或者含有农业转基因生物成分的种子、种畜禽、水产苗种、农药、兽药、肥料和添加剂等，在依照有关法律、行政法规的规定进行审定、登记或者评价、审批前，应当依照本条例第十六条的规定取得农业转基因生物安全证书。

第十八条　中外合作、合资或者外方独资在中华人民共和国境内从事农业转基因生物研究与试验的，应当经国务院农业行政主管部门批准。

《农业转基因生物安全评价管理办法》（2022年修订）

第六条　从事农业转基因生物研究与试验的单位是农业转基因生物安全管理的第一责任人，应当成立由单位法定代表人负责的农业转基因生物安全小组，负责本单位农业转基因生物的安全管理及安全评价申报的审查工作。

从事农业转基因生物研究与试验的单位，应当制定农业转基因生物试验操作规程，加强农业转基因生物试验的可追溯管理。

第八条　转基因植物种子、种畜禽、水产种苗，利用农业转基因生物生产的或者含有农业转基因生物成分的种子、种畜禽、水产种苗、农药、兽药、肥料和添加剂等，在依照有关法律、行政法规的规定进行审定、登记或者评价、审批前，应当依照本办法的规定取得农业转基因生物安全证书。

《主要农作物品种审定办法》（2022年修订）

第十条　申请品种审定的单位、个人（以下简称申请者），可以直接向国家农作物品种审定委员会或省级农作物品种审定委员会提出申请。

申请转基因主要农作物（不含棉花）品种审定的，应当直接向国家农作物品种审定委员会提出申请。

第十三条　申请品种审定的，应当向品种审定委员会办公室提交以下材料：

（一）申请表，包括作物种类和品种名称，申请者名称、地址、邮政编码、联系人、电话号码、传真、国籍，品种选育的单位或者个人（以下简称育种者）等内容；

（二）品种选育报告，包括亲本组合以及杂交种的亲本血缘关系、选育方法、世代和特性描述；品种（含杂交种亲本）特征特性描述、标准图片，建议的试验区域和栽培要点；品种主要缺陷及应当注意的问题；

（三）品种比较试验报告，包括试验品种、承担单位、抗性表现、品质、产量结果及各试验点数据、汇总结果等；

（四）转基因检测报告；

（五）品种和申请材料真实性承诺书。

转基因主要农作物品种，除应当提交前款规定的材料外，还应当提供以下材料：

（一）转化体相关信息，包括目的基因、转化体特异性检测方法；

（二）转化体所有者许可协议；

（三）依照《农业转基因生物安全管理条例》第十六条规定取得的农业转基因生物安全证书；

（四）有检测条件和能力的技术检测机构出具的转基因目标性状与转化体特征特性一致性检测报告；

（五）非受体品种育种者申请品种审定的，还应当提供受体品种权人许可或者合作协议。

第十八条　区域试验应当对品种丰产性、稳产性、适应性、抗逆性等进行鉴定，并进行品质分析、DNA指纹检测等。对非转基因品种进行转基因成分检测；对转基因品种进行转化体真实性检测，并对转基因目标性状与转化体特征特性一致性检测报告进行验证。

第二十一条　区域试验、生产试验、DUS测试承担单位应当具备独立法人资格，具有稳定的试验用地、仪器设备、技术人员。

品种试验技术人员应当具有相关专业大专以上学历或中级以上专业技术职称、品种试验相关工作经历，并定期接受相关技术培训。

抗逆性鉴定由品种审定委员会指定的鉴定机构承担，品质检测、DNA 指纹检测、转基因检测由具有资质的检测机构承担。

品种试验、测试、鉴定承担单位与个人应当对数据的真实性负责。

转基因品种试验承担单位应当依照《农业转基因生物安全管理条例》及相关法律、行政法规和部门规章等的规定，采取相应的安全管理、防范措施。

第三十五条　审定公告内容包括：审定编号、品种名称、申请者、育种者、品种来源、形态特征、生育期（组）、产量、品质、抗逆性、栽培技术要点、适宜种植区域及注意事项等。

转基因品种还应当包括转化体所有者、转化体名称、农业转基因生物安全证书编号、转基因目标性状等。

省级品种审定公告，应当在发布后 30 日内报国家农作物品种审定委员会备案。

审定公告公布的品种名称为该品种的通用名称。禁止在生产、经营、推广过程中擅自更改该品种的通用名称。

第三十六条　审定证书内容包括：审定编号、品种名称、申请者、育种者、品种来源、审定意见、公告号、证书编号。

转基因品种还应当包括转化体所有者、转化体名称、农业转基因生物安全证书编号。

《农作物种子生产经营许可管理办法》（2022 年修订）

第十条　申请领取转基因农作物种子生产经营许可证的企业，应当具备下列条件：

（一）农业转基因生物安全管理人员 2 名以上；

（二）种子生产地点、经营区域在农业转基因生物安全证书批准的区域内；

（三）有符合要求的隔离和生产条件；

（四）有相应的农业转基因生物安全管理、防范措施；

（五）农业农村部规定的其他条件。

从事种子进出口业务、转基因农作物种子生产经营的企业和外商投资企业申请领取种子生产经营许可证，除具备本办法规定的相应农作物种子生产经营许可证核发的条件外，还应当符合有关法律、行政法规规定的其他条件。

第十一条　申请领取种子生产经营许可证，应当提交以下材料：

（一）种子生产经营许可证申请表；

（二）单位性质、股权结构等基本情况，公司章程、营业执照复印件，设立分支机构、委托生产种子、委托代销种子以及以购销方式销售种子等情况说明；

（三）种子生产、加工贮藏、检验专业技术人员和农业转基因生物安全管理人员的基本情况，企业法定代表人和高级管理人员名单及其种业从业简历；

（四）种子检验室、加工厂房、仓库和其他设施的自有产权或自有资产的证明材料；办公场所自有产权证明复印件或租赁合同；种子检验、加工等设备清单和购置发票复印件；相关设施设备的情况说明及实景照片；

（五）品种审定证书复印件；生产经营转基因农作物种子的，提交农业转基因生物安全证书复印件；生产经营授权品种种子的，提交植物新品种权证书复印件及品种权人的书面同意证明；

（六）委托种子生产合同复印件或自行组织种子生产的情况说明和证明材料；

（七）种子生产地点检疫证明；

（八）农业转基因生物安全管理、防范措施和隔离、生产条件的说明；

（九）农业农村部规定的其他材料。

二、生产经营

《农业转基因生物安全管理条例》（2017年修订）

第十九条　生产转基因植物种子、种畜禽、水产苗种，应当取得国务院农业行政主管部门颁发的种子、种畜禽、水产苗种生产许可证。

生产单位和个人申请转基因植物种子、种畜禽、水产苗种生产许可证，除应当符合有关法律、行政法规规定的条件外，还应当符合下列条件：

（一）取得农业转基因生物安全证书并通过品种审定；

（二）在指定的区域种植或者养殖；

（三）有相应的安全管理、防范措施；

（四）国务院农业行政主管部门规定的其他条件。

第二十条　生产转基因植物种子、种畜禽、水产苗种的单位和个人，应当建立生产档案，载明生产地点、基因及其来源、转基因的方法以及种子、种畜禽、水产苗种流向等内容。

第二十一条　单位和个人从事农业转基因生物生产、加工的，应当由国务院农业行政主管部门或者省、自治区、直辖市人民政府农业行政主管部门批准。具体办法由国务院农业行政主管部门制定。

第二十二条　从事农业转基因生物生产、加工的单位和个人，应当按照批准的品种、范围、安全管理要求和相应的技术标准组织生产、加工，并定期向所在地县级人民政府农业行政主管部门提供生产、加工、安全管理情况和产品流向的报告。

第二十三条　农业转基因生物在生产、加工过程中发生基因安全事故时，生产、加工单位和个人应当立即采取安全补救措施，并向所在地县级人民政府农业行政主管部门报告。

第二十四条　从事农业转基因生物运输、贮存的单位和个人，应当采取与农业转基因生物安全等级相适应的安全控制措施，确保农业转基因生物运输、贮存的安全。

第二十五条　经营转基因植物种子、种畜禽、水产苗种的单位和个人，应当取得国务院农业行政主管部门颁发的种子、种畜禽、水产苗种经营许可证。

经营单位和个人申请转基因植物种子、种畜禽、水产苗种经营许可证，除应当符合有关法律、行政法规规定的条件外，还应当符合下列条件：

（一）有专门的管理人员和经营档案；

（二）有相应的安全管理、防范措施；

（三）国务院农业行政主管部门规定的其他条件。

第二十六条　经营转基因植物种子、种畜禽、水产苗种的单位和个人，应当建立经营档案，载明种子、种畜禽、水产苗种的来源、贮存，运输和销售去向等内容。

第二十七条　在中华人民共和国境内销售列入农业转基因生物目录的农业转基因生物，应当有明显的标识。

列入农业转基因生物目录的农业转基因生物，由生产、分装单位和个人负责标识；未标识的，不得销售。经营单位和个人在进货时，应当对货物和标识进行核对。经营单位和个人拆开原包装进行销售的，应当重新标识。

第二十八条　农业转基因生物标识应当载明产品中含有转基因成分的主要原料名称；有特殊销售范围要求的，还应当载明销售范围，并在指定范围内销售。

第二十九条　农业转基因生物的广告，应当经国务院农业行政主管部门审查批准后，方可刊登、播放、设置和张贴。

《农作物种子生产经营许可管理办法》（2022年修订）

第十三条　种子生产经营许可证实行分级审核、核发。

（一）从事主要农作物常规种子生产经营及非主要农作物种子经营的，其种子生产经营许可证由企业所在地县级以上地方农业农村主管部门核发；

（二）从事主要农作物杂交种子及其亲本种子生产经营以及实行选育生产经营相结合、有效区域为全国的种子企业，其种子生产经营许可证由企业所在地县级农业农村主管部门审核，省、自治区、直辖市农业农村主管部门核发；

（三）从事农作物种子进出口业务以及转基因农作物种子生产经营的，其种子生产经营许可证由农业农村部核发。

第十九条　种子生产经营许可证有效期为五年。转基因农作物种子生产经营许可证有效期不得超出农业转基因生物安全证书规定的有效期限。

在有效期内变更主证载明事项的,应当向原发证机关申请变更并提交相应材料,原发证机关应当依法进行审查,办理变更手续。

在有效期内变更副证载明的生产种子的品种、地点等事项的,应当在播种三十日前向原发证机关申请变更并提交相应材料,申请材料齐全且符合法定形式的,原发证机关应当当场予以变更登记。

种子生产经营许可证期满后继续从事种子生产经营的,企业应当在期满六个月前重新提出申请。

第二十四条 受具有种子生产经营许可证的企业书面委托生产其种子的,应当在种子播种前向当地县级农业农村主管部门备案。受委托生产转基因农作物种子的,应当有专门的管理人员和经营档案,有相应的安全管理、防范措施及国务院农业农村主管部门规定的其他条件。备案时应当提交委托企业的种子生产经营许可证复印件、委托生产合同,以及种子生产者名称、住所、负责人、联系方式、品种名称、生产地点、生产面积等材料。受托生产杂交玉米、杂交稻种子的,还应当提交与生产所在地农户、农民合作组织或村委会的生产协议。受委托生产转基因种子的,还应当提交转基因生物安全证书复印件。

三、标识管理

《中华人民共和国食品安全法》(2021年修正)

第六十九条 生产经营转基因食品应当按照规定显著标示。

《中华人民共和国食品安全法实施条例》(2019年修订)

第三十三条 生产经营转基因食品应当显著标示,标示办法由国务院食品安全监督管理部门会同国务院农业行政部门制定。

《食品标识管理规定》(2009 年修订)

第十六条 食品有以下情形之一的,应当在其标识上标注中文说明:

(三)属于转基因食品或者含法定转基因原料的。

《农业植物品种命名规定》(2022 年修订)

第十三条 通过基因工程技术改变个别性状的品种,其品种名称与受体品种名称相近似的,应当经过受体品种育种者同意。

四、责任部分

《农业转基因生物安全管理条例》(2017 年修订)

第四十二条 违反本条例规定,从事Ⅲ、Ⅳ级农业转基因生物研究或者进行中间试验,未向国务院农业行政主管部门报告的,由国务院农业行政主管部门责令暂停研究或者中间试验,限期改正。

第四十三条 违反本条例规定,未经批准擅自从事环境释放、生产性试验的,已获批准但未按照规定采取安全管理、防范措施的,或者超过批准范围进行试验的,由国务院农业行政主管部门或者省、自治区、直辖市人民政府农业行政主管部门依据职权,责令停止试验,并处 1 万元以上 5 万元以下的罚款。

第四十四条 违反本条例规定,在生产性试验结束后,未取得农业转基因生物安全证书,擅自将农业转基因生物投入生产和应用的,由国务院农业行政主管部门责令停止生产和应用,并处 2 万元以上 10 万元以下的罚款。

第四十五条 违反本条例第十八条规定,未经国务院农业行政主管部门批准,从事农业转基因生物研究与试验的,由国务院农业行政主管部门责令立即停止研究与试验,限期补办审批手续。

第四十六条 违反本条例规定,未经批准生产、加工农业转基因生物或者未按照批准的品种、范围、安全管理要求和技术标准生产、加工的，由国务院农业行政主管部门或者省、自治区、直辖市人民政府农业行政主管部门依据职权，责令停止生产或者加工，没收违法生产或者加工的产品及违法所得；违法所得10万元以上的，并处违法所得1倍以上5倍以下的罚款；没有违法所得或者违法所得不足10万元的，并处10万元以上20万元以下的罚款。

第四十七条 违反本条例规定，转基因植物种子、种畜禽、水产苗种的生产、经营单位和个人，未按照规定制作、保存生产、经营档案的，由县级以上人民政府农业行政主管部门依据职权，责令改正，处1000元以上1万元以下的罚款。

第四十八条 违反本条例规定，未经国务院农业行政主管部门批准，擅自进口农业转基因生物的，由国务院农业行政主管部门责令停止进口，没收已进口的产品和违法所得；违法所得10万元以上的，并处违法所得1倍以上5倍以下的罚款；没有违法所得或者违法所得不足10万元的，并处10万元以上20万元以下的罚款。

第四十九条 违反本条例规定，进口、携带、邮寄农业转基因生物未向口岸出入境检验检疫机构报检的，由口岸出入境检验检疫机构比照进出境动植物检疫法的有关规定处罚。

第五十条 违反本条例关于农业转基因生物标识管理规定的，由县级以上人民政府农业行政主管部门依据职权，责令限期改正，可以没收非法销售的产品和违法所得，并可以处1万元以上5万元以下的罚款。

第五十一条 假冒、伪造、转让或者买卖农业转基因生物有关证明文书的，由县级以上人民政府农业行政主管部门依据职权，收缴相应的证明文书，并处2万元以上10万元以下的罚款；构成犯罪的，依法追究刑事责任。

第五十二条 违反本条例规定，在研究、试验、生产、加工、贮存、运输、销售或者进口、出口农业转基因生物过程中发生基因安全事故，造成损害的，依法承担赔偿责任。

第五十三条 国务院农业行政主管部门或者省、自治区、直辖市人民政府农业行政主管部门违反本条例规定核发许可证、农业转基因生物安全证书以及其他批准文件的，或者核发许可证、农业转基因生物安全证书以及其他批准文件后不履行监督管理职责的，对直接负责的主管人员和其他直接责任人员依法给予行政处分；构成犯罪的，依法追究刑事责任。

《农业转基因生物安全评价管理办法》（2022年修订）

第三十九条　违反本办法规定，从事安全等级Ⅲ、Ⅳ的农业转基因生物实验研究或者从事农业转基因生物中间试验，未向农业农村部报告的，按照《条例》第四十二条的规定处理。

第四十条　违反本办法规定，未经批准擅自从事环境释放、生产性试验的，或已获批准但未按照规定采取安全管理防范措施的，或者超过批准范围和期限进行试验的，按照《条例》第四十三条的规定处罚。

第四十一条　违反本办法规定，在生产性试验结束后，未取得农业转基因生物安全证书，擅自将农业转基因生物投入生产和应用的，按照《条例》第四十四条的规定处罚。

第四十二条　假冒、伪造、转让或者买卖农业转基因生物安全证书、审批书以及其他批准文件的，按照《条例》第五十一条的规定处罚。

第四十三条　违反本办法规定核发农业转基因生物安全审批书、安全证书以及其他批准文件的，或者核发后不履行监督管理职责的，按照《条例》第五十三条的规定处罚。

《主要农作物品种审定办法》（2022年修订）

第四十九条　品种审定委员会委员和工作人员应当忠于职守，公正廉洁。品种审定委员会委员、工作人员不依法履行职责，弄虚作假、徇私舞弊的，依法给予处分；自处分决定作出之日起五年内不得从事品种审定工作。

第五十条　申请者在申请品种审定过程中有欺骗、贿赂等不正当行为的，三年内不受理其申请。

联合体成员单位弄虚作假的，终止联合体品种试验审定程序；弄虚作假成员单位三年内不得申请品种审定，不得再参加联合体试验；其他成员单位应当承担连带责任，三年内不得参加其他联合体试验。

第五十一条 品种测试、试验、鉴定机构伪造试验数据或者出具虚假证明的，按照《种子法》第七十二条及有关法律行政法规的规定进行处罚。

第五十二条 育繁推一体化种子企业自行开展品种试验和申请审定有造假行为的，由省级以上人民政府农业农村主管部门处100万元以上500万元以下罚款；不得再自行开展品种试验；给种子使用者和其他种子生产经营者造成损失的，依法承担赔偿责任。

第五十三条 农业农村部对省级人民政府农业农村主管部门的品种审定工作进行监督检查，未依法开展品种审定、引种备案、撤销审定的，责令限期改正，依法给予处分。

《农作物种子生产经营许可管理办法》（2022年修订）

第二十七条 申请人故意隐瞒有关情况或者提供虚假材料申请种子生产经营许可证的，农业农村主管部门应当不予许可，并将申请人的不良行为记录在案，纳入征信系统。申请人在一年内不得再次申请种子生产经营许可证。

申请人以欺骗、贿赂等不正当手段取得种子生产经营许可证的，农业农村主管部门应当撤销种子生产经营许可证，并将申请人的不良行为记录在案，纳入征信系统。申请人在三年内不得再次申请种子生产经营许可证。

第二十九条 上级农业农村主管部门应当对下级农业农村主管部门的种子生产经营许可行为进行监督检查。有下列情形的，责令改正，对直接负责的主管人员和其他直接责任人依法给予行政处分；涉嫌犯罪的，及时将案件移送司法机关，依法追究刑事责任：

（一）未按核发权限发放种子生产经营许可证的；

（二）擅自降低核发标准发放种子生产经营许可证的；

（三）其他未依法核发种子生产经营许可证的。

案例一

韩某与某市农牧业厅农牧业行政处罚决定案

【争议焦点】

单位和个人从事未经批准的转基因生物生产、加工，有关部门是否有权进行处罚。

【案情简介】

韩某是某市某粮油购销储运有限公司的法定代表人，因种植转基因油菜而遭到农牧业厅的行政处罚。农牧业厅依据《农业转基因生物安全管理条例》规定，认为韩某未经批准种植转基因油菜，违反了相关法律、法规，因此对其作出了行政处罚决定。韩某上诉至该市中级人民法院，主张一审判决中存在证据采纳错误、法律适用错误以及程序违法等问题。韩某认为，农牧业厅所依据的检测报告未经其认可，且其对种植的油菜是否属于转基因作物并不知情。此外，韩某还提出，一审法院未对其申请的"转基因油菜的危害性"进行司法鉴定，程序违法。农牧业厅则辩称，其作出的行政处罚决定证据确凿，适用法律正确，程序合法。农牧业厅指出，韩某明知种植的油菜为转基因作物，且在询问笔录中已明确表示认可检验结果并放弃复检权利。二审法院经审理后认为，农牧业厅提交的检验报告合法充分，韩某在签收时未提出异议，且在询问笔录中对检验结果表示认可。法院进一步确认，种植行为属于《农业转基因生物安全管理条例》规定的"生产"行为，韩某未经批准种植转基因作物，应当受到行政处罚。关于韩某提出的转基因油菜危害性的司法鉴定问题，法院认为这属于科学研究范畴，不属于法院合法性审查的范围。最终，二审法院驳回上诉，维持原判，认定农牧业厅的行政处罚决定合法有效。

【关联法规】

《农业转基因生物安全管理条例》第二十一条、第四十七条。

案例二

山东某种业有限公司诉陕西某种业有限责任公司、山西某种业有限公司侵害植物新品种权纠纷案

【争议焦点】

销售涉案种子是否侵犯了原告公司产品的植物新品种权。

【案情简介】

本案是一起关于侵犯植物新品种权的民事纠纷案件。原告山东某种业有限公司指控被告陕西某种业有限责任公司和山西某种业有限公司侵犯了其代理的"先玉335"玉米品种的植物新品种权。原告声称，其已获得某良种公司（品种权人）的授权，有权以自己名义对侵权行为提起诉讼。案件中，原告发现陕西某种业有限责任公司销售的、标称为"大丰30"的玉米种子实际上是"先玉335"。原告公司请求法院判令两被告停止侵权行为，并赔偿经济损失30万元及诉讼费用。陕西某种业有限责任公司则辩称，其销售和生产的"大丰30"是具有自主品种权的合法品种，且已通过相关审定和保护，不构成侵权。原审法院审理后认为，山西某种业有限公司提交的《农业植物新品种测试报告》证明了"大丰30"与"先玉335"不是同一品种，因此不构成侵权，驳回了原告公司的诉讼请求，并要求原告公司承担案件受理费。原告公司不服原审判决，提起上诉，主张山西某种业有限公司提交的测试报告无效，且一审法院在证据认定上存在错误。二审法院经审理后，确认了原审法院查明的事实，并认为原审判决在事实认定和法律适用上均无误，因此驳回上诉，维持原判，并由原告公司承担二审案件受理费。此判决为终审判决。

【关联法规】

《最高人民法院关于审理侵害植物新品种权纠纷案件具体应用法律问题的若干规定》第四条。

案例三

江某与深圳某商业有限公司某店、深圳某商业有限公司产品销售者责任纠纷案

【争议焦点】

商家未对食品进行转基因标识是否可以通过其他途径进行证明。

【案情简介】

原告于 2018 年在深圳某商业有限公司某店购买某品牌进口芥花籽油一瓶，原告认为涉案商品为进口食品，配料表为"菜籽油"，但商品没有对菜籽油是否为转基因商品进行标识。故原告诉请判令被告（深圳某商业有限公司）正式书面赔礼道歉并支付现金 9967.80 元。

法院认为，本案为产品销售者责任纠纷，被告虽未按照《农业转基因生物标识管理办法》对菜籽油是否为转基因产品进行标识，但涉案食品加贴了进口食品中文标签，被告出具了进口食品标签咨询报告，这一报告显示标签版式和标签内容符合预包装食品标签的国家相关规定和标准要求，且有被告提交的入境货物检验检疫证明、进口查验（放行）通知书、进口货物报关单、进口食品标签咨询报告以及庭审笔录等可以证明涉案食品不是转基因食品。综上，深圳某商业有限公司某店向原告出售的涉案商品符合相关法律规定，原告的诉讼请求无事实和法律依据，不应支持。法院驳回原告的诉讼请求。

【关联法规】

《农业转基因生物标识管理办法》第三条。

案例四

湖北某公司与湖南省某研究所、汉中某农业科技有限公司产品责任纠纷案

【争议焦点】

该涉案产品转基因成分的出现该由谁来负责。

【案情简介】

原告公司与被告研究所于 2008 年签订《油菜杂交品种"湘杂油 2 号"合作开发合同》，并在 2014 年与被告汉中公司签订《杂交油菜种子预约生产合同》，后被告湖南省某研究所将"湘杂油 2 号"的父本和母本直接邮寄给被告汉中公司负责制种。后原告在销售"湘杂油 2 号"油菜种子过程中，被省农业厅认定上述"湘杂油 2 号"油菜种子含有转基因成分，并对原告依法进行处罚。为维护自身合法权益，原告诉至法院。被告湖南省某研究所辩称：1. 原告因其生产的种子含有转基因成分，被省农业厅处罚，被告湖南省某研究所对此不存在过失或者过错，不应承担侵权责任；2. 原告向农户、经销商承担了损失后无权向被告湖南省某研究所追偿损失。被告汉中某农业科技有限公司辩称：1. 被告公司完全按照合同约定的质量标准及环境技术要求进行制种；2. 原告湖北某公司诉称的"湘杂油 2 号"油菜种子含有转基因成分与被告公司没有关系。双方均提交了相关证据，法院组织当事人进行了证据交换和质证。法院认为，被告湖南省某研究所在未取得国务院农业行政主管部门颁发的转基因种子生产许可证的情况下，培育含有转基因成分的"湘杂油 2 号"亲本种子的行为，存在主观过错，原告湖北某公司亦是"湘杂油 2 号"种子的委托育种方，未尽到审查义务。因此判决如下：1. 被告湖南省某研究所于本判决生效之日起十日内赔偿原告湖北某公司损失 899700 元；2. 驳回原告湖北某公司的其他诉讼请求。

【关联法规】

《中华人民共和国种子法》第四十六条，《农业转基因生物安全管理条例》第四十六条。

案例五

赵某与方某种植、养殖回收合同纠纷案

【争议焦点】

原告是否具备生产种子的资质,赵某与方某签订的种子种植协议是否有效。

【案情简介】

2017年4月,原、被告签订种子种植协议,约定被告种植260亩玉米,原告提供技术指导、预借款和亲本种子。被告应在2017年12月30日前交付合格种子。但被告未按期交付,且擅自将种子卖给他人,违反了合同约定。根据合同,被告应退还预借款和亲本种子,并按亩产值的2倍赔偿原告损失。被告辩称:1.原告因未持有农作物种子生产经营许可证而与被告签订种子种植协议,违反了《中华人民共和国种子法》,因此合同无效,法院应驳回原告的诉讼请求;2.原告不但未持有种子生产经营许可证,而且所生产的种子均含有转基因成分,违反了国务院《农业转基因生物安全管理条例》的规定,依法应当查处。法院认为,合同的订立和履行必须遵守法律和行政法规,不得违反强制性规定,否则合同无效。无效合同下,财产应返还或折价补偿,有过错的一方应赔偿损失,双方都有过错时,各自承担责任。本案中,原告与被告签订的种子种植合同因违反《中华人民共和国种子法》关于种子生产经营许可证的规定而无效。合同无效导致原告垫资款、籽种款应由被告返还。原告要求赔偿经济损失但未能提供有效证据,应承担不利后果。被告反诉称原告已将种子出售给他人,同样因缺乏证据而应承担不利后果。

【关联法规】

《中华人民共和国种子法》第三十三条,《农业转基因生物安全管理条例》第四十六条。

第五章
食盐管理相关法律法规及案例解读

▶ 名词解释

食盐（食用盐）：直接食用和制作食品所用的盐。

——《食盐专营办法》

食盐定点生产企业：经盐业主管机构认定的生产食盐的企业。

——《食盐定点生产质量技术规范》

碘缺乏危害：是指由于环境缺碘、公民摄碘不足所引起的地方性甲状腺肿、地方性克汀病和对儿童智力发育的潜在性损伤。

——食盐加碘消除碘缺乏危害管理条例（2017修订）

一、食盐生产

《食盐专营办法》（2017年修订）

第八条 国家实行食盐定点生产制度。非食盐定点生产企业不得生产食盐。

第九条 省、自治区、直辖市人民政府盐业主管部门按照统一规划、合理布局的要求审批确定食盐定点生产企业，颁发食盐定点生产企业证书，及时向社会公布食盐定点生产企业名单，并报国务院盐业主管部门备案。

第十条 食盐定点生产企业和非食用盐生产企业应当建立生产销

售记录制度，如实记录并保存相关凭证。记录和凭证保存期限不得少于 2 年。

食盐应当按照规定在外包装上作出标识，非食用盐的包装、标识应当明显区别于食盐。

第十一条　禁止利用井矿盐卤水熬制食盐。

《食盐加碘消除碘缺乏危害管理条例》（2017 年修订）

第七条　从事碘盐加工的盐业企业，应当由省、自治区、直辖市人民政府盐业主管机构指定，并取得同级人民政府卫生行政部门卫生许可后，报国务院盐业主管机构批准。

第八条　用于加工碘盐的食盐和碘酸钾必须符合国家卫生标准。

碘盐中碘酸钾的加入量由国务院卫生行政部门确定。

第九条　碘盐出厂前必须经质量检验，未达到规定含量标准的碘盐不得出厂。

第十条　碘盐出厂前必须予以包装。碘盐的包装应当有明显标识，并附有加工企业名称、地址、加碘量、批号、生产日期和保管方法等说明。

《食盐质量安全监督管理办法》（2020 年）

第六条　从事食盐生产活动，应当依照《食品生产许可管理办法》的规定，取得食品生产许可。食盐的食品生产许可由省、自治区、直辖市市场监督管理部门负责。

从事食盐批发、零售活动，应当依照《食品经营许可管理办法》的规定，取得食品经营许可。

第七条　食盐生产经营者应当保证其生产经营的食盐符合法律、法规、规章和食品安全标准的规定。

食盐生产企业应当按照食品安全国家标准使用食品添加剂，不得超过食品安全国家标准规定的使用范围和限量。

食盐的贮存、运输，应当符合食品安全的要求。

二、食盐销售

《食盐专营办法》（2017 年修订）

第十二条　国家实行食盐定点批发制度。非食盐定点批发企业不得经营食盐批发业务。

第十三条　省、自治区、直辖市人民政府盐业主管部门按照统一规划、合理布局的要求审批确定食盐定点批发企业，颁发食盐定点批发企业证书，及时向社会公布食盐定点批发企业名单，并报国务院盐业主管部门备案。

食盐定点生产企业申请经营食盐批发业务的，省、自治区、直辖市人民政府盐业主管部门应当确定其为食盐定点批发企业并颁发食盐定点批发企业证书。

第十四条　食盐定点批发企业应当从食盐定点生产企业或者其他食盐定点批发企业购进食盐，在国家规定的范围内销售。

食盐定点批发企业在国家规定的范围内销售食盐，任何单位或者个人不得阻止或者限制。

第十五条　食盐定点批发企业应当建立采购销售记录制度，如实记录并保存相关凭证。记录和凭证保存期限不得少于 2 年。

第十六条　食盐零售单位应当从食盐定点批发企业购进食盐。

第十七条　食盐价格由经营者自主确定。

县级以上地方人民政府价格主管部门应当加强对食盐零售价格的市场日常监测。当食盐价格显著上涨或者有可能显著上涨时，省、自治区、直辖市人民政府可以依法采取价格干预或者其他应急措施。

第十八条　县级以上地方人民政府应当根据实际情况，采取必要措施，保障边远地区和民族地区的食盐供应。

第十九条　禁止销售不符合食品安全标准的食盐。

禁止将下列产品作为食盐销售：

（一）液体盐（含天然卤水）；

（二）工业用盐和其他非食用盐；

（三）利用盐土、硝土或者工业废渣、废液制作的盐；

（四）利用井矿盐卤水熬制的盐；

（五）外包装上无标识或者标识不符合国家有关规定的盐。

《食盐质量安全监督管理办法》（2020年）

第八条 食盐生产经营禁止下列行为：

（一）将液体盐（含天然卤水）作为食盐销售；

（二）将工业用盐和其他非食用盐作为食盐销售；

（三）将利用盐土、硝土或者工业废渣、废液制作的盐作为食盐销售；

（四）利用井矿盐卤水熬制食盐，或者将利用井矿盐卤水熬制的盐作为食盐销售；

（五）生产经营掺假掺杂、混有异物的食盐；

（六）生产经营其他不符合法律、法规、规章和食品安全标准的食盐。

禁止食盐零售单位销售散装食盐，禁止餐饮服务提供者采购、贮存、使用散装食盐。

第九条 食盐的包装上应当有标签。禁止销售无标签或者标签不符合法律、法规、规章和食品安全标准规定的食盐。

加碘食盐应当有明显标识并标明碘的含量。

未加碘食盐的标签应当在显著位置标注"未加碘"字样。

第十条 食盐生产经营企业应当建立健全并落实食品安全管理制度，实施生产经营过程控制要求，依法配备食品安全管理人员，落实食品安全责任。

第十一条 食盐生产经营者应当建立食盐质量安全追溯体系，落实生产销售全程记录制度，依照食品安全法的规定如实记录并保存进货查验、出厂检验、食盐销售等信息，保证食盐质量安全可追溯。记录和凭证保存期限不得少于产品保质期满后六个月；没有明确保质期的，保存期限不得少于二年。

鼓励食盐生产经营者采用信息化手段采集、留存生产经营信息。

第十二条　食盐生产经营者应当建立食品安全自查制度，定期对食盐质量安全状况进行检查评价。生产经营条件发生变化，不再符合食品安全要求的，食盐生产经营者应当立即采取整改措施；有发生食品安全事故潜在风险的，应当立即停止食盐生产经营活动，并向所在地县级市场监督管理部门报告。

《食盐加碘消除碘缺乏危害管理条例》（2017年修订）

第十四条　省、自治区、直辖市人民政府卫生行政部门负责划定碘缺乏地区（以下简称缺碘地区）范围，经本级人民政府批准后，报国务院卫生行政部门、国务院盐业主管机构备案。

第十五条　国家优先保证缺碘地区居民的碘盐供应；除高碘地区外，逐步实施向全民供应碘盐。

对于经济区域和行政区域不一致的缺碘地区，应当按照盐业运销渠道组织碘盐的供应。

在缺碘地区产生、销售的食品和副食品，凡需添加食用盐的，必须使用碘盐。

第十六条　在缺碘地区销售的碘盐必须达到规定的含碘量，禁止非碘盐和不合格碘盐进入缺碘地区食用盐市场。

对暂时不能供应碘盐的缺碘地区，经省、自治区、直辖市人民政府批准，可以暂时供应非碘盐；但是，省、自治区、直辖市人民政府卫生行政部门应当采取其他补碘的防治措施。

对缺碘地区季节性家庭工业、农业、副业、建筑业所需的非碘盐和非食用盐，由县级以上人民政府盐业主管机构组织供应。

第十七条　经营碘盐批发业务的企业，由省、自治区、直辖市人民政府盐业主管机构审批。

碘盐批发企业应当从国务院盐业主管机构批准的碘盐加工企业进货。经营碘盐零售业务的单位和个人，应当从碘盐批发企业进货，不得从未经批准的单位和个人购进碘盐。

第十八条　碘盐批发企业在从碘盐加工企业购进碘盐时，应当索取加碘证明，碘盐加工企业应当保证提供。

第十九条　碘盐零售单位销售的碘盐应当为小包装，并应当符合本条例的有关规定。碘盐零售的管理办法由省、自治区、直辖市人民政府根据实际情况制定。

第二十条 为防治疾病，在碘盐中同时添加其他营养强化剂的，应当符合《中华人民共和国食品安全法》的相关规定，并标明销售范围。

因治疗疾病，不宜食用碘盐的，应当持当地县级人民政府卫生行政部门指定的医疗机构出具的证明，到当地人民政府盐业主管机构指定的单位购买非碘盐。

三、食盐储备与应急

《食盐专营办法》（2017年修订）

第二十条 省、自治区、直辖市人民政府盐业主管部门应当根据本行政区域食盐供需情况，建立健全食盐储备制度，承担政府食盐储备责任。

第二十一条 食盐定点生产企业和食盐定点批发企业应当按照食盐储备制度要求，承担企业食盐储备责任，保持食盐的合理库存。

第二十二条 盐业主管部门应当会同有关部门制定食盐供应应急预案，在发生突发事件时协调、保障食盐供应。

《食盐加碘消除碘缺乏危害管理条例》（2017年修订）

第十一条 碘盐为国家重点运输物资。铁路、交通部门必须依照省、自治区、直辖市人民政府盐业主管机构报送的年度、月度运输计划，及时运送。

碘盐的运输工具和装卸工具，必须符合卫生要求，不得与有毒、有害物质同载、混放。

第十二条 经营碘盐批发业务的企业和在交通不方便的地区经营碘盐零售业务的单位和个人，应当按照省、自治区、直辖市人民政府盐业主管机构的规定，保持合理的碘盐库存量。

碘盐和非碘盐在储存场地应当分库或者分垛存放，做到防晒、干燥、安全、卫生。

《食盐质量安全监督管理办法》（2020 年）

第七条　第三款　食盐的贮存、运输，应当符合食品安全的要求。

第十三条　食盐生产经营者发现其生产经营的食盐不符合食品安全标准或者有证据证明可能危害人体健康的，应当立即停止生产经营，依法实施召回。

食盐生产经营者未主动履行前款规定义务的，县级以上市场监督管理部门可以责令其召回或者停止经营。

食盐生产经营者应当依法对召回的食盐采取无害化处理、销毁等措施，防止其再次流入市场。

第十四条　食盐生产和批发企业应当建立食品安全应急管理和突发事故报告制度，成立应急处置机构，制定应急处置方案，定期检查本企业各项防范措施的落实情况，及时消除食品安全隐患。

第十六条　县级以上市场监督管理部门在监督检查、风险监测、抽样检验、案件查处等工作中，发现食盐质量安全隐患的，应当依法采取有效措施，预防和控制食盐质量安全风险。

第十七条　发生食盐质量安全事故，食盐生产经营者应当立即采取措施，防止事故扩大，按照规定及时报告，不得对事故隐瞒、谎报、缓报，不得隐匿、伪造、毁灭有关证据。

发生食盐质量安全事故，县级以上市场监督管理部门应当按照食品安全事故应急预案的规定报告，并立即会同相关部门进行调查处理，采取应急救援等措施，防止或者减轻社会危害。

第十八条　县级以上市场监督管理部门应当按照规定及时做好信息公布工作，及时准确公布食盐监督检查、抽样检验、案件查处等信息。

县级以上市场监督管理部门发现可能误导消费者和社会舆论的食盐质量安全信息，应当立即组织有关部门、专业机构、相关食盐生产经营者等进行核实、分析，并及时公布结果。

四、食盐定点企业规范

1. 食盐定点企业规范条件

《食盐定点企业规范条件》（2023 年）

一、食盐定点生产企业生产经营能力

（一）在中华人民共和国境内具有法人资格。

（二）持有有效期内的食盐定点生产企业证书。

（三）拥有自有的或其他食盐定点企业经合法程序许可使用的食盐注册商标。

（四）能够持续开展正常的生产经营活动。

（五）原料盐应来自食盐定点生产企业（不含多品种食盐定点生产企业），该企业应拥有相应的盐田、盐湖或盐矿资源，并有合法有效的滩涂、海域使用权或采矿权。不满足上述要求的，可使用所属集团公司内部其他企业提供的原料盐，且该企业也应拥有相应的盐田、盐湖或盐矿资源，并有合法有效的滩涂、海域使用权或采矿权。多品种食盐定点生产企业生产食盐的原料盐应从食盐定点生产企业（不含多品种食盐定点生产企业）购进。

（六）食盐定点生产企业（不含多品种食盐定点生产企业）食盐生产能力应不低于 10 万吨/年，西部少数民族自治区和南方海盐区食盐定点生产企业（不含多品种食盐定点生产企业）食盐生产能力应不低于 3 万吨/年。多品种食盐定点生产企业能够持续生产符合相关标准的多品种食盐，且上一年度多品种食盐产量占其食盐总产量的 60% 以上。其中多品种食盐指添加食品添加剂、调味辅料或经特殊工艺加工制得，具有特定功能，且非执行 GB/T 5461 的食用盐产品。

二、食盐定点批发企业批发经营能力

（一）在中华人民共和国境内具有法人资格。

（二）持有有效期内的食盐定点批发企业证书。

（三）能够持续开展正常的批发经营活动。

（四）食盐定点批发企业配送食盐应有符合食品安全和运输资质要求、且与其业务能力匹配的自有配送车辆或相对稳定的社会运力资源。

三、技术和设备设施条件

（一）海盐和湖盐食盐定点生产企业应当有较高的自动化、机械化水平，采、收、运原料盐的机械化水平达到90%以上（日晒盐工艺除外）；井矿盐食盐定点生产企业应当完全采用多效真空蒸发或机械式蒸汽再压缩生产工艺。

（二）食盐定点生产企业从事食盐生产应有固定的、满足生产需要和产品质量要求的自有厂房和设备设施；食盐定点批发企业应有与其经营规模相匹配的、独立完整的营业场所和仓储设施，与其他功能区域分开设置，避免受到外部环境影响。

（三）食盐定点生产企业食盐包装设备应当采用自动的灌装和箱（袋）装设备，西部少数民族自治区的食盐定点生产企业可采用半自动的灌装和箱（袋）装设备。

（四）食盐定点生产企业生产加碘食盐应采用自动控制加碘设备。

四、质量和安全管理

（一）食盐定点企业开展生产经营活动应严格遵守《安全生产法》《食品安全法》及相关政策法规要求，近五年未发生较大及以上生产安全事故，且未发生导致严重不良社会影响的食盐质量安全事故。

（二）食盐定点生产企业应通过相关质量管理体系认证以及食品安全管理体系认证，并符合相应的环境保护法律法规要求。

（三）食盐定点生产企业应符合《食品安全国家标准 食品生产通用卫生规范》（GB 14881）及相关质量管理技术规范要求；食盐定点批发企业应符合《食品安全国家标准 食品经营过程卫生规范》（GB 31621）以及相关企业管理质量等级划分技术要求。

（四）食盐定点企业员工应通过必要的教育和培训具备相应岗位所需的能力或资质。

（五）食盐定点生产企业生产的产品应符合相应标准的要求，其中加碘食盐应符合《食品安全国家标准 食用盐碘含量》（GB26878）要求。

（六）食盐定点生产企业所生产的所有食盐品种应当有国家级食品综合检测机构或国家级盐业专业检测机构每年一次的产品质量检测报告。

（七）食盐定点生产企业应按照相关信息追溯体系规范要求，建立食盐电子追溯系统并与全国统一的追溯平台对接，实现追溯数据的有效上传。食盐定点批发企业应建立食盐电子追溯系统并有效运行。

五、信用和储备管理

（一）食盐定点企业应当建立信用信息记录、信用信息公示以及社会资本（含企业和个人）进入食盐生产、批发领域准入前信用信息公示制度等。

（二）食盐定点企业及其高级管理人员未被列入严重失信主体名单。

（三）食盐定点企业应当在最低库存基础上（最低库存不得低于本企业正常情况下1个月的平均销售量），建立食盐社会责任储备管理制度，轮储和出入库食盐有相关凭证，保留详细的食盐社会责任储备库存记录。

2. 食盐定点企业规范管理办法

《食盐定点企业规范管理办法》（2023年）

总则

第一条 为顺利实施《食盐定点企业规范条件》（以下简称《规范

条件》），规范食盐定点生产企业证书和食盐定点批发企业证书的审核及监督管理工作，制定本办法。

第二条　省级盐业主管部门应当依据《规范条件》和本办法，负责接受食盐定点生产企业（含多品种食盐定点生产企业，下同）和食盐定点批发企业（以下统称食盐定点企业）审核申请，组织审核专家组对企业进行审核，并将审核结果和企业名单报工业和信息化部。

申请

第三条　食盐定点企业可依据《规范条件》组织自查自改，符合《规范条件》所有要求后向所在地省级盐业主管部门申请审核。

第四条　食盐定点生产企业申请审核需提交《食盐定点生产企业审核申请书》和相关材料。食盐定点批发企业申请审核需提交《食盐定点批发企业审核申请书》和相关材料。

第五条　食盐定点企业应提交纸质申请材料一式五份，及相应电子版材料。

审核

第六条　省级盐业主管部门应当对食盐定点企业审核申请材料组织审查，申请材料齐全、符合规定形式的，应当在5个工作日内予以受理，并告知申请企业；申请材料不齐全或不符合规定形式的，应当场或在5个工作日内，一次性告知申请企业需要补充的全部材料内容。

第七条　省级盐业主管部门受理申请后，应组织相关专家组成审核专家组，并委托审核专家组对予以受理的企业开展审核。审核专家不得参加与其存在利益关系的企业的审核。盐业主管部门的工作人员不得作为审核专家组人员。

第八条　审核包括对申请企业的材料审核和现场审核。材料审核时，应当审核申请材料的完整性、规范性，以及是否符合《规范条件》要求；现场审核时，应当审核企业的实际状况是否符合《规范条件》要求，是否与申请材料一致。审核工作结束前，审核专家组组长应当召集审核专家组人员研究形成审核意见，在《食盐定点生产企业审申请书》或《食盐定点批发企业审核申请书》中填写审核专家组意见。

第九条 省级盐业主管部门应根据审核专家组意见，在受理之日起 15 个工作日内作出是否准予颁发食盐定点生产企业证书或食盐定点批发企业证书的决定；15 个工作日内不能作出决定的，经省级盐业主管部门相关负责人批准，可以延长不超过 10 个工作日，并将延长期限的理由书面告知申请企业。

第十条 对未通过审核的企业，省级盐业主管部门应当书面告知申请企业整改事项。经整改符合《规范条件》所有要求的企业，应按程序重新向所在地省级盐业主管部门申请审核。

证书管理

第十一条 食盐定点生产企业证书和食盐定点批发企业证书（以下统称证书）有效期为 5 个自然年，截止到发证机关作出颁发或延续证书决定后第 5 个自然年（不含发证当年）的 12 月 31 日。鼓励有条件的地区开展证书电子化工作，电子证书与纸质证书具备同等效力。

第十二条 证书分为正本、副本。正本、副本载明内容一致，并具有同等效力。工业和信息化部负责设计全国统一的证书正本、副本模板。省级盐业主管部门负责按模板印制证书，并向本行政区域内通过审核的食盐定点企业颁发。

第十三条 食盐定点生产企业证书应当载明：

（一）企业名称：营业执照载明的"名称"；

（二）法定代表人：营业执照载明的"法定代表人"；

（三）注册地址：营业执照载明的"住所"；

（四）生产地址：食盐生产场所的详细地址；

（五）生产品种：企业所生产的食盐品种（品种应具有相应的国家标准或行业标准，且有明确的产品质量要求，所列品种名称应与标准中规定的名称一致）；

（六）社会信用代码：营业执照载明的"统一社会信用代码"；

（七）证书编号：延用原有证书编号不变，其中食盐定点生产企业（不含多品种食盐定点生产企业）编号前两位为"SD"，多品种食盐定点生产企业编号前两位为"DZ"；

（八）发证机关：颁发食盐定点生产企业证书的省级盐业主管部门名称；

（九）发证日期：发证机关作出颁发证书决定的日期；

（十）有效期至：证书有效期的截止时间。

第十四条　食盐定点批发企业证书应当载明：

（一）企业名称：营业执照载明的"名称"；

（二）法定代表人：营业执照载明的"法定代表人"；

（三）注册地址：营业执照载明的"住所"；

（四）批发地址：企业主要办公地址；

（五）批发区域：省级食盐定点批发企业为"全国"、省级以下食盐定点批发企业为"××省"（或"××自治区"、"××直辖市"）；

（六）社会信用代码：营业执照载明的"统一社会信用代码"；

（七）证书编号：统一由PD和9位阿拉伯数字组成。数字从左至右依次为：2位省（自治区、直辖市）代码、2位市（地）代码、2位县（区）代码、3位顺序码；

（八）发证机关：颁发食盐定点批发企业证书的省级盐业主管部门名称；

（九）发证日期：发证机关作出颁发证书决定的日期；

（十）有效期至：证书有效期的截止时间。

变更、延续与注销

第十五条　食盐定点企业在证书有效期内因生产经营情况发生变化，需要变更证书载明内容的，应向所在地省级盐业主管部门提出变更申请。

第十六条　申请变更食盐定点企业证书载明内容的，应当提交下列申请材料：

（一）食盐定点企业证书载明内容变更申请书；

（二）与证书载明内容变更有关的其他说明或佐证材料。

第十七条　食盐定点企业申请变更证书载明内容时有下列情形之一的，省级盐业主管部门应当对企业符合《规范条件》的情况进行现场审核。

（一）"注册地址""生产地址"或"批发地址"发生变化的；

（二）食盐定点生产企业增加或变更"生产品种"的；

（三）其他导致企业生产经营条件发生重大变化的情况。

第十八条　食盐定点企业证书载明内容发生变更的，证书有效期保持不变。

第十九条　食盐定点企业要延续依法取得的食盐定点企业证书有效期的，应当在该证书有效期届满前4个月内，向所在地省级盐业主管部门提出申请，需要提交的材料应与新申请证书时一致。

第二十条　省级盐业主管部门收到食盐定点企业延续证书有效期的申请后，应当重新按照《规范条件》及本管理办法的要求开展审核，对通过审核的企业予以换发证书，新证书的发证日期不应晚于原证书有效期。

第二十一条　有下列情形之一的，省级盐业主管部门应将证书注销，编号不得再次使用，并及时向社会公布：

（一）证书有效期届满未申请延续的；

（二）行政许可依法被撤销、撤回，或行政许可证件被依法吊销的；

（三）食盐定点企业依法终止或因不可抗力导致无法开展食盐生产、批发业务的；

（四）法律法规规定的应当注销证书的其他情形。

第二十二条　不再新增食盐定点企业，鼓励食盐定点生产企业和食盐定点批发企业兼并重组、做大做强，但应确保食盐定点企业数量只减不增。食盐定点生产企业证书延续或载明内容变更时不得增加生产地址。

监督管理

第二十三条　食盐定点生产企业应当建立真实完整的生产销售记录并保存相关凭证，食盐定点批发企业应当建立真实完整的批发采购销售记录并保存相关凭证。相关记录和凭证保存期限不得少于2年。

第二十四条 食盐定点批发企业开展批发销售业务的范围应与其食盐定点批发企业证书载明的批发区域一致，并执行业务行为发生地盐业主管部门对食盐批发销售业务的管理要求，其中省级食盐定点批发企业可在全国范围内开展食盐批发销售业务；省级以下食盐定点批发企业应在本省（自治区、直辖市）范围内开展食盐批发销售业务。

第二十五条 食盐定点批发企业批发经营的食盐应为本企业生产，或从其他食盐定点批发企业、食盐定点生产企业购进。

第二十六条 食盐定点生产企业受委托加工的食盐应当完整标注委托生产企业和受委托生产企业的企业名称、地址、联系方式及受委托生产企业的食品生产许可证号等相关信息。

第二十七条 食盐定点企业不得委托非食盐定点生产企业生产加工食盐，不得受非食盐定点企业委托生产加工食盐，不得在食盐定点生产企业证书载明生产地址之外的地点生产加工食盐。

第二十八条 食盐定点企业应当配合有关部门建立企业及其负责人和高管人员相关信用信息，并纳入全国信用信息共享平台，通过盐行业信用管理与公共服务平台、"信用中国"网站或国家企业信用信息公示系统向社会公示。

第二十九条 食盐定点企业违反本办法规定的，由县级以上盐业主管部门责令限期整改，并按照《食盐专营办法》等有关法律法规处罚。

第三十条 食盐定点企业隐瞒真实情况或者提供虚假材料申请审核的，省级盐业主管部门不予颁发证书，并给予警告，企业在一年内不得再次申请。食盐定点企业以欺骗、贿赂等不正当手段取得证书的，省级盐业主管部门应当依法给予行政处罚，企业在三年内不得再次申请，构成犯罪的，依法追究刑事责任。

第三十一条 食盐定点企业涂改、倒卖、出租、出借或者以其他形式非法转让食盐定点企业证书的，省级盐业主管部门应当依法给予行政处罚。

第三十二条 盐业主管部门可根据工作需要，对食盐定点企业符合《规范条件》和本管理办法的情况实行不定期监督检查。

第三十三条　盐业主管部门接到有关证书审核管理过程中的举报，应当及时进行核实，情况属实的应立即纠正，直至追究相关法律责任。

第三十四条　盐业主管部门及其工作人员应当自觉接受食盐定点企业和社会监督，对于审核期间滥用职权、玩忽职守、徇私舞弊的工作人员和审核专家组人员，构成犯罪的，应依法追究刑事责任；尚不构成犯罪的，应按相关规定予以处分。

第三十五条　盐业主管部门要会同有关部门、行业协会建立食盐定点生产、批发企业及其负责人和高管人员信用记录，纳入国家统一的社会信用体系；要配合有关部门加大监管力度，对有违法失信行为的企业和个人，要依法依规实施联合惩戒，对行为后果严重且影响食盐供应及质量安全的，要会同有关部门依法采取行业禁入等措施。

附则

第三十六条　行业协会应组织食盐定点企业加强行业自律，协助盐业主管部门做好《规范条件》及本办法的实施和跟踪监督工作。

第三十七条　本办法由工业和信息化部门负责解释。

第三十八条　本办法中所称省级盐业主管部门，包括各省、自治区、直辖市从事食盐行业管理的部门，以及有食盐领域相应管理职能和执法权限的部门。在执行《规范条件》及本办法过程中，各相关部门应按职责分工开展工作。

五、责任部分

《食盐专营办法》（2017年修订）

第二十六条　有下列情形之一的，由县级以上地方人民政府盐业主管部门予以取缔，没收违法生产经营的食盐和违法所得。违法生产经营的食盐货值金额不足1万元的，可以处5万元以下的罚款；货值金额1万元以上的，并处货值金额5倍以上10倍以下的罚款：

（一）非食盐定点生产企业生产食盐；

（二）非食盐定点批发企业经营食盐批发业务。

第二十七条　有下列情形之一的，由县级以上地方人民政府盐业主管部门责令改正，处5000元以上5万元以下的罚款；情节严重的，责令停产停业整顿，直至吊销食盐定点生产、食盐定点批发企业证书：

（一）食盐定点生产企业、非食用盐生产企业未按照本办法规定保存生产销售记录；

（二）食盐定点批发企业未按照本办法规定保存采购销售记录；

（三）食盐定点批发企业超出国家规定的范围销售食盐；

（四）将非食用盐产品作为食盐销售。

第二十八条　有下列情形之一的，由县级以上地方人民政府盐业主管部门责令改正，没收违法购进的食盐，可以处违法购进的食盐货值金额3倍以下的罚款：

（一）食盐定点批发企业从除食盐定点生产企业、其他食盐定点批发企业以外的单位或者个人购进食盐；

（二）食盐零售单位从食盐定点批发企业以外的单位或者个人购进食盐。

第二十九条　未按照本办法第十条的规定作出标识的，由有关主管部门依据职责分工，责令改正，可以处5万元以下的罚款。

第三十条　经营者的行为违反本办法的规定同时违反《中华人民共和国食品安全法》的，由县级以上地方人民政府食盐质量安全监督管理部门依照《中华人民共和国食品安全法》进行处罚。

第三十一条　食盐定点生产企业、食盐定点批发企业违反本办法的规定，被处以吊销食盐定点生产、食盐定点批发企业证书行政处罚的，其法定代表人、直接负责的主管人员和其他直接责任人员自处罚决定作出之日起5年内不得从事食盐生产经营管理活动，不得担任食盐定点生产企业、食盐定点批发企业的董事、监事或者高级管理人员。

食盐定点生产企业、食盐定点批发企业违反前款规定聘用人员的，由盐业主管部门责令改正；拒不改正的，吊销其食盐定点生产、食盐定点批发企业证书。

第三十二条 违反本办法的规定,构成违反治安管理行为的,依法给予治安管理处罚;构成犯罪的,依法追究刑事责任。

第三十三条 盐业主管部门以及其他有关部门的工作人员滥用职权、玩忽职守、徇私舞弊,构成犯罪的,依法追究刑事责任;尚不构成犯罪的,依法给予处分。

《食盐加碘消除碘缺乏危害管理条例》(2017年修订)

第二十四条 违反本条例的规定,擅自开办碘盐加工企业或者未经批准从事碘盐批发业务的,由县级以上人民政府盐业主管机构责令停止加工或者批发碘盐,没收全部碘盐和违法所得,可以并处该盐产品价值3倍以下的罚款。

第二十五条 碘盐的加工企业、批发企业违反本条例的规定,加工、批发不合格碘盐的,由县级以上人民政府盐业主管机构责令停止出售并责令责任者按照国家规定标准对食盐补碘,没收违法所得,可以并处该盐产品价值3倍以下的罚款。情节严重的,对加工企业,由省、自治区、直辖市人民政府盐业主管机构报请国务院盐业主管机构批准后,取消其碘盐加工资格;对批发企业,由省、自治区、直辖市人民政府盐业主管机构取消其碘盐批发资格。

第二十六条 违反本条例的规定,在缺碘地区的食用盐市场销售不合格碘盐或者擅自销售非碘盐的,由县级以上人民政府盐业主管机构没收其经营的全部盐产品和违法所得,可以并处该盐产品价值3倍以下的罚款;情节严重,构成犯罪的,依法追究刑事责任。

第二十七条 违反本条例的规定,在碘盐的加工、运输、经营过程中不符合国家卫生标准的,由县级以上人民政府卫生行政部门责令责任者改正,可以并处该盐产品价值3倍以下的罚款。

第二十八条 违反本条例的规定,出厂碘盐未予包装或者包装不符合国家卫生标准的,由县级以上人民政府卫生行政部门责令改正,可以并处该盐产品价值3倍以下的罚款。

第二十九条 违反本条例的规定,在缺碘地区生产、销售的食品和副食品中添加非碘盐的,由县级以上人民政府卫生行政部门责令改正,没收违法所得,可以并处该产品价值1倍以下的罚款。

《食盐质量安全监督管理办法》（2020 年）

第十九条　违法生产经营食盐涉嫌犯罪的，县级以上市场监督管理部门应当按照有关规定及时将案件移送公安机关。

第二十条　食盐生产经营的违法行为，食品安全法及其实施条例等法律法规已有规定的，依照其规定。

第二十一条　违反本办法第六条，未取得食品生产经营许可从事食盐生产经营活动的，由县级以上市场监督管理部门依照食品安全法第一百二十二条的规定处罚。

第二十二条　违反本办法第八条第一款第一项至第四项的禁止性规定生产经营食盐的，由县级以上市场监督管理部门依照食品安全法第一百二十三条第一款的规定处罚。

第二十三条　违反本办法第八条第一款第五项，生产经营掺假掺杂、混有异物的食盐的，由县级以上市场监督管理部门依照食品安全法第一百二十四条第一款的规定处罚。

第二十四条　违反本办法第八条第二款，食盐零售单位销售散装食盐，或者餐饮服务提供者采购、贮存、使用散装食盐的，由县级以上市场监督管理部门责令改正；拒不改正的，给予警告，并处 5000 元以上 3 万元以下罚款。

第二十五条　违反本办法第九条第一款、第二款，生产经营无标签或者标签不符合法律、法规、规章和食品安全标准规定的食盐的，或者加碘食盐的标签未标明碘的含量的，由县级以上市场监督管理部门依照食品安全法第一百二十五条第一款的规定处罚。

违反本办法第九条第三款，未加碘食盐的标签未在显著位置标注"未加碘"字样的，由县级以上市场监督管理部门责令改正；拒不改正的，给予警告，并处 5000 元以上 3 万元以下罚款。

第二十六条　县级以上市场监督管理部门应当依法将食盐生产经营者受到的行政处罚等信息归集至国家企业信用信息公示系统，记于食品生产经营者名下并向社会公示。对存在严重违法失信行为的，依法实施联合惩戒。

第二十七条　市场监督管理部门及其工作人员有违反法律、法规以及本办法规定和有关纪律要求的，应当依据食品安全法和相关规定，对直接负责的主管人员和其他直接责任人员，给予相应的处分。

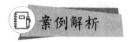

案例解析

案例一

某盐类有限公司分公司经营食盐权限纠纷案

【争议焦点】

总公司获得食盐批发许可证是否代表跨省市分公司也具有食盐批发许可。

【案情简介】

2018年5月31日,某市人民政府发布通知,指定盐务局在机构改革期间继续履行盐业市场监管职责。同年6月,盐务局以原告(宜宾某盐业公司分公司)负责人无食盐批发许可证为由,对其作出行政处罚,没收食盐386公斤。8月,原告办理工商登记并领取营业执照,经营范围包括食用盐批发、销售等。原告负责人以公司名义从宜宾某盐业有限公司批进食盐63吨,并销售近2吨给多家零售商店。盐务局在调查后,以涉嫌无食盐批发许可证从事食盐批发业务为由,对原告的食盐实施查封(扣押)行政强制措施。后经审批,盐务局解除了查封扣押。原审法院认为盐务局具有法定职权,查封扣押行为并无不当,驳回了原告的诉讼请求。原告上诉,主张其作为宜宾某盐业公司的分公司,已经符合盐业改革相关文件要求,且总公司具有食盐批发许可证,分公司不应被认定为违法。盐务局撤销了行政处罚决定,原审法院应确认该决定违法。原告请求撤销原审判决,依法改判。二审法院经审理,确认原告具备成为行政相对人的权利能力,其销售行为不违反行政法规及盐业改革政策规定,盐务局的行政强制措施缺乏事实和法律依据,应确认违法。最终,二审法院撤销了一审判决,确认盐务局的查封(扣押)决定书违法。

【关联法规】

《食盐专营办法》第十二条。

案例二

某盐类公司销售未加碘食盐于缺碘地区纠纷案

【争议焦点】

原告所销售的地区湖南省某市某区是否属于缺碘地区,以及原告销售食品加工用盐的行为是否属于《食盐加碘消除碘缺乏危害管理条例》第三章规范的行为。

【案情简介】

被告某市某区市场监督管理局发现原告中盐某公司正在该地区销售未加碘食盐,认为原告涉嫌违反《食盐加碘消除碘缺乏危害管理条例》第十六条第一款的规定,根据查明的事实作出行政处罚决定书。原告不服,向被告某市人民政府申请行政复议。被告某市人民政府维持了被告某区市场监督管理局作出的行政处罚决定。原告不服,遂提起行政诉讼。

原告认为并没有证据证明该区为缺碘地区,对该区市场监督管理局和该市人民政府所出具的两个决定书有异议。法院认为,根据《最高人民法院关于行政诉讼证据若干问题的规定》第六十八条规定,湖南省历年来都是自然环境严重缺碘的地区,某市某区属于缺碘地区是众所周知的事实,原告并无相反证据足以推翻该事实。因此被告出具的两个决定书均合法。驳回原告中盐某公司的诉讼请求。

【关联法规】

《食盐专营办法》第四条第一款,《食盐加碘消除碘缺乏危害管理条例》第十六条第一款。

案例三

朱某与四川某制盐有限责任公司、四川某制盐有限责任公司贵州分公司合同纠纷案

【争议焦点】

涉案合同是否有效。如合同无效,因该合同取得的财产,应当如何处理。

【案情简介】

原告朱某于2017年12月12日与被告四川某制盐有限责任公司贵州分公司签订了《食用盐销售承包经营合同》,合同实质为买卖合同。原告支付了80万元货款,被告向原告提供了价值7692954元的货物。然而,原告认为被告未履行合同约定,包括提供低于市场底价的盐、未提供营销方案,以及在指定销售区域供应其他经销商,导致原告利益受损。原告请求解除合同,并要求被告退还货款及支付相关费用等。在审理过程中,原告变更诉讼请求,主张合同无效,要求被告连带返还货款741050元及资金占用费,赔偿经济损失100000元,支付提成7693元,并承担诉讼费用。被告四川某制盐有限责任公司贵州分公司辩称合同有效,对货款数额、利息支付、经济损失和提成支付均有异议。被告四川某制盐有限责任公司贵州分公司则辩称合同无效的责任在原告,因原告不具备相关资质,且货款应由总公司返还。法院经审理认定,被告未获得贵州省盐业主管部门颁发的食盐定点批发企业证书,不具备在贵州省进行食盐批发业务的资质,故合同违反了国家行政法规的强制性规定,应属无效。法院判决被告退还原告货款695840.46元及支付经济损失20000元,驳回原告其他诉讼请求,并由被告承担案件受理费。

【关联法规】

《食盐专营办法》第十二条、第十三条、第十四条。

案例四

陈某与原某区盐业管理局某市分局行政纠纷案

【争议焦点】

行政处罚是否合理。

【案情简介】

原告是某经济开发区某粮油商行的个体经营者。2017年2月5日,原告与湖北某盐化有限公司签订了《第三方物流仓储外包服务合同》,为该公司提供某市区域内的货物运输、仓储等服务。2017年4月,原某区盐业管理局某市分局以原告私自购销(批发)盐产品,违反《食盐专营办法》及相关规定为由,作出《盐业行政违法案件处罚决定书》,决定没收"某牌"盐产品2634件。原告不服该处罚决定,向法院提出诉讼请求:撤销处罚决定书,返还被没收的盐产品,并赔偿经济损失30000元。原告主张其行为是在湖北某盐化有限公司的委托下进行的合法配送,并未私自销售食盐。案件经过多次审理,法院最终认定,原告经营的商行在未取得道路运输许可证和食盐批发许可证的情况下,与湖北某盐化公司签订合同并进行食盐批发业务,违反了《食盐专营办法》的规定。法院认为原某区盐业管理局某市分局的行政处罚事实清楚、程序合法、适用法律正确。因此,法院驳回了原告陈某的诉讼请求,并由其承担案件受理费50元。

【关联法规】

《食盐专营办法》第十三条、第二十六条。

案例五

陈某等与某百货店等追偿权纠纷

【争议焦点】

一是原、被告双方口头订立的买卖食盐的合同是否合法有效；二是原告是否有权就其受到的行政处罚向被告行使追偿权。

【案情简介】

本案为追偿权纠纷案，原告陈某因购买并销售被告百货店提供的"中盐"牌食盐，后被某县市场监督管理局检测出不合格（含有亚铁氰化钾成分），导致原告受到行政处罚，被罚款 50000 元并没收价值 3400 元的 50 件食盐。原告认为，被告通过欺骗手段销售假冒"中盐"牌食盐，导致原告遭受经济损失和信誉损害，请求法院判决被告偿还行政罚款 50000 元、食盐损失 3400 元，以及诉讼费和律师代理费等。原告为支持其主张，提供了包括微信聊天记录、检验报告、行政处罚决定书、罚款收据等证据。被告则辩称，原告不具有合法的追偿权，认为行政处罚的目的是规范行为，不应转移责任承担，且原告自身存在过错，应自行承担不利后果，并请求法院驳回原告的诉讼请求。被告提供了销售清单和已受行政处罚的证据。法院经审理认为，原、被告双方口头订立的买卖食盐合同因违反《食盐专营办法》而无效，原告无权就其受到的行政处罚向被告行使追偿权，因为原告自身也违反了《中华人民共和国食品安全法》的规定，应受行政处罚。最终，法院判决驳回原告的诉讼请求，并由原、被告共同承担案件受理费 1135 元。

【关联法规】

《食盐专营办法》第十六条、第二十八条。

第六章
特殊食品相关法律法规及案例解读

《中华人民共和国食品安全法》（2021年修正）

第七十四条　国家对保健食品、特殊医学用途配方食品和婴幼儿配方食品等特殊食品实行严格监督管理。

第八十二条　保健食品、特殊医学用途配方食品、婴幼儿配方乳粉的注册人或者备案人应当对其提交材料的真实性负责。

省级以上人民政府食品安全监督管理部门应当及时公布注册或者备案的保健食品、特殊医学用途配方食品、婴幼儿配方乳粉目录，并对注册或者备案中获知的企业商业秘密予以保密。

保健食品、特殊医学用途配方食品、婴幼儿配方乳粉生产企业应当按照注册或者备案的产品配方、生产工艺等技术要求组织生产。

第八十三条　生产保健食品，特殊医学用途配方食品、婴幼儿配方食品和其他专供特定人群的主辅食品的企业，应当按照良好生产规范的要求建立与所生产食品相适应的生产质量管理体系，定期对该体系的运行情况进行自查，保证其有效运行，并向所在地县级人民政府食品安全监督管理部门提交自查报告。

《中华人民共和国食品安全法实施条例》（2019年修订）

第十二条　保健食品、特殊医学用途配方食品、婴幼儿配方食品等特殊食品不属于地方特色食品，不得对其制定食品安全地方标准。

一、保健食品

《中华人民共和国食品安全法》（2021 年修正）

第七十五条　保健食品声称保健功能，应当具有科学依据，不得对人体产生急性、亚急性或者慢性危害。

保健食品原料目录和允许保健食品声称的保健功能目录，由国务院食品安全监督管理部门会同国务院卫生行政部门、国家中医药管理部门制定、调整并公布。

保健食品原料目录应当包括原料名称、用量及其对应的功效；列入保健食品原料目录的原料只能用于保健食品生产，不得用于其他食品生产。

第七十六条　使用保健食品原料目录以外原料的保健食品和首次进口的保健食品应当经国务院食品安全监督管理部门注册。但是，首次进口的保健食品中属于补充维生素、矿物质等营养物质的，应当报国务院食品安全监督管理部门备案。其他保健食品应当报省、自治区、直辖市人民政府食品安全监督管理部门备案。

进口的保健食品应当是出口国（地区）主管部门准许上市销售的产品。

第七十七条　依法应当注册的保健食品，注册时应当提交保健食品的研发报告、产品配方、生产工艺、安全性和保健功能评价、标签、说明书等材料及样品，并提供相关证明文件。国务院食品安全监督管理部门经组织技术审评，对符合安全和功能声称要求的，准予注册；对不符合要求的，不予注册并书面说明理由。对使用保健食品原料目录以外原料的保健食品作出准予注册决定的，应当及时将该原料纳入保健食品原料目录。

依法应当备案的保健食品，备案时应当提交产品配方、生产工艺、标签、说明书以及表明产品安全性和保健功能的材料。

第七十八条　保健食品的标签、说明书不得涉及疾病预防、治疗功能，内容应当真实，与注册或者备案的内容相一致，载明适宜人群、不适宜人群、功效成分或者标志性成分及其含量等，并声明"本品不能代替药物"。保健食品的功能和成分应当与标签、说明书相一致。

第七十九条　保健食品广告除应当符合本法第七十三条第一款的规定外，还应当声明"本品不能代替药物"；其内容应当经生产企业所在地省、自治区、直辖市人民政府食品安全监督管理部门审查批准，取得保健食品广告批准文件。省、自治区、直辖市人民政府食品安全监督管理部门应当公布并及时更新已经批准的保健食品广告目录以及批准的广告内容。

《保健食品注册与备案管理办法》（2020年修订）

第三条　保健食品注册，是指市场监督管理部门根据注册申请人申请，依照法定程序、条件和要求，对申请注册的保健食品的安全性、保健功能和质量可控性等相关申请材料进行系统评价和审评，并决定是否准予其注册的审批过程。

保健食品备案，是指保健食品生产企业依照法定程序、条件和要求，将表明产品安全性、保健功能和质量可控性的材料提交市场监督管理部门进行存档、公开、备查的过程。

第六条　国家市场监督管理总局行政受理机构（以下简称受理机构）负责受理保健食品注册和接收相关进口保健食品备案材料。

省、自治区、直辖市市场监督管理部门负责接收相关保健食品备案材料。

国家市场监督管理总局保健食品审评机构（以下简称审评机构）负责组织保健食品审评，管理审评专家，并依法承担相关保健食品备案工作。

国家市场监督管理总局审核查验机构（以下简称查验机构）负责保健食品注册现场核查工作。

第七条　保健食品注册申请人或者备案人应当具有相应的专业知识，熟悉保健食品注册管理的法律、法规、规章和技术要求。

保健食品注册申请人或者备案人应当对所提交材料的真实性、完整性、可溯源性负责，并对提交材料的真实性承担法律责任。

保健食品注册申请人或者备案人应当协助市场监督管理部门开展

与注册或者备案相关的现场核查、样品抽样、复核检验和监督管理等工作。

第八条　省级以上市场监督管理部门应当加强信息化建设,提高保健食品注册与备案管理信息化水平,逐步实现电子化注册与备案。

……

第七十四条　申请首次进口保健食品注册和办理进口保健食品备案及其变更的,应当提交中文材料,外文材料附后。中文译本应当由境内公证机构进行公证,确保与原文内容一致;申请注册的产品质量标准(中文本),必须符合中国保健食品质量标准的格式。境外机构出具的证明文件应当经生产国(地区)的公证机构公证和中国驻所在国使领馆确认。

《中华人民共和国食品安全法实施条例》(2019年修订)

第三十五条　保健食品生产工艺有原料提取、纯化等前处理工序的,生产企业应当具备相应的原料前处理能力。

第三十八条　第一款　对保健食品之外的其他食品,不得声称具有保健功能。

1. 保健食品的注册

《保健食品注册与备案管理办法》(2020年修订)

第九条　生产和进口下列产品应当申请保健食品注册:

(一)使用保健食品原料目录以外原料(以下简称目录外原料)的保健食品;

(二)首次进口的保健食品(属于补充维生素、矿物质等营养物质的保健食品除外)。

首次进口的保健食品,是指非同一国家、同一企业、同一配方申请中国境内上市销售的保健食品。

第十条　产品声称的保健功能应当已经列入保健食品功能目录。

第十一条 国产保健食品注册申请人应当是在中国境内登记的法人或者其他组织；进口保健食品注册申请人应当是上市保健食品的境外生产厂商。

申请进口保健食品注册的，应当由其常驻中国代表机构或者由其委托中国境内的代理机构办理。

境外生产厂商，是指产品符合所在国（地区）上市要求的法人或者其他组织。

第十二条 申请保健食品注册应当提交下列材料：

（一）保健食品注册申请表，以及申请人对申请材料真实性负责的法律责任承诺书；

（二）注册申请人主体登记证明文件复印件；

（三）产品研发报告，包括研发人、研发时间、研制过程、中试规模以上的验证数据，目录外原料及产品安全性、保健功能、质量可控性的论证报告和相关科学依据，以及根据研发结果综合确定的产品技术要求等；

（四）产品配方材料，包括原料和辅料的名称及用量、生产工艺、质量标准，必要时还应当按照规定提供原料使用依据、使用部位的说明、检验合格证明、品种鉴定报告等；

（五）产品生产工艺材料，包括生产工艺流程简图及说明，关键工艺控制点及说明；

（六）安全性和保健功能评价材料，包括目录外原料及产品的安全性、保健功能试验评价材料，人群食用评价材料；功效成分或者标志性成分、卫生学、稳定性、菌种鉴定、菌种毒力等试验报告，以及涉及兴奋剂、违禁药物成分等检测报告；

（七）直接接触保健食品的包装材料种类、名称、相关标准等；

（八）产品标签、说明书样稿；产品名称中的通用名与注册的药品名称不重名的检索材料；

（九）3个最小销售包装样品；

（十）其他与产品注册审评相关的材料。

第十三条 申请首次进口保健食品注册，除提交本办法第十二条规定的材料外，还应当提交下列材料：

（一）产品生产国（地区）政府主管部门或者法律服务机构出具的注册申请人为上市保健食品境外生产厂商的资质证明文件；

（二）产品生产国（地区）政府主管部门或者法律服务机构出具的保健食品上市销售一年以上的证明文件，或者产品境外销售以及人群食用情况的安全性报告；

（三）产品生产国（地区）或者国际组织与保健食品相关的技术法规或者标准；

（四）产品在生产国（地区）上市的包装、标签、说明书实样。

由境外注册申请人常驻中国代表机构办理注册事务的，应当提交《外国企业常驻中国代表机构登记证》及其复印件；境外注册申请人委托境内的代理机构办理注册事项的，应当提交经过公证的委托书原件以及受委托的代理机构营业执照复印件。

第十四条　受理机构收到申请材料后，应当根据下列情况分别作出处理：

（一）申请事项依法不需要取得注册的，应当即时告知注册申请人不受理；

（二）申请事项依法不属于国家市场监督管理总局职权范围的，应当即时作出不予受理的决定，并告知注册申请人向有关行政机关申请；

（三）申请材料存在可以当场更正的错误的，应当允许注册申请人当场更正；

（四）申请材料不齐全或者不符合法定形式的，应当当场或者在 5 个工作日内一次告知注册申请人需要补正的全部内容，逾期不告知的，自收到申请材料之日起即为受理；

（五）申请事项属于国家市场监督管理总局职权范围，申请材料齐全、符合法定形式，注册申请人按照要求提交全部补正申请材料的，应当受理注册申请。

受理或者不予受理注册申请，应当出具加盖国家市场监督管理总局行政许可受理专用章和注明日期的书面凭证。

第十五条　受理机构应当在受理后 3 个工作日内将申请材料一并送交审评机构。

第十六条　审评机构应当组织审评专家对申请材料进行审查，并根据实际需要组织查验机构开展现场核查，组织检验机构开展复核检验，在60个工作日内完成审评工作，并向国家市场监督管理总局提交综合审评结论和建议。

特殊情况下需要延长审评时间的，经审评机构负责人同意，可以延长20个工作日，延长决定应当及时书面告知申请人。

第十七条　审评机构应当组织对申请材料中的下列内容进行审评，并根据科学依据的充足程度明确产品保健功能声称的限定用语：

（一）产品研发报告的完整性、合理性和科学性；

（二）产品配方的科学性，及产品安全性和保健功能；

（三）目录外原料及产品的生产工艺合理性、可行性和质量可控性；

（四）产品技术要求和检验方法的科学性和复现性；

（五）标签、说明书样稿主要内容以及产品名称的规范性。

第十八条　审评机构在审评过程中可以调阅原始资料。

审评机构认为申请材料不真实、产品存在安全性或者质量可控性问题，或者不具备声称的保健功能的，应当终止审评，提出不予注册的建议。

第十九条　审评机构认为需要注册申请人补正材料的，应当一次告知需要补正的全部内容。注册申请人应当在3个月内按照补正通知的要求一次提供补充材料；审评机构收到补充材料后，审评时间重新计算。

注册申请人逾期未提交补充材料或者未完成补正，不足以证明产品安全性、保健功能和质量可控性的，审评机构应当终止审评，提出不予注册的建议。

第二十条　审评机构认为需要开展现场核查的，应当及时通知查验机构按照申请材料中的产品研发报告、配方、生产工艺等技术要求进行现场核查，并对下线产品封样送复核检验机构检验。

查验机构应当自接到通知之日起30个工作日内完成现场核查，并将核查报告送交审评机构。

核查报告认为申请材料不真实、无法溯源复现或者存在重大缺陷的，审评机构应当终止审评，提出不予注册的建议。

第二十一条 复核检验机构应当严格按照申请材料中的测定方法以及相关说明进行操作,对测定方法的科学性、复现性、适用性进行验证,对产品质量可控性进行复核检验,并应当自接受委托之日起60个工作日内完成复核检验,将复核检验报告送交审评机构。

复核检验结论认为测定方法不科学、无法复现、不适用或者产品质量不可控的,审评机构应当终止审评,提出不予注册的建议。

第二十二条 首次进口的保健食品境外现场核查和复核检验时限,根据境外生产厂商的实际情况确定。

第二十三条 保健食品审评涉及的试验和检验工作应当由国家市场监督管理总局选择的符合条件的食品检验机构承担。

第二十四条 审评机构认为申请材料真实,产品科学、安全、具有声称的保健功能,生产工艺合理、可行和质量可控,技术要求和检验方法科学、合理的,应当提出予以注册的建议。

审评机构提出不予注册建议的,应当同时向注册申请人发出拟不予注册的书面通知。注册申请人对通知有异议的,应当自收到通知之日起20个工作日内向审评机构提出书面复审申请并说明复审理由。复审的内容仅限于原申请事项及申请材料。

审评机构应当自受理复审申请之日起30个工作日内作出复审决定。改变不予注册建议的,应当书面通知注册申请人。

第二十五条 审评机构作出综合审评结论及建议后,应当在5个工作日内报送国家市场监督管理总局。

第二十六条 国家市场监督管理总局应当自受理之日起20个工作日内对审评程序和结论的合法性、规范性以及完整性进行审查,并作出准予注册或者不予注册的决定。

第二十七条 现场核查、复核检验、复审所需时间不计算在审评和注册决定的期限内。

第二十八条 国家市场监督管理总局作出准予注册或者不予注册的决定后,应当自作出决定之日起10个工作日内,由受理机构向注册申请人发出保健食品注册证书或者不予注册决定。

第二十九条 注册申请人对国家市场监督管理总局作出不予注册的决定有异议的,可以向国家市场监督管理总局提出书面行政复议申请或者向法院提出行政诉讼。

第三十条　保健食品注册人转让技术的，受让方应当在转让方的指导下重新提出产品注册申请，产品技术要求等应当与原申请材料一致。

审评机构按照相关规定简化审评程序。符合要求的，国家市场监督管理总局应当为受让方核发新的保健食品注册证书，并对转让方保健食品注册予以注销。

受让方除提交本办法规定的注册申请材料外，还应当提交经公证的转让合同。

第三十一条　保健食品注册证书及其附件所载明内容变更的，应当由保健食品注册人申请变更并提交书面变更的理由和依据。

注册人名称变更的，应当由变更后的注册申请人申请变更。

第三十二条　已经生产销售的保健食品注册证书有效期届满需要延续的，保健食品注册人应当在有效期届满 6 个月前申请延续。

获得注册的保健食品原料已经列入保健食品原料目录，并符合相关技术要求，保健食品注册人申请变更注册，或者期满申请延续注册的，应当按照备案程序办理。

第三十三条　申请变更国产保健食品注册的，除提交保健食品注册变更申请表（包括申请人对申请材料真实性负责的法律责任承诺书）、注册申请人主体登记证明文件复印件、保健食品注册证书及其附件的复印件外，还应当按照下列情形分别提交材料：

（一）改变注册人名称、地址的变更申请，还应当提供该注册人名称、地址变更的证明材料；

（二）改变产品名称的变更申请，还应当提供拟变更后的产品通用名与已经注册的药品名称不重名的检索材料；

（三）增加保健食品功能项目的变更申请，还应当提供所增加功能项目的功能学试验报告；

（四）改变产品规格、保质期、生产工艺等涉及产品技术要求的变更申请，还应当提供证明变更后产品的安全性、保健功能和质量可控性与原注册内容实质等同的材料、依据及变更后 3 批样品符合产品技术要求的全项目检验报告；

（五）改变产品标签、说明书的变更申请，还应当提供拟变更的保健食品标签、说明书样稿。

第三十四条　申请延续国产保健食品注册的，应当提交下列材料：

（一）保健食品延续注册申请表，以及申请人对申请材料真实性负责的法律责任承诺书；

（二）注册申请人主体登记证明文件复印件；

（三）保健食品注册证书及其附件的复印件；

（四）经省级市场监督管理部门核实的注册证书有效期内保健食品的生产销售情况；

（五）人群食用情况分析报告、生产质量管理体系运行情况的自查报告以及符合产品技术要求的检验报告。

第三十五条　申请进口保健食品变更注册或者延续注册的，除分别提交本办法第三十三条、第三十四条规定的材料外，还应当提交本办法第十三条第一款（一）、（二）、（三）、（四）项和第二款规定的相关材料。

第三十六条　变更申请的理由依据充分合理，不影响产品安全性、保健功能和质量可控性的，予以变更注册；变更申请的理由依据不充分、不合理，或者拟变更事项影响产品安全性、保健功能和质量可控性的，不予变更注册。

第三十七条　申请延续注册的保健食品的安全性、保健功能和质量可控性符合要求的，予以延续注册。

申请延续注册的保健食品的安全性、保健功能和质量可控性依据不足或者不再符合要求，在注册证书有效期内未进行生产销售的，以及注册人未在规定时限内提交延续申请的，不予延续注册。

第三十八条　接到保健食品延续注册申请的市场监督管理部门应当在保健食品注册证书有效期届满前作出是否准予延续的决定。逾期未作出决定的，视为准予延续注册。

第三十九条　准予变更注册或者延续注册的，颁发新的保健食品注册证书，同时注销原保健食品注册证书。

第四十条　保健食品变更注册与延续注册的程序未作规定的，可以适用本办法关于保健食品注册的相关规定。

2. 注册证书管理

《保健食品注册与备案管理办法》（2020年修订）

第四十一条　保健食品注册证书应当载明产品名称、注册人名称和地址、注册号、颁发日期及有效期、保健功能、功效成分或者标志性成分及含量、产品规格、保质期、适宜人群、不适宜人群、注意事项。

保健食品注册证书附件应当载明产品标签、说明书主要内容和产品技术要求等。

产品技术要求应当包括产品名称、配方、生产工艺、感官要求、鉴别、理化指标、微生物指标、功效成分或者标志性成分含量及检测方法、装量或者重量差异指标（净含量及允许负偏差指标）、原辅料质量要求等内容。

第四十二条　保健食品注册证书有效期为5年。变更注册的保健食品注册证书有效期与原保健食品注册证书有效期相同。

第四十三条　国产保健食品注册号格式为：国食健注G＋4位年代号＋4位顺序号；进口保健食品注册号格式为：国食健注J＋4位年代号＋4位顺序号。

第四十四条　保健食品注册有效期内，保健食品注册证书遗失或者损坏的，保健食品注册人应当向受理机构提出书面申请并说明理由。因遗失申请补发的，应当在省、自治区、直辖市市场监督管理部门网站上发布遗失声明；因损坏申请补发的，应当交回保健食品注册证书原件。

国家市场监督管理总局应当在受理后20个工作日内予以补发。补发的保健食品注册证书应当标注原批准日期，并注明"补发"字样。

3. 保健食品备案

《保健食品注册与备案管理办法》（2020年修订）

第四十五条　生产和进口下列保健食品应当依法备案：

（一）使用的原料已经列入保健食品原料目录的保健食品；

（二）首次进口的属于补充维生素、矿物质等营养物质的保健食品。

首次进口的属于补充维生素、矿物质等营养物质的保健食品，其营养物质应当是列入保健食品原料目录的物质。

第四十六条　国产保健食品的备案人应当是保健食品生产企业，原注册人可以作为备案人；进口保健食品的备案人，应当是上市保健食品境外生产厂商。

第四十七条　备案的产品配方、原辅料名称及用量、功效、生产工艺等应当符合法律、法规、规章、强制性标准以及保健食品原料目录技术要求的规定。

第四十八条　申请保健食品备案，除应当提交本办法第十二条第（四）、（五）、（六）、（七）、（八）项规定的材料外，还应当提交下列材料：

（一）保健食品备案登记表，以及备案人对提交材料真实性负责的法律责任承诺书；

（二）备案人主体登记证明文件复印件；

（三）产品技术要求材料；

（四）具有合法资质的检验机构出具的符合产品技术要求全项目检验报告；

（五）其他表明产品安全性和保健功能的材料。

第四十九条　申请进口保健食品备案的，除提交本办法第四十八条规定的材料外，还应当提交本办法第十三条第一款（一）、（二）、（三）、（四）项和第二款规定的相关材料。

第五十条　市场监督管理部门收到备案材料后，备案材料符合要求的，当场备案；不符合要求的，应当一次告知备案人补正相关材料。

第五十一条 市场监督管理部门应当完成备案信息的存档备查工作，并发放备案号。对备案的保健食品，市场监督管理部门应当按照相关要求的格式制作备案凭证，并将备案信息表中登载的信息在其网站上公布。

国产保健食品备案号格式为：食健备 G＋4 位年代号＋2 位省级行政区域代码＋6 位顺序编号；进口保健食品备案号格式为：食健备 J＋4 位年代号＋00＋6 位顺序编号。

第五十二条 已经备案的保健食品，需要变更备案材料的，备案人应当向原备案机关提交变更说明及相关证明文件。备案材料符合要求的，市场监督管理部门应当将变更情况登载于变更信息中，将备案材料存档备查。

第五十三条 保健食品备案信息应当包括产品名称、备案人名称和地址、备案登记号、登记日期以及产品标签、说明书和技术要求。

4. 保健食品标签、说明书

《保健食品注册和备案管理办法》（2020 年修订）

第五十四条 申请保健食品注册或者备案的，产品标签、说明书样稿应当包括产品名称、原料、辅料、功效成分或者标志性成分及含量、适宜人群、不适宜人群、保健功能、食用量及食用方法、规格、贮藏方法、保质期、注意事项等内容及相关制定依据和说明等。

第五十五条 保健食品的标签、说明书主要内容不得涉及疾病预防、治疗功能，并声明"本品不能代替药物"。

第五十六条 保健食品的名称由商标名、通用名和属性名组成。

商标名，是指保健食品使用依法注册的商标名称或者符合《商标法》规定的未注册的商标名称，用以表明其产品是独有的、区别于其他同类产品。

通用名，是指表明产品主要原料等特性的名称。

属性名，是指表明产品剂型或者食品分类属性等的名称。

第五十七条 保健食品名称不得含有下列内容：

（一）虚假、夸大或者绝对化的词语；

（二）明示或者暗示预防、治疗功能的词语；

（三）庸俗或者带有封建迷信色彩的词语；

（四）人体组织器官等词语；

（五）除" "之外的符号；

（六）其他误导消费者的词语。

保健食品名称不得含有人名、地名、汉语拼音、字母及数字等，但注册商标作为商标名、通用名中含有符合国家规定的含字母及数字的原料名除外。

第五十八条 通用名不得含有下列内容：

（一）已经注册的药品通用名，但以原料名称命名或者保健食品注册批准在先的除外；

（二）保健功能名称或者与表述产品保健功能相关的文字；

（三）易产生误导的原料简写名称；

（四）营养素补充剂产品配方中部分维生素或者矿物质；

（五）法律法规规定禁止使用的其他词语。

第五十九条 备案保健食品通用名应当以规范的原料名称命名。

第六十条 同一企业不得使用同一配方注册或者备案不同名称的保健食品；不得使用同一名称注册或者备案不同配方的保健食品。

5. 保健食品原料目录与功能目录

《保健食品原料目录与保健功能目录管理办法》

（2019年8月2日国家市场监督管理总局令第13号公布 自2019年10月1日起施行）

第二条 中华人民共和国境内生产经营的保健食品的原料目录和允许保健食品声称的保健功能目录的制定、调整和公布适用本办法。

第三条 保健食品原料目录，是指依照本办法制定的保健食品原料的信息列表，包括原料名称、用量及其对应的功效。

允许保健食品声称的保健功能目录（以下简称保健功能目录），是指依照本办法制定的具有明确评价方法和判定标准的保健功能信息列表。

第六条 国家市场监督管理总局食品审评机构（以下简称审评机构）负责组织拟订保健食品原料目录和保健功能目录，接收纳入或者调整保健食品原料目录和保健功能目录的建议。

第七条 除维生素、矿物质等营养物质外，纳入保健食品原料目录的原料应当符合下列要求：

（一）具有国内外食用历史，原料安全性确切，在批准注册的保健食品中已经使用；

（二）原料对应的功效已经纳入现行的保健功能目录；

（三）原料及其用量范围、对应的功效、生产工艺、检测方法等产品技术要求可以实现标准化管理，确保依据目录备案的产品质量一致性。

第八条 有下列情形之一的，不得列入保健食品原料目录：

（一）存在食用安全风险以及原料安全性不确切的；

（二）无法制定技术要求进行标准化管理和不具备工业化大生产条件的；

（三）法律法规以及国务院有关部门禁止食用，或者不符合生态环境和资源法律法规要求等其他禁止纳入的情形。

第九条 任何单位或者个人在开展相关研究的基础上，可以向审评机构提出拟纳入或者调整保健食品原料目录的建议。

第十条 国家市场监督管理总局可以根据保健食品注册和监督管理情况，选择具备能力的技术机构对已批准注册的保健食品中使用目录外原料情况进行研究分析。符合要求的，技术机构应当及时提出拟纳入或者调整保健食品原料目录的建议。

第十一条 提出拟纳入或者调整保健食品原料目录的建议应当包括下列材料：

（一）原料名称，必要时提供原料对应的拉丁学名、来源、使用部位以及规格等；

（二）用量范围及其对应的功效；

（三）工艺要求、质量标准、功效成分或者标志性成分及其含量范围和相应的检测方法、适宜人群和不适宜人群相关说明、注意事项等；

（四）人群食用不良反应情况；

（五）纳入目录的依据等其他相关材料。

建议调整保健食品原料目录的，还需要提供调整理由、依据和相关材料。

第十二条　审评机构对拟纳入或者调整保健食品原料目录的建议材料进行技术评价，结合批准注册保健食品中原料使用的情况，作出准予或者不予将原料纳入保健食品原料目录或者调整保健食品原料目录的技术评价结论，并报送国家市场监督管理总局。

第十三条　国家市场监督管理总局对审评机构报送的技术评价结论等相关材料的完整性、规范性进行初步审查，拟纳入或者调整保健食品原料目录的，应当公开征求意见，并修改完善。

第十四条　国家市场监督管理总局对审评机构报送的拟纳入或者调整保健食品原料目录的材料进行审查，符合要求的，会同国家卫生健康委员会、国家中医药管理局及时公布纳入或者调整的保健食品原料目录。

第十五条　有下列情形之一的，国家市场监督管理总局组织对保健食品原料目录中的原料进行再评价，根据再评价结果，会同国家卫生健康委员会、国家中医药管理局对目录进行相应调整：

（一）新的研究发现原料存在食用安全性问题；

（二）食品安全风险监测或者保健食品安全监管中发现原料存在食用安全风险或者问题；

（三）新的研究证实原料每日用量范围与对应功效需要调整的或者功效声称不够科学、严谨；

（四）其他需要再评价的情形。

第十六条　纳入保健功能目录的保健功能应当符合下列要求：

（一）以补充膳食营养物质、维持改善机体健康状态或者降低疾病发生风险因素为目的；

（二）具有明确的健康消费需求，能够被正确理解和认知；

（三）具有充足的科学依据，以及科学的评价方法和判定标准；

（四）以传统养生保健理论为指导的保健功能，符合传统中医养生保健理论；

（五）具有明确的适宜人群和不适宜人群。

第十七条　有下列情形之一的，不得列入保健功能目录：

（一）涉及疾病的预防、治疗、诊断作用；

（二）庸俗或者带有封建迷信色彩；

（三）可能误导消费者等其他情形。

第十八条　任何单位或者个人在开展相关研究的基础上，可以向审评机构提出拟纳入或者调整保健功能目录的建议。

第十九条　国家市场监督管理总局可以根据保健食品注册和监督管理情况，选择具备能力的技术机构开展保健功能相关研究。符合要求的，技术机构应当及时提出拟纳入或者调整保健功能目录的建议。

第二十条　提出拟纳入或者调整保健功能目录的建议应当提供下列材料：

（一）保健功能名称、解释、机理以及依据；

（二）保健功能研究报告，包括保健功能的人群健康需求分析，保健功能与机体健康效应的分析以及综述，保健功能试验的原理依据、适用范围，以及其他相关科学研究资料；

（三）保健功能评价方法以及判定标准，对应的样品动物实验或者人体试食试验等功能检验报告；

（四）相同或者类似功能在国内外的研究应用情况；

（五）有关科学文献依据以及其他材料。

建议调整保健功能目录的，还需要提供调整的理由、依据和相关材料。

第二十一条　审评机构对拟纳入或者调整保健功能目录的建议材料进行技术评价，综合作出技术评价结论，并报送国家市场监督管理总局：

（一）对保健功能科学、合理、必要性充足，保健功能评价方法和判定标准适用、稳定、可操作的，作出纳入或者调整保健功能目录的技术评价结论；

（二）对保健功能不科学、不合理、必要性不充足，保健功能评价方法和判定标准不适用、不稳定、没有可操作性的，作出不予纳入或者调整的技术评价建议。

第二十二条　国家市场监督管理总局对审评机构报送的技术评价结论等相关材料的完整性、规范性进行初步审查，拟纳入或者调整保健食品功能目录的，应当公开征求意见，并修改完善。

第二十三条　国家市场监督管理总局对审评机构报送的拟纳入或者调整保健功能目录的材料进行审查，符合要求的，会同国家卫生健康委员会、国家中医药管理局，及时公布纳入或者调整的保健功能目录。

第二十四条　有下列情形之一的，国家市场监督管理总局及时组织对保健功能目录中的保健功能进行再评价，根据再评价结果，会同国家卫生健康委员会、国家中医药管理局对目录进行相应调整：

（一）实际应用和新的科学共识发现保健功能评价方法与判定标准存在问题，需要重新进行评价和论证；

（二）列入保健功能目录中的保健功能缺乏实际健康消费需求；

（三）其他需要再评价的情形。

二、特殊医学用途配方食品

 名词解释

特殊医学用途配方食品

是指为满足进食受限、消化吸收障碍、代谢紊乱或者特定疾病状态人群对营养素或者膳食的特殊需要，专门加工配制而成的配方食品，包括适用于0月龄至12月龄的特殊医学用途婴儿配方食品和适用于1岁以上人群的特殊医学用途配方食品。

适用于1岁以上人群的特殊医学用途配方食品，包括全营养配方食品、特定全营养配方食品、非全营养配方食品。

——《特殊医学用途配方食品注册管理办法》（2023年11月28日国家市场监督管理总局令第85号公布　自2024年1月1日起施行）

特别说明：

《特殊医学用途配方食品注册管理办法》第六十三条规定，医疗机构等配制供病人食用的营养餐不适用本办法。

《中华人民共和国食品安全法》（2021年修正）

第八十条　特殊医学用途配方食品应当经国务院食品安全监督管理部门注册。注册时，应当提交产品配方、生产工艺、标签、说明书以及表明产品安全性、营养充足性和特殊医学用途临床效果的材料。

特殊医学用途配方食品广告适用《中华人民共和国广告法》和其他法律、行政法规关于药品广告管理的规定。

《中华人民共和国食品安全法实施条例》（2019年修订）

第三十六条　特殊医学用途配方食品生产企业应当按照食品安全国家标准规定的检验项目对出厂产品实施逐批检验。

特殊医学用途配方食品中的特定全营养配方食品应当通过医疗机构或者药品零售企业向消费者销售。医疗机构、药品零售企业销售特定全营养配方食品的，不需要取得食品经营许可，但是应当遵守食品安全法和本条例关于食品销售的规定。

第三十七条　特殊医学用途配方食品中的特定全营养配方食品广告按照处方药广告管理，其他类别的特殊医学用途配方食品广告按照非处方药广告管理。

1. 特殊医学用途配方食品注册

《特殊医学用途配方食品注册管理办法》

（2023年11月28日国家市场监督管理总局令第85号公布　自2024年1月1日起施行）

第三条　特殊医学用途配方食品注册，是指国家市场监督管理总局依据本办法规定的程序和要求，对申请注册的特殊医学用途配方食品进行审查，并决定是否准予注册的活动。

第四条　特殊医学用途配方食品注册管理，以临床营养需求为导向，遵循科学、公开、公平、公正的原则，鼓励创新。

第五条　国家市场监督管理总局负责特殊医学用途配方食品的注册管理工作。

国家市场监督管理总局食品审评机构（食品审评中心，以下简称审评机构）负责特殊医学用途配方食品注册申请的受理、技术审评、现场核查、制证送达等工作，并根据需要组织专家进行论证。

省、自治区、直辖市市场监督管理部门应当配合特殊医学用途配方食品注册的现场核查等工作。

第六条　特殊医学用途配方食品注册申请人（以下简称申请人）应当对所提交材料的真实性、完整性、合法性和可溯源性负责，并承担法律责任。

申请人应当配合市场监督管理部门开展与注册相关的现场核查、抽样检验等工作，提供必要的工作条件。

第七条　申请人应当为拟在中华人民共和国境内生产并销售特殊医学用途配方食品的生产企业或者拟向中华人民共和国出口特殊医学用途配方食品的境外生产企业。

申请人应当具备与所生产特殊医学用途配方食品相适应的研发能力、生产能力、检验能力，设立特殊医学用途配方食品研发机构，按照良好生产规范要求建立与所生产特殊医学用途配方食品相适应的生产质量管理体系，对出厂产品按照有关法律法规、食品安全国家标准和技术要求规定的项目实施逐批检验。

研发机构中应当有食品相关专业高级职称或者相应专业能力的人员。

第八条　申请特殊医学用途配方食品注册，应当向国家市场监督管理总局提交下列材料：

（一）特殊医学用途配方食品注册申请书；

（二）申请人主体资质文件；

（三）产品研发报告；

（四）产品配方及其设计依据；

（五）生产工艺资料；

（六）产品标准和技术要求；

（七）产品标签、说明书样稿；

（八）产品检验报告；

（九）研发能力、生产能力、检验能力的材料；

（十）其他表明产品安全性、营养充足性以及特殊医学用途临床效果的材料。

申请特定全营养配方食品注册，一般还应当提交临床试验报告。

第九条　申请人应当按照国家有关规定对申请材料中的商业秘密、未披露信息或者保密商务信息进行标注并注明依据。

第十条　对申请人提出的注册申请，应当根据下列情况分别作出处理：

（一）申请事项依法不需要进行注册的，应当即时告知申请人不受理；

（二）申请事项依法不属于国家市场监督管理总局职权范围的，应当即时作出不予受理的决定，并告知申请人向有关行政机关申请；

（三）申请材料存在可以当场更正的错误的，应当允许申请人当场更正；

（四）申请材料不齐全或者不符合法定形式的，应当当场或者在五个工作日内一次告知申请人需要补正的全部内容；逾期不告知的，自收到申请材料之日起即为受理；

（五）申请事项属于国家市场监督管理总局职权范围，申请材料齐全、符合法定形式，或者申请人按照要求提交全部补正申请材料的，应当受理注册申请。

受理或者不予受理注册申请，应当出具加盖国家市场监督管理总局行政许可专用章和注明日期的凭证。

第十一条　审评机构应当对申请注册产品的产品配方、生产工艺、标签、说明书以及产品安全性、营养充足性和特殊医学用途临床效果进行审查，自受理之日起60个工作日内完成审评工作。

特殊情况下需要延长审评时限的，经审评机构负责人同意，可以延长30个工作日，延长决定应当书面告知申请人。

第十二条　审评过程中认为需要申请人补正材料的，审评机构应当一次告知需要补正的全部内容。申请人应当在6个月内按照补正通知的要求一次补正材料。补正材料的时间不计算在审评时限内。

第十三条　审评机构可以组织营养学、临床医学、食品安全、食品加工等领域专家对审评过程中遇到的问题进行论证，并形成专家意见。

第十四条　审评机构根据食品安全风险组织对申请人进行生产现场核查和抽样检验，对临床试验进行现场核查。必要时，可对食品原料、食品添加剂生产企业等开展延伸核查。

第十五条　审评机构应当通过书面或者电子等方式告知申请人核查事项。

申请人应当在30个工作日内反馈接受现场核查的日期。因不可抗力等因素无法在规定时限内反馈的，申请人应当书面提出延期申请并说明理由。

第十六条　审评机构应当自申请人确认的生产现场核查日期起20个工作日内完成对申请人的研发能力、生产能力、检验能力以及申请材料与实际情况的一致性等的现场核查，并出具生产现场核查报告。

审评机构通知申请人所在地省级市场监督管理部门参与现场核查的，省级市场监督管理部门应当派员参与。

第十七条　审评机构在生产现场核查中抽取动态生产的样品，委托具有法定资质的食品检验机构进行检验。

检验机构应当自收到样品之日起30个工作日内按照食品安全国家标准和技术要求完成样品检验，并向审评机构出具样品检验报告。

第十八条　对于申请特定全营养配方食品注册的临床试验现场核查，审评机构应当自申请人确认的临床试验现场核查日期起30个工作日内完成对临床试验的真实性、完整性、合法性和可溯源性等情况的现场核查，并出具临床试验现场核查报告。

第十九条　审评机构应当根据申请人提交的申请材料、现场核查报告、样品检验报告等资料开展审评，并作出审评结论。

第二十条　申请人的申请符合法定条件、标准，产品科学、安全，生产工艺合理、可行，产品质量可控，技术要求和检验方法科学、合理，现场核查报告结论、样品检验报告结论符合注册要求的，审评机构应当作出建议准予注册的审评结论。

第二十一条　有下列情形之一的，审评机构应当作出拟不予注册的审评结论：

（一）申请材料弄虚作假、不真实的；

（二）申请材料不支持产品安全性、营养充足性以及特殊医学用途临床效果的；

（三）申请人不具备与所申请注册产品相适应的研发能力、生产能力或者检验能力的；

（四）申请人未在规定时限内提交补正材料，或者提交的补正材料不符合要求的；

（五）逾期不能确认现场核查日期，拒绝或者不配合现场核查、抽样检验的；

（六）现场核查报告结论或者样品检验报告结论为不符合注册要求的；

（七）其他不符合法律、法规、规章、食品安全国家标准和技术要求等注册要求的情形。

审评机构作出不予注册审评结论的，应当向申请人发出拟不予注册通知并说明理由。申请人对审评结论有异议的，应当自收到通知之日起20个工作日内向审评机构提出书面复审申请并说明复审理由。复审的内容仅限于原申请事项及申请材料。

审评机构应当自受理复审申请之日起30个工作日内作出复审决定，并通知申请人。

第二十二条　现场核查、抽样检验、复审所需要的时间不计算在审评时限内。

对境外现场核查、抽样检验的工作时限，根据实际情况确定。

第二十三条　国家市场监督管理总局在审评结束后,依法作出是否批准的决定。对准予注册的,颁发特殊医学用途配方食品注册证书。对不予注册的,发给不予注册决定书,说明理由,并告知申请人享有依法申请行政复议或者提起行政诉讼的权利。

第二十四条　国家市场监督管理总局应当自受理之日起 20 个工作日内作出决定。

审评机构应当自国家市场监督管理总局作出决定之日起 10 个工作日内向申请人送达特殊医学用途配方食品注册证书或者不予注册决定书。

第二十五条　特殊医学用途配方食品注册证书及附件应当载明下列事项:

(一)产品名称;

(二)企业名称、生产地址;

(三)注册号、批准日期及有效期;

(四)产品类别;

(五)产品配方;

(六)生产工艺;

(七)产品标签、说明书样稿;

(八)产品其他技术要求。

特殊医学用途配方食品注册号的格式为:国食注字 TY+四位年代号+四位顺序号,其中 TY 代表特殊医学用途配方食品。

特殊医学用途配方食品注册证书有效期 5 年,电子证书与纸质证书具有同等法律效力。

第二十六条　特殊医学用途配方食品注册证书有效期内,申请人需要变更注册证书及其附件载明事项的,应当向国家市场监督管理总局提出变更注册申请,并提交下列材料:

(一)特殊医学用途配方食品变更注册申请书;

(二)产品变更论证报告;

(三)与变更事项有关的其他材料。

第二十七条　申请人申请产品配方变更、生产工艺变更等可能影响产品安全性、营养充足性或者特殊医学用途临床效果的,审评机构应当按照本办法第十一条的规定组织开展审评，作出审评结论。

申请人申请企业名称变更、生产地址名称变更、产品名称变更等不影响产品安全性、营养充足性以及特殊医学用途临床效果的，审评机构应当自受理之日起 10 个工作日内作出审评结论。申请人企业名称变更的，应当以变更后的名称申请。

第二十八条　国家市场监督管理总局自审评结论作出之日起 10 个工作日内作出准予变更或者不予变更的决定。准予变更注册的，向申请人换发注册证书，标注变更时间和变更事项，注册证书发证日期以变更批准日期为准，原注册号不变，证书有效期不变；不予批准变更注册的，发给不予变更注册决定书，说明理由，并告知申请人享有依法申请行政复议或者提起行政诉讼的权利。

第二十九条　产品的食品原料和食品添加剂品种不变、配料表顺序不变、营养成分表不变，使用量在一定范围内合理波动或者调整的，不需要申请变更。

第三十条　特殊医学用途配方食品注册证书有效期届满需要延续的，申请人应当在注册证书有效期届满 6 个月前向国家市场监督管理总局提出延续注册申请，并提交下列材料：

（一）特殊医学用途配方食品延续注册申请书；

（二）申请人主体资质文件；

（三）企业研发能力、生产能力、检验能力情况；

（四）企业生产质量管理体系自查报告；

（五）产品安全性、营养充足性和特殊医学临床效果方面的跟踪评价情况；

（六）生产企业所在地省、自治区、直辖市市场监督管理部门延续注册意见书；

（七）与延续注册有关的其他材料。

第三十一条　审评机构应当按照本办法第十一条的规定对延续注册申请组织开展审评，并作出审评结论。

第三十二条　国家市场监督管理总局自受理申请之日起 20 个工作日内作出准予延续注册或者不予延续注册的决定。准予延续注册的，向申请人换发注册证书，原注册号不变，证书有效期自批准之日起重新计算；不予延续注册的，发给不予延续注册决定书，说明理由，并告知申请人享有依法申请行政复议或者提起行政诉讼的权利。逾期未作决定的，视为准予延续。

第三十三条　有下列情形之一的，不予延续注册：

（一）未在规定时限内提出延续注册申请的；

（二）注册产品连续 12 个月内在省级以上监督抽检中出现三批次及以上不合格的；

（三）申请人未能保持注册时研发能力、生产能力、检验能力的；

（四）其他不符合有关规定的情形。

第三十四条　申请人申请注册特殊医学用途配方食品有下列情形之一，可以申请适用优先审评审批程序：

（一）罕见病类特殊医学用途配方食品；

（二）临床急需且尚未批准过的新类型特殊医学用途配方食品；

（三）国家市场监督管理总局规定的其他优先审评审批的情形。

第三十五条　申请人在提出注册申请前，应当与审评机构沟通交流，经确认后，在提出注册申请的同时，向审评机构提出优先审评审批申请。经审查，符合本办法第三十四条规定的情形，且经公示无异议后，审评机构纳入优先审评审批程序。

第三十六条　纳入优先审评审批程序的特殊医学用途配方食品，审评时限为三十个工作日；经沟通交流确认后，申请人可以补充提交技术材料；需要开展现场核查、抽样检验的，优先安排。

第三十七条　审评过程中，发现纳入优先审评审批程序的特殊医学用途配方食品注册申请不能满足优先审评审批条件的，审评机构应当终止该产品优先审评审批程序，按照正常审评程序继续审评，并告知申请人。

第三十八条　特殊医学用途配方食品变更注册、延续注册、优先审评审批的程序未作规定的，适用特殊医学用途配方食品注册相关规定。

2. 特殊医学用途配方食品临床试验

《特殊医学用途配方食品注册管理办法》

(2023年11月28日国家市场监督管理总局令第85号公布 自2024年1月1日起施行)

第三十九条 开展特定全营养配方食品注册临床试验,应当经伦理委员会审查同意。

第四十条 临床试验应当按照特殊医学用途配方食品临床试验质量管理规范开展。

特殊医学用途配方食品临床试验质量管理规范由国家市场监督管理总局发布。

第四十一条 申请人应当委托符合要求的临床机构开展临床试验。接受委托开展临床试验的临床机构应当出具临床试验报告,临床试验报告应当包括完整的统计分析报告和数据。

第四十二条 申请人组织开展多中心临床试验的,应当明确组长单位和统计单位。

第四十三条 申请人应当对用于临床试验的试验样品和对照样品的质量安全负责。

用于临床试验的试验样品应当由申请人按照申请注册的产品配方、生产工艺生产,生产条件应当符合特殊医学用途配方食品良好生产规范要求,产品应当符合相应食品安全国家标准和技术要求。

3. 标签和说明书

《特殊医学用途配方食品注册管理办法》

(2023年11月28日国家市场监督管理总局令第85号公布 自2024年1月1日起施行)

第四十四条 特殊医学用途配方食品的标签、说明书应当符合法律、法规、规章和食品安全国家标准，并按照国家市场监督管理总局的规定进行标识。

第四十五条 特殊医学用途配方食品的名称应当反映食品的真实属性，使用食品安全国家标准规定的分类名称或者等效名称。

第四十六条 特殊医学用途配方食品的标签应当在主要展示版面标注产品名称、注册号、适用人群以及"请在医生或者临床营养师指导下使用"。

第四十七条 特殊医学用途配方食品标签、说明书应当对产品的配方特点或者营养学特征进行描述，并按照食品安全国家标准的规定标示"不适用于非目标人群使用""本品禁止用于肠外营养支持和静脉注射"。

第四十八条 申请人对其提供的特殊医学用途配方食品标签、说明书的内容负责。标签、说明书应当真实、准确、清楚、明显；不得含有虚假内容，不得涉及疾病预防、治疗功能，不得对产品中的营养素及其他成分进行功能声称，不得误导消费者。

第四十九条 特殊医学用途配方食品的标签和说明书的内容应当一致，涉及特殊医学用途配方食品注册证书内容的，应当与注册证书内容一致。

标签已经涵盖说明书全部内容的，可以不另附说明书。

4. 监督检查

《特殊医学用途配方食品注册管理办法》

（2023年11月28日国家市场监督管理总局令第85号公布 自2024年1月1日起施行）

第五十条 承担技术审评、现场核查、抽样检验的机构和人员应当对出具的审评结论、现场核查报告、样品检验报告等负责；参加论证的专家出具专家意见，应当恪守职业道德。

技术审评、现场核查、抽样检验、专家论证应当依照法律、法规、规章、食品安全国家标准、技术规范等开展，保证相关工作科学、客观和公正。

第五十一条　市场监督管理部门接到有关单位或者个人举报的特殊医学用途配方食品注册工作中的违法违规行为，应当及时核实处理。

第五十二条　未经申请人同意，参与特殊医学用途配方食品注册工作的机构和人员不得披露申请人提交的商业秘密、未披露信息或者保密商务信息，法律另有规定或者涉及国家安全、重大社会公共利益的除外。

第五十三条　特殊医学用途配方食品申请受理后，申请人提出撤回特殊医学用途配方食品注册申请的，应当提交书面申请并说明理由。同意撤回申请的，国家市场监督管理总局终止其注册程序。

技术审评、现场核查和抽样检验过程中发现涉嫌存在隐瞒真实情况或者提供虚假信息等违法行为的，应当依法处理，申请人不得撤回注册申请。

第五十四条　有下列情形之一的，国家市场监督管理总局根据利害关系人的请求或者依据职权，可以撤销特殊医学用途配方食品注册：

（一）工作人员滥用职权、玩忽职守作出准予注册决定的；

（二）超越法定职权作出准予注册决定的；

（三）违反法定程序作出准予注册决定的；

（四）对不具备申请资格或者不符合法定条件的申请人准予注册的；

（五）食品生产许可证被吊销的；

（六）依法可以撤销注册的其他情形。

第五十五条　有下列情形之一的，国家市场监督管理总局应当依法办理特殊医学用途配方食品注册注销手续：

（一）企业申请注销的；

（二）企业依法终止的；

（三）注册证书有效期届满未延续的；

(四)注册证书依法被撤销、撤回或者依法被吊销的;
(五)法律、法规规定应当注销注册的其他情形。

三、婴幼儿配方食品

 名词解释

婴幼儿配方乳粉产品配方

是指生产婴幼儿配方乳粉使用的食品原料、食品添加剂及其使用量,以及产品中营养成分的含量。

——《婴幼儿配方乳粉产品配方注册管理办法》(2023年6月26日国家市场监督管理总局令第80号公布 自2023年10月1日起施行)

《中华人民共和国食品安全法》(2021年修正)

第八十一条 婴幼儿配方食品生产企业应当实施从原料进厂到成品出厂的全过程质量控制,对出厂的婴幼儿配方食品实施逐批检验,保证食品安全。

生产婴幼儿配方食品使用的生鲜乳、辅料等食品原料、食品添加剂等,应当符合法律、行政法规的规定和食品安全国家标准,保证婴幼儿生长发育所需的营养成分。

婴幼儿配方食品生产企业应当将食品原料、食品添加剂、产品配方及标签等事项向省、自治区、直辖市人民政府食品安全监督管理部门备案。

婴幼儿配方乳粉的产品配方应当经国务院食品安全监督管理部门注册。注册时,应当提交配方研发报告和其他表明配方科学性、安全性的材料。

不得以分装方式生产婴幼儿配方乳粉,同一企业不得用同一配方生产不同品牌的婴幼儿配方乳粉。

《中华人民共和国食品安全法实施条例》（2019 年修订）

第十七条　国务院食品安全监督管理部门会同国务院农业行政等有关部门明确食品安全全程追溯基本要求，指导食品生产经营者通过信息化手段建立、完善食品安全追溯体系。

食品安全监督管理等部门应当将婴幼儿配方食品等针对特定人群的食品以及其他食品安全风险较高或者销售量大的食品的追溯体系建设作为监督检查的重点。

第三十八条第二款　对添加食品安全国家标准规定的选择性添加物质的婴幼儿配方食品，不得以选择性添加物质命名。

1. 申请与注册

《婴幼儿配方乳粉产品配方注册管理办法》

（2023 年 6 月 26 日国家市场监督管理总局令第 80 号公布　自 2023 年 10 月 1 日起施行）

第三条　婴幼儿配方乳粉产品配方注册，是指国家市场监督管理总局依据本办法规定的程序和要求，对申请注册的婴幼儿配方乳粉产品配方进行审评，并决定是否准予注册的活动。

第四条　婴幼儿配方乳粉产品配方注册管理，应当遵循科学、严格、公开、公平、公正的原则。

第五条　国家市场监督管理总局负责婴幼儿配方乳粉产品配方注册管理工作。

国家市场监督管理总局食品审评机构（食品审评中心，以下简称审评机构）负责婴幼儿配方乳粉产品配方注册申请的受理、技术审评、现场核查、制证送达等工作，并根据需要组织专家进行论证。

省、自治区、直辖市市场监督管理部门应当配合婴幼儿配方乳粉产品配方注册的现场核查等工作。

第六条　婴幼儿配方乳粉产品配方注册申请人（以下简称申请人）应当对提交材料的真实性、完整性、合法性负责，并承担法律责任。

申请人应当配合市场监督管理部门开展与注册相关的现场核查、抽样检验等工作，提供必要工作条件。

第七条　鼓励婴幼儿配方乳粉产品配方研发和创新，结合母乳研究成果优化配方，提升婴幼儿配方乳粉品质。

第八条　申请人应当为拟在中华人民共和国境内生产并销售婴幼儿配方乳粉的生产企业或者拟向中华人民共和国出口婴幼儿配方乳粉的境外生产企业。

申请人应当具备与所生产婴幼儿配方乳粉相适应的研发能力、生产能力、检验能力，符合粉状婴幼儿配方食品良好生产规范要求，实施危害分析与关键控制点体系，对出厂产品按照有关法律法规和婴幼儿配方乳粉食品安全国家标准规定的项目实施逐批检验。企业集团设有独立研发机构的，控股子公司作为申请人可以共享集团部分研发能力。

申请人使用已经符合婴幼儿配方食品安全国家标准营养成分要求的复合配料作为原料申请配方注册的，不予注册。

第九条　申请注册产品配方应当符合有关法律法规和食品安全国家标准的要求，并提供产品配方科学性、安全性的研发与论证报告和充足依据。

申请婴幼儿配方乳粉产品配方注册，应当向国家市场监督管理总局提交下列材料：

（一）婴幼儿配方乳粉产品配方注册申请书；

（二）申请人主体资质文件；

（三）原辅料的质量安全标准；

（四）产品配方；

（五）产品配方研发与论证报告；

（六）生产工艺说明；

（七）产品检验报告；

（八）研发能力、生产能力、检验能力的材料；

（九）其他表明配方科学性、安全性的材料。

申请人应当按照国家有关规定对申请材料中的商业秘密、未披露信息或者保密商务信息进行标注并注明依据。

第十条　同一企业申请注册两个以上同年龄段产品配方时，产品配方之间应当有明显差异,并经科学证实。每个企业原则上不得超过三个配方系列九种产品配方,每个配方系列包括婴儿配方乳粉(0—6月龄,1段)、较大婴儿配方乳粉(6—12月龄,2段)、幼儿配方乳粉(12—36月龄,3段)。

第十一条 已经取得婴幼儿配方乳粉产品配方注册证书及生产许可的企业集团母公司或者其控股子公司可以使用同一企业集团内其他控股子公司或者企业集团母公司已经注册的婴幼儿配方乳粉产品配方。组织生产前,企业集团母公司应当充分评估配方调用的可行性,确保产品质量安全,并向国家市场监督管理总局提交书面报告。

第十二条 对申请人提出的婴幼儿配方乳粉产品配方注册申请,应当根据下列情况分别作出处理:

(一)申请事项依法不需要进行注册的,应当即时告知申请人不受理;

(二)申请事项依法不属于国家市场监督管理总局职权范围的,应当即时作出不予受理的决定,并告知申请人向有关行政机关申请;

(三)申请材料存在可以当场更正的错误的,应当允许申请人当场更正;

(四)申请材料不齐全或者不符合法定形式的,应当当场或者在五个工作日内一次告知申请人需要补正的全部内容;逾期不告知的,自收到申请材料之日起即为受理;

(五)申请事项属于国家市场监督管理总局职权范围,申请材料齐全、符合法定形式,或者申请人按照要求提交全部补正申请材料的,应当受理注册申请。

受理或者不予受理注册申请,应当出具加盖国家市场监督管理总局行政许可专用章和注明日期的凭证。

第十三条 审评机构应当对申请配方的科学性和安全性以及产品配方声称与产品配方注册内容的一致性进行审查,自受理之日起六十个工作日内完成审评工作。

特殊情况下需要延长审评时限的,经审评机构负责人同意,可以延长二十个工作日,延长决定应当书面告知申请人。

第十四条　审评过程中认为需要申请人补正材料的,审评机构应当一次告知需要补正的全部内容。申请人应当在三个月内按照补正通知的要求一次补正材料。补正材料的时间不计算在审评时限内。

第十五条　审评机构根据实际需要组织开展现场核查和抽样检验,必要时对原料生产企业等开展延伸核查。

现场核查应当对申请人研发能力、生产能力、检验能力以及申请材料与实际情况的一致性等进行核实,并抽取动态生产的样品进行检验。抽样检验的动态生产样品品种基于风险确定。

第十六条　有下列情形之一的,应当开展现场核查:

(一)申请人首次申请注册的三个配方系列九种产品配方的;

(二)产品配方组成发生重大变化的;

(三)生产工艺类型发生变化且申请人已注册尚在有效期内的配方无此工艺类型的;

(四)生产地址发生实际变化的;

(五)技术审评过程中发现需经现场核查核实问题的;

(六)既往注册申请存在隐瞒真实情况、提供虚假材料的;

(七)其他需要开展现场核查的情形。

婴幼儿配方食品安全国家标准发生重大变化,申请人申请产品配方注册或者变更的,审评机构应当开展现场核查。但是,申请人同一系列三个产品配方在标准变化后均已取得行政许可的,相同生产工艺类型的其他系列产品配方可以不再开展现场核查。

第十七条　需要开展现场核查的,审评机构应当通过书面或者电子等方式告知申请人核查事项,申请人三十个工作日内反馈接受现场核查的日期。因不可抗力等原因无法在规定时限内反馈的,申请人应当书面提出延期申请并说明理由。审评机构自申请人确认的现场核查日期起二十个工作日内完成现场核查。

审评机构通知申请人所在地省级市场监督管理部门参与现场核查的,省级市场监督管理部门应当派员参与。

第十八条　审评机构应当委托具有法定资质的食品检验机构开展检验。

检验机构应当自收到样品之日起二十个工作日内按照食品安全国

家标准和申请人提交的测定方法完成检验工作,并向审评机构出具样品检验报告。

第十九条　审评机构应当根据申请人提交的申请材料、现场核查报告、样品检验报告开展审评,并作出审评结论。在技术审评、现场核查、产品检验等过程中,可以就重大、复杂问题听取食品安全、食品加工、营养和临床医学等领域专家的意见。

第二十条　申请人的申请符合法定条件、标准,产品配方科学、安全,现场核查报告结论、检验报告结论为符合注册要求的,审评机构应当作出建议准予注册的审评结论。

第二十一条　有下列情形之一的,审评机构应当作出拟不予注册的审评结论:

(一)申请材料弄虚作假,不真实的;

(二)产品配方科学性、安全性依据不充足的;

(三)申请人不具备与所申请注册的产品配方相适应的研发能力、生产能力或者检验能力的;

(四)申请人未在规定时限内提交补正材料,或者提交的补正材料不符合要求的;

(五)申请人逾期不能确认现场核查日期,拒绝或者不配合现场核查、抽样检验的;

(六)现场核查报告结论或者检验报告结论为不符合注册要求的;

(七)同一企业申请注册的产品配方与其同年龄段已申请产品配方之间没有明显差异的;

(八)其他不符合法律、法规、规章、食品安全国家标准等注册要求的情形。

审评机构作出不予注册审评结论的,应当向申请人发出拟不予注册通知并说明理由。申请人对审评结论有异议的,应当自收到通知之日起二十个工作日内向审评机构提出书面复审申请并说明复审理由。复审的内容仅限于原申请事项及申请材料。

审评机构应当自受理复审申请之日起三十个工作日内作出复审决定,并通知申请人。

第二十二条　国家市场监督管理总局在审评结束后,依法作出是否批准的决定。对准予注册的，颁发婴幼儿配方乳粉产品配方注册证书。对不予注册的，发给不予注册决定书，说明理由，并告知申请人享有依法申请行政复议或者提起行政诉讼的权利。

第二十三条　国家市场监督管理总局自受理之日起二十个工作日内作出决定。

审评机构应当自国家市场监督管理总局作出决定之日起十个工作日内向申请人送达婴幼儿配方乳粉产品配方注册证书或者不予注册决定书。

第二十四条　现场核查、抽样检验、复审所需时间不计算在审评时限内。

对境外生产企业现场核查、抽样检验的工作时限，根据实际情况确定。

第二十五条　婴幼儿配方乳粉产品配方注册证书及附件应当载明下列事项：

（一）产品名称；

（二）企业名称、生产地址；

（三）注册号、批准日期及有效期；

（四）生产工艺类型；

（五）产品配方。

婴幼儿配方乳粉产品配方注册号格式为：国食注字YP＋四位年代号＋四位顺序号，其中YP代表婴幼儿配方乳粉产品配方。

婴幼儿配方乳粉产品配方注册证书有效期五年，电子证书与纸质证书具有同等法律效力。

第二十六条　婴幼儿配方乳粉产品配方注册有效期内，婴幼儿配方乳粉产品配方注册证书遗失或者损毁的，申请人应当向国家市场监督管理总局提出补发申请并说明理由。因遗失申请补发的，应当提交遗失声明；因损毁申请补发的，应当交回婴幼儿配方乳粉产品配方注册证书原件。

国家市场监督管理总局自受理之日起十个工作日内予以补发。补发的婴幼儿配方乳粉产品配方注册证书应当标注原批准日期，并注明"补发"字样。

第二十七条　婴幼儿配方乳粉产品配方注册证书有效期内,申请人需要变更注册证书或者附件载明事项的,应当向国家市场监督管理总局提出变更注册申请,并提交下列材料:

(一)婴幼儿配方乳粉产品配方变更注册申请书;

(二)产品配方变更论证报告;

(三)与变更事项有关的其他材料。

第二十八条　申请人申请产品配方变更等可能影响产品配方科学性、安全性的,审评机构应当按照本办法第十三条的规定组织开展审评,并作出审评结论。

申请人申请企业名称变更、生产地址名称变更、产品名称变更等不影响产品配方科学性、安全性的,审评机构应当进行核实并自受理之日起十个工作日内作出审评结论。申请人企业名称变更的,应当以变更后的名称申请。

国家市场监督管理总局自审评结论作出之日起十个工作日内作出准予变更或者不予变更的决定。对符合条件的,依法办理变更手续,注册证书发证日期以变更批准日期为准,原注册号不变,证书有效期不变;不予变更注册的,发给不予变更注册决定书,说明理由,并告知申请人享有依法申请行政复议或者提起行政诉讼的权利。

第二十九条　产品配方原料(含食品添加剂)品种不变、配料表顺序不变、营养成分表不变,使用量在一定范围内合理波动或者调整的,不需要申请变更。

产品配方原料(含食品添加剂)品种和营养成分表同时调整,实质上已经构成新的产品配方的,应当重新申请产品配方注册。

第三十条　婴幼儿配方乳粉产品配方注册证书有效期届满需要延续的,申请人应当在注册证书有效期届满六个月前向国家市场监督管理总局提出延续注册申请,并提交下列材料:

(一)婴幼儿配方乳粉产品配方延续注册申请书;

(二)申请人主体资质文件;

(三)企业研发能力、生产能力、检验能力情况;

(四)企业生产质量管理体系自查报告;

(五)产品营养、安全方面的跟踪评价情况;

（六）生产企业所在地省、自治区、直辖市市场监督管理部门延续注册意见书。

审评机构应当按照本办法第十三条的规定对延续注册申请组织开展审评，并作出审评结论。

国家市场监督管理总局自受理申请之日起二十个工作日内作出准予延续注册或者不予延续注册的决定。准予延续注册的，向申请人换发注册证书，原注册号不变，证书有效期自批准之日起重新计算；不予延续注册的，发给不予延续注册决定书，说明理由，并告知申请人享有依法申请行政复议或者提起行政诉讼的权利。逾期未作决定的，视为准予延续。

第三十一条　有下列情形之一的，不予延续注册：

（一）未在规定时限内提出延续注册申请的；

（二）申请人在产品配方注册后五年内未按照注册配方组织生产的；

（三）企业未能保持注册时研发能力、生产能力、检验能力的；

（四）其他不符合有关规定的情形。

第三十二条　婴幼儿配方乳粉产品配方变更注册与延续注册的程序未作规定的，适用本办法有关婴幼儿配方乳粉产品配方注册的相关规定。

2. 标签与说明书

《婴幼儿配方乳粉产品配方注册管理办法》

（2023年6月26日国家市场监督管理总局令第80号公布　自2023年10月1日起施行）

第三十三条　婴幼儿配方乳粉标签、说明书应当符合法律、法规、规章和食品安全国家标准，并按照国家市场监督管理总局的规定进行标识。

申请人申请婴幼儿配方乳粉产品配方注册，应当提交标签样稿及声称的说明材料；同时提交说明书的，说明书应当与标签内容一致。

标签、说明书涉及婴幼儿配方乳粉产品配方的，应当与产品配方注册内容一致，并标注注册号。

第三十四条　产品名称中有动物性来源字样的，其生乳、乳粉、乳清粉等乳蛋白来源应当全部来自该物种。

配料表应当将食用植物油具体的品种名称按照加入量的递减顺序标注。

营养成分表应当按照婴幼儿配方乳粉食品安全国家标准规定的营养素顺序列出，并按照能量、蛋白质、脂肪、碳水化合物、维生素、矿物质、可选择成分等类别分类列出。

第三十五条　声称生乳、原料乳粉等原料来源的，应当如实标明来源国或者具体来源地。

第三十六条　标签应当注明婴幼儿配方乳粉适用月龄，可以同时使用"1段""2段""3段"的方式标注。

第三十七条　标签不得含有下列内容：

（一）涉及疾病预防、治疗功能；

（二）明示或者暗示具有增强免疫力、调节肠道菌群等保健作用；

（三）明示或者暗示具有益智、增加抵抗力、保护肠道等功能性表述；

（四）对于按照法律法规和食品安全国家标准等不应当在产品配方中含有或者使用的物质，以"不添加""不含有""零添加"等字样强调未使用或者不含有；

（五）虚假、夸大、违反科学原则或者绝对化的内容；

（六）使用"进口奶源""源自国外牧场""生态牧场""进口原料""原生态奶源""无污染奶源"等模糊信息；

（七）与产品配方注册内容不一致的声称；

（八）使用婴儿和妇女的形象，"人乳化""母乳化"或者近似术语表述；

（九）其他不符合法律、法规、规章和食品安全国家标准规定的内容。

3. 监督管理

《婴幼儿配方乳粉产品配方注册管理办法》

（2023年6月26日国家市场监督管理总局令第80号公布　自2023年10月1日起施行）

第三十八条　承担技术审评、现场核查、抽样检验的机构和人员应当对出具的审评结论、现场核查报告、产品检验报告等负责；参加论证的专家出具专家意见，应当恪守职业道德。

技术审评、现场核查、抽样检验、专家论证应当依照法律、法规、规章、食品安全国家标准、技术规范等开展，保证相关工作科学、客观和公正。

第三十九条　市场监督管理部门接到有关单位或者个人举报的婴幼儿配方乳粉产品配方注册工作中的违法违规行为，应当及时核实处理。

第四十条　国家市场监督管理总局自批准之日起二十个工作日内公布婴幼儿配方乳粉产品配方注册信息。

第四十一条　未经申请人同意，参与婴幼儿配方乳粉产品配方注册工作的机构和人员不得披露申请人提交的商业秘密、未披露信息或者保密商务信息，法律另有规定或者涉及国家安全、重大社会公共利益的除外。

第四十二条　婴幼儿配方乳粉产品配方注册申请受理后，申请人提出撤回婴幼儿配方乳粉产品配方注册申请的，应当提交书面申请并说明理由。同意撤回申请的，国家市场监督管理总局终止其注册程序。

技术审评、现场核查和抽样检验过程中发现涉嫌存在隐瞒真实情况或者提供虚假信息等违法行为的，应当依法处理，申请人不得撤回注册申请。

第四十三条　有下列情形之一的，国家市场监督管理总局根据利害关系人的请求或者依据职权，可以撤销婴幼儿配方乳粉产品配方注册：

（一）工作人员滥用职权、玩忽职守作出准予注册决定的；

（二）超越法定职权作出准予注册决定的；

（三）违反法定程序作出准予注册决定的；

（四）对不具备申请资格或者不符合法定条件的申请人准予注册的；

（五）依法可以撤销注册的其他情形。

第四十四条　有下列情形之一的，由国家市场监督管理总局注销婴幼儿配方乳粉产品配方注册：

（一）企业申请注销的；

（二）企业依法终止的；

（三）注册证书有效期届满未延续的；

（四）注册证书依法被撤销、撤回或者依法被吊销的；

（五）法律、法规规定应当注销的其他情形。

四、责任部分

1. 保健食品

《保健食品注册与备案管理办法》（2020 年修订）

第六十九条　保健食品注册与备案违法行为，食品安全法等法律法规已有规定的，依照其规定。

第七十条　注册申请人隐瞒真实情况或者提供虚假材料申请注册的，国家市场监督管理总局不予受理或者不予注册，并给予警告；申请人在 1 年内不得再次申请注册该保健食品；构成犯罪的，依法追究刑事责任。

第七十一条　注册申请人以欺骗、贿赂等不正当手段取得保健食品注册证书的，由国家市场监督管理总局撤销保健食品注册证书，并处 1 万元以上 3 万元以下罚款。被许可人在 3 年内不得再次申请注册；构成犯罪的，依法追究刑事责任。

第七十二条　有下列情形之一的，由县级以上人民政府市场监督管理部门处以 1 万元以上 3 万元以下罚款；构成犯罪的，依法追究刑事责任。

（一）擅自转让保健食品注册证书的；

（二）伪造、涂改、倒卖、出租、出借保健食品注册证书的。

第七十三条　市场监督管理部门及其工作人员对不符合条件的申请人准予注册，或者超越法定职权准予注册的，依照食品安全法第一百四十四条的规定予以处理。

市场监督管理部门及其工作人员在注册审评过程中滥用职权、玩忽职守、徇私舞弊的，依照食品安全法第一百四十五条的规定予以处理。

2. 特殊医学用途配方食品

《特殊医学用途配方食品注册管理办法》

（2023 年 11 月 28 日国家市场监督管理总局令第 85 号公布　自 2024 年 1 月 1 日起施行）

第五十六条　《食品安全法》等法律法规对特殊医学用途配方食品注册违法行为已有规定的，从其规定。

第五十七条　申请人隐瞒有关情况或者提供虚假材料申请特殊医学用途配方食品注册的，国家市场监督管理总局不予受理或者不予注册，对申请人给予警告；申请人在一年内不得再次申请特殊医学用途配方食品注册；涉嫌犯罪的，依法移送公安机关，追究刑事责任。

第五十八条　申请人以欺骗、贿赂等不正当手段取得特殊医学用途配方食品注册证书的，国家市场监督管理总局依法予以撤销，被许可人三年内不得再次申请特殊医学用途配方食品注册；处一万元以上三万元以下罚款；造成危害后果的，处三万元以上二十万元以下罚款；涉嫌犯罪的，依法移送公安机关，追究刑事责任。

第五十九条 伪造、涂改、倒卖、出租、出借、转让特殊医学用途配方食品注册证书的，由县级以上市场监督管理部门处三万元以上十万元以下罚款；造成危害后果的，处十万元以上二十万元以下罚款；涉嫌犯罪的，依法移送公安机关，追究刑事责任。

第六十条 申请人变更不影响产品安全性、营养充足性以及特殊医学用途临床效果的事项，未依法申请变更的，由县级以上市场监督管理部门责令限期改正；逾期不改的，处一千元以上一万元以下罚款。

申请人变更产品配方、生产工艺等可能影响产品安全性、营养充足性以及特殊医学用途临床效果的事项，未依法申请变更的，由县级以上市场监督管理部门依照《食品安全法》第一百二十四条的规定进行处罚。

第六十一条 市场监督管理部门及其工作人员对不符合条件的申请人准予注册，或者超越法定职权准予注册的，依照《食品安全法》第一百四十四条的规定处理。

市场监督管理部门及其工作人员在注册审批过程中滥用职权、玩忽职守、徇私舞弊的，依照《食品安全法》第一百四十五条的规定处理。

3. 婴幼儿配方食品

《婴幼儿配方乳粉产品配方注册管理办法》

（2023 年 6 月 26 日国家市场监督管理总局令第 80 号公布 自 2023 年 10 月 1 日起施行）

第四十五条 食品安全法等法律法规对婴幼儿配方乳粉产品配方注册违法行为已有规定的，从其规定。

第四十六条 申请人隐瞒有关情况或者提供虚假材料申请婴幼儿配方乳粉产品配方注册的，国家市场监督管理总局不予受理或者不予注册，对申请人给予警告；申请人在一年内不得再次申请婴幼儿配方乳粉产品配方注册；涉嫌犯罪的，依法移送公安机关，追究刑事责任。

申请人以欺骗、贿赂等不正当手段取得婴幼儿配方乳粉产品配方注册证书的，国家市场监督管理总局依法予以撤销，被许可人三年内不得再次申请注册；处一万元以上三万元以下罚款；造成危害后果的，处三万元以上二十万元以下罚款；涉嫌犯罪的，依法移送公安机关，追究刑事责任。

第四十七条　申请人变更不影响产品配方科学性、安全性的事项，未依法申请变更的，由县级以上市场监督管理部门责令限期改正；逾期不改的，处一千元以上一万元以下罚款。

申请人变更可能影响产品配方科学性、安全性的事项，未依法申请变更的，由县级以上市场监督管理部门依照食品安全法第一百二十四条的规定处罚。

第四十八条　伪造、涂改、倒卖、出租、出借、转让婴幼儿配方乳粉产品配方注册证书的，由县级以上市场监督管理部门处三万元以上十万元以下罚款；造成危害后果的，处十万元以上二十万元以下罚款；涉嫌犯罪的，依法移送公安机关，追究刑事责任。

第四十九条　婴幼儿配方乳粉生产销售者违反本办法第三十三条至第三十七条规定，由县级以上地方市场监督管理部门责令限期改正，处一万元以上三万元以下罚款；情节严重的，处三万元以上十万元以下罚款；造成危害后果的，处十万元以上二十万元以下罚款。

第五十条　市场监督管理部门及其工作人员对不符合条件的申请人准予注册，或者超越法定职权准予注册的，依照食品安全法第一百四十四条的规定处理。

市场监督管理部门及其工作人员在注册审评过程中滥用职权、玩忽职守、徇私舞弊的，依照食品安全法第一百四十五条的规定处理。

案例解析

案例一

毛某与李某信息网络买卖合同纠纷案

【争议焦点】

被告是否是损害原告的经营者。

【案情简介】

原告毛某在一审中提出诉讼请求，要求被告李某退还购物款，并支付相当于购物款十倍的赔偿金，同时索赔精神损失费10000元及维权费用1000元。在庭审中，毛某放弃了对精神损失费和维权费用的索赔。毛某称，其在李某开设的网店"健康瘦一点"购买了"古方燃脂饱腹胶囊"两件。收货后毛某发现该产品添加了大量非普通食品原料，如冬虫夏草等，这些成分未经安全性评估，违反了《中华人民共和国食品安全法》相关规定。毛某还指出，产品标签上的厂名、厂址信息无法查询到，原告认为李某伪造厂名、厂址及保健品批文，将普通食品宣传为具有减脂保健功效，违反了《中华人民共和国食品安全法》和《药品、医疗器械、保健食品、特殊医学用途配方食品广告审查管理暂行办法》。被告李某辩称，毛某获取的卖家信息不具有合法公信力，且网店"健康瘦一点"并非其开设，对毛某的主张和证据均不认可，请求法院驳回毛某的诉讼请求。法院经审理查明，毛某确实在李某注册的网店购买了涉案产品，但产品的生产厂家和批准文号不存在。法院认为，被告李某作为食品经营者，未尽到审查和注意义务，销售的产品标注信息为虚假，违法添加了冬虫夏草，属于明知不符合安全标准而销售的情形。根据《中华人民共和国食品安全法》及相关规定，判决李某退还毛某货款，并支付十倍赔偿款。案件受理费由李某负担。

【关联法规】

《中华人民共和国食品安全法》第三十四条、第一百四十八条。

案例二

吴某、某县某孕婴用品加盟店网络购物合同纠纷案

【争议焦点】

被告销售特殊医学用途配方食品是否有尽到进货审查义务。

【案情简介】

吴某在某孕婴用品加盟店的网店"某母婴生活馆"购买了6罐某品牌奶粉，支付了1788元。吴某认为该产品没有生产企业、生产地址、生产许可证，且作为特殊医学用途婴儿奶粉，需要特医食品生产经营许可证，而被告未尽到进货审查义务。吴某的诉讼请求包括：退还货款1788元，根据《中华人民共和国食品安全法》第一百四十八条赔偿17880元，合计19668元，以及由被告承担诉讼费。吴某曾向当地市场监督管理局举报，但未获立案。法院认为，双方之间存在网络购物合同关系。根据相关法律规定，消费者可以退货退款并要求销售者支付价款十倍的赔偿金。原告对涉案商品提出合理质疑，认为其不符合安全标准，原告的诉讼请求有法律依据。因此法院支持原告的请求，判决被告退还货款并支付赔偿款。被告某孕婴用品加盟店经法院合法传唤未到庭参加诉讼，放弃了答辩和质证的权利，应自行承担由此产生的不利法律后果。法院最终判决被告退还原告货款1788元，并支付赔偿款17880元，诉讼费由被告负担。

【关联法规】

《中华人民共和国食品安全法》第四条、第一百四十八条。

案例三

吴某、某理疗按摩店网络购物合同纠纷案

【争议焦点】

涉案商品的标签是否符合食品安全标准,特别是是否正确标注了不适宜人群。

【案情简介】

原告吴某通过某在线购物平台在被告经营的网店购买了保健产品,支付了一定金额的货款。原告声称,该产品在宣传中夸大其适用人群,涉嫌欺诈消费者,且产品配料表中包含的某些成分违反了国家食品药品监督管理部门的备案规定和卫生健康委员会的法律规定,因此不符合食品安全标准。原告依据相关法律向法院提起诉讼,请求法院判决被告退还货款并支付相当于货款十倍的赔偿金,同时要求被告承担诉讼费用。被告坚称,产品包装和标签与保健食品批准书一致,符合食品法律法规;另外被告指出产品处于新老批准证书过渡期,根据相关通告和复函,产品允许销售至保质期结束。法院审理后认定,原告与被告之间存在网络购物合同关系。涉案商品未全面标注不适宜人群和食用限量,存在标签瑕疵。根据相关法律规定,法院支持原告要求退还货款的请求。然而,法院认为,涉案商品的生产商已经按照法定程序获得了产品名称变更的批准,且在规定的过渡期内,标签瑕疵不影响食品安全,也未对原告造成损害,因此不支持原告的十倍惩罚性赔偿请求。最终,法院判决被告在判决生效后十日内返还原告货款,并驳回原告的其他诉讼请求。

【关联法规】

《保健食品注册与备案管理办法》第五十六条,《中华人民共和国食品安全法》第二十六条、第五十三条、第六十七条、第七十一条、第一百四十八条。

案例四

袁某某与某生物科技有限公司信息网络买卖合同纠纷案

【争议焦点】

标注"延缓衰老、调节血脂"是否符合食品安全标准,是否符合法律法规规定的标识。

【案情简介】

原告袁某某通过某在线购物平台在被告经营的官方旗舰店购买了某品牌保健酒。该产品标签上标注有"延缓衰老、调节血脂"的保健功能,并附有批准文号。原告认为,根据《保健食品注册与备案管理办法》,保健功能声称中不包括"延缓衰老、调节血脂",因此涉案产品不符合食品安全标准,请求退还货款并支付十倍赔偿。被告某生物科技有限公司辩称,其生产的保健酒是经原卫生部批准的保健食品,批准证书文号为某编号,已依法取得保健食品批准证书。被告某生物科技有限公司指出,其产品标签及说明书内容与批件内容相一致,保健功能"延缓衰老、调节血脂"是按照相关法律法规规定标识的。法院经审理查明,被告某生物科技有限公司系涉案店铺的经营者,原告在该店铺购买了涉案商品,并支付了货款,双方形成了信息网络买卖合同关系。法院认为,涉案商品标注的保健功能与有关部门批准的注册批件中的内容一致,且原告并未提交证据证明该标签内容必将影响涉案商品的安全性,也未证明涉案商品对人体健康造成危害。因此,本案不符合惩罚性赔偿的构成要件,故不支持原告主张的十倍赔偿请求。同时,涉案产品的宣传内容与注册的内容一致,被告某生物科技有限公司并未进行虚假宣传,也未有违约行为,不予支持退货退款的请求。

【关联法规】

《保健食品注册与备案管理办法》第四十三条、第五十一条,《中华人民共和国食品安全法》第七十八条、第一百四十八条。

案例五

姜某某、某商行产品销售者责任纠纷案

【争议焦点】

破壁灵芝孢子粉是否被纳入保健食品原料目录。

【案情简介】

原告姜某某在某商行购买了若干袋保健食品和酒类产品,支付了一定金额的货款。原告声称食用后出现不适,并指出所购的灵芝孢子粉缺少必要的标识和批准文号,认为其属于不合格产品。此外,原告还提到部分酒类产品含有特定成分,认为商家违反了《中华人民共和国食品安全法》的规定,请求退还货款并要求支付相当于货款十倍的赔偿金及诉讼费用。被告商家辩称,其所售的灵芝孢子粉为初级农产品,不需要详细标签注明。对于原告提出的含有特定成分的指控,商家表示原告缺乏具有检测资质的第三方检测,且其提供了生产厂家的检测报告。商家认为原告的消费行为以牟利为目的,不应受《中华人民共和国消费者权益保护法》的保护。法院经审理查明,原告所购产品中,破壁灵芝孢子粉作为普通食品原料使用尚无足够的科学依据,但已被纳入保健食品原料目录。商家在销售产品时已查验生产厂家的相关资质,包括生产许可、经营许可、检验证明等,认为商家已尽到销售者的审查义务。法院认为,原告未能提供充分证据证明食用后出现身体不适,也未证明所购产品违反食品安全标准,因此驳回了原告的全部诉讼请求,包括退还货款、支付赔偿金及诉讼费用,并由原告承担案件受理费。

【关联法规】

《保健食品原料目录与保健功能目录管理办法》、《中华人民共和国食品安全法》第一百四十八条。

第七章
食品相关产品法律法规及案例解读

 名词解释

食品相关产品：

用于食品的包装材料、容器、洗涤剂、消毒剂和用于食品生产经营的工具、设备。

——《中华人民共和国食品安全法》（2021年修正）

一、生产环节

1. 评估

《中华人民共和国食品安全法》（2021年修正）

第十八条 有下列情形之一的，应当进行食品安全风险评估：

（一）通过食品安全风险监测或者接到举报发现食品、食品添加剂、食品相关产品可能存在安全隐患的；

（二）为制定或者修订食品安全国家标准提供科学依据需要进行风险评估的；

（三）为确定监督管理的重点领域、重点品种需要进行风险评估的；

（四）发现新的可能危害食品安全因素的；

（五）需要判断某一因素是否构成食品安全隐患的；

（六）国务院卫生行政部门认为需要进行风险评估的其他情形。

第二十一条　食品安全风险评估结果是制定、修订食品安全标准和实施食品安全监督管理的科学依据。

经食品安全风险评估，得出食品、食品添加剂、食品相关产品不安全结论的，国务院食品安全监督管理等部门应当依据各自职责立即向社会公告，告知消费者停止食用或者使用，并采取相应措施，确保该食品、食品添加剂、食品相关产品停止生产经营；需要制定、修订相关食品安全国家标准的，国务院卫生行政部门应当会同国务院食品安全监督管理部门立即制定、修订。

2. 生产要求

《中华人民共和国食品安全法》（2021年修正）

第三十四条　禁止生产经营下列食品、食品添加剂、食品相关产品：

（二）致病性微生物，农药残留、兽药残留、生物毒素、重金属等污染物质以及其他危害人体健康的物质含量超过食品安全标准限量的食品、食品添加剂、食品相关产品；

第三十七条　利用新的食品原料生产食品，或者生产食品添加剂新品种、食品相关产品新品种，应当向国务院卫生行政部门提交相关产品的安全性评估材料。国务院卫生行政部门应当自收到申请之日起六十日内组织审查；对符合食品安全要求的，准予许可并公布；对不符合食品安全要求的，不予许可并书面说明理由。

第四十一条　生产食品相关产品应当符合法律、法规和食品安全国家标准。对直接接触食品的包装材料等具有较高风险的食品相关产品，按照国家有关工业产品生产许可证管理的规定实施生产许可。食品安全监督管理部门应当加强对食品相关产品生产活动的监督管理。

《中华人民共和国产品质量法》（2018年修正）

第二十六条　生产者应当对其生产的产品质量负责。

产品质量应当符合下列要求：

（一）不存在危及人身、财产安全的不合理的危险，有保障人体健康和人身、财产安全的国家标准、行业标准的，应当符合该标准；

（二）具备产品应当具备的使用性能，但是，对产品存在使用性能的瑕疵作出说明的除外；

（三）符合在产品或者其包装上注明采用的产品标准，符合以产品说明、实物样品等方式表明的质量状况。

3. 生产销售

《食品相关产品质量安全监督管理暂行办法》

（2022年10月8日国家市场监督管理总局令第62号公布 自2023年3月1日起施行）

第五条 生产者、销售者对其生产、销售的食品相关产品质量安全负责。

第六条 禁止生产、销售下列食品相关产品：

（一）使用不符合食品安全标准及相关公告的原辅料和添加剂，以及其他可能危害人体健康的物质生产的食品相关产品，或者超范围、超限量使用添加剂生产的食品相关产品；

（二）致病性微生物，农药残留、兽药残留、生物毒素、重金属等污染物质以及其他危害人体健康的物质含量和迁移量超过食品安全标准限量的食品相关产品；

（三）在食品相关产品中掺杂、掺假，以假充真，以次充好或者以不合格食品相关产品冒充合格食品相关产品；

（四）国家明令淘汰或者失效、变质的食品相关产品；

（五）伪造产地，伪造或者冒用他人厂名、厂址、质量标志的食品相关产品；

（六）其他不符合法律、法规、规章、食品安全标准及其他强制性规定的食品相关产品。

第七条 国家建立食品相关产品生产企业质量安全管理人员制度。

食品相关产品生产者应当建立并落实食品相关产品质量安全责任制，配备与其企业规模、产品类别、风险等级、管理水平、安全状况等相适应的质量安全总监、质量安全员等质量安全管理人员，明确企业主要负责人、质量安全总监、质量安全员等不同层级管理人员的岗位职责。

企业主要负责人对食品相关产品质量安全工作全面负责，建立并落实质量安全主体责任的管理制度和长效机制。质量安全总监、质量安全员应当协助企业主要负责人做好食品相关产品质量安全管理工作。

第八条　在依法配备质量安全员的基础上，直接接触食品的包装材料等具有较高风险的食品相关产品生产者，应当配备质量安全总监。

食品相关产品质量安全总监和质量安全员具体管理要求，参照国家食品安全主体责任管理制度执行。

第九条　食品相关产品生产者应当建立并实施原辅料控制，生产、贮存、包装等生产关键环节控制，过程、出厂等检验控制，运输及交付控制等食品相关产品质量安全管理制度，保证生产全过程控制和所生产的食品相关产品符合食品安全标准及其他强制性规定的要求。

食品相关产品生产者应当制定食品相关产品质量安全事故处置方案，定期检查各项质量安全防范措施的落实情况，及时消除事故隐患。

第十条　食品相关产品生产者实施原辅料控制，应当包括采购、验收、贮存和使用等过程，形成并保存相关过程记录。

食品相关产品生产者应当对首次使用的原辅料、配方和生产工艺进行安全评估及验证，并保存相关记录。

第十一条　食品相关产品生产者应当通过自行检验，或者委托具备相应资质的检验机构对产品进行检验，形成并保存相应记录，检验合格后方可出厂或者销售。

食品相关产品生产者应当建立不合格产品管理制度，对检验结果不合格的产品进行相应处置。

第十二条　食品相关产品销售者应当建立并实施食品相关产品进货查验制度，验明供货者营业执照、相关许可证件、产品合格证明和产品标识，如实记录食品相关产品的名称、数量、进货日期以及供货者名称、地址、联系方式等内容,并保存相关凭证。

第十三条　本办法第十条、第十一条和第十二条要求形成的相关记录和凭证保存期限不得少于产品保质期,产品保质期不足二年的或者没有明确保质期的,保存期限不得少于二年。

第十四条　食品相关产品生产者应当建立食品相关产品质量安全追溯制度,保证从原辅料和添加剂采购到产品销售所有环节均可有效追溯。

鼓励食品相关产品生产者、销售者采用信息化手段采集、留存生产和销售信息,建立食品相关产品质量安全追溯体系。

第十五条　食品相关产品标识信息应当清晰、真实、准确,不得欺骗、误导消费者。标识信息应当标明下列事项:

(一)食品相关产品名称;

(二)生产者名称、地址、联系方式;

(三)生产日期和保质期(适用时);

(四)执行标准;

(五)材质和类别;

(六)注意事项或者警示信息;

(七)法律、法规、规章、食品安全标准及其他强制性规定要求的应当标明的其他事项。

食品相关产品还应当按照有关标准要求在显著位置标注"食品接触用""食品包装用"等用语或者标志。

食品安全标准对食品相关产品标识信息另有其他要求的,从其规定。

第十六条　鼓励食品相关产品生产者将所生产的食品相关产品有关内容向社会公示。鼓励有条件的食品相关产品生产者以电子信息、追溯信息码等方式进行公示。

第十七条　食品相关产品需要召回的,按照国家召回管理的有关规定执行。

第十八条　鼓励食品相关产品生产者、销售者参加相关安全责任保险。

4. 监督管理

《食品相关产品质量安全监督管理暂行办法》

（2022 年 10 月 8 日国家市场监督管理总局令第 62 号公布　自 2023 年 3 月 1 日起施行）

第十九条　对直接接触食品的包装材料等具有较高风险的食品相关产品，按照国家有关工业产品生产许可证管理的规定实施生产许可。食品相关产品生产许可实行告知承诺审批和全覆盖例行检查。

省级市场监督管理部门负责组织实施本行政区域内食品相关产品生产许可和监督管理。根据需要，省级市场监督管理部门可以将食品相关产品生产许可委托下级市场监督管理部门实施。

第二十条　市场监督管理部门建立分层分级、精准防控、末端发力、终端见效工作机制，以"双随机、一公开"监管为主要方式，随机抽取检查对象，随机选派检查人员对食品相关产品生产者、销售者实施日常监督检查，及时向社会公开检查事项及检查结果。

市场监督管理部门实施日常监督检查主要包括书面审查和现场检查。必要时，可以邀请检验检测机构、科研院所等技术机构为日常监督检查提供技术支撑。

第二十一条　对食品相关产品生产者实施日常监督检查的事项包括：生产者资质、生产环境条件、设备设施管理、原辅料控制、生产关键环节控制、检验控制、运输及交付控制、标识信息、不合格品管理和产品召回、从业人员管理、信息记录和追溯、质量安全事故处置等情况。

第二十二条　对食品相关产品销售者实施日常监督检查的事项包括：销售者资质、进货查验结果、食品相关产品贮存、标识信息、质量安全事故处置等情况。

第二十三条　市场监督管理部门实施日常监督检查，可以要求食品相关产品生产者、销售者如实提供本办法第二十一条、第二十二条规定的相关材料。必要时，可以要求被检查单位作出说明或者提供补充材料。

日常监督检查发现食品相关产品可能存在质量安全问题的，市场监督管理部门可以组织技术机构对工艺控制参数、记录的数据参数或者食品相关产品进行抽样检验、测试、验证。

市场监督管理部门应当记录、汇总和分析食品相关产品日常监督检查信息。

第二十四条　市场监督管理部门对其他部门移送、上级交办、投诉、举报等途径和检验检测、风险监测等方式发现的食品相关产品质量安全问题线索，根据需要可以对食品相关产品生产者、销售者及其产品实施针对性监督检查。

第二十五条　县级以上地方市场监督管理部门对食品相关产品生产者、销售者进行监督检查时，有权采取下列措施：

（一）进入生产、销售场所实施现场检查；

（二）对生产、销售的食品相关产品进行抽样检验；

（三）查阅、复制有关合同、票据、账簿以及其他有关资料；

（四）查封、扣押有证据证明不符合食品安全标准或者有证据证明存在质量安全隐患以及用于违法生产经营的食品相关产品、工具、设备；

（五）查封违法从事食品相关产品生产经营活动的场所；

（六）法律法规规定的其他措施。

第二十六条　县级以上地方市场监督管理部门应当对监督检查中发现的问题，书面提出整改要求及期限。被检查企业应当按期整改，并将整改情况报告市场监督管理部门。

对监督检查中发现的违法行为，应当依法查处；不属于本部门职责或者超出监管范围的，应当及时移送有权处理的部门；涉嫌构成犯罪的，应当及时移送公安机关。

第二十七条　市场监督管理部门对可能危及人体健康和人身、财产安全的食品相关产品，影响国计民生以及消费者、有关组织反映有质量安全问题的食品相关产品，依据产品质量监督抽查有关规定进行监督抽查。法律、法规、规章对食品相关产品质量安全的监督抽查另有规定的，依照有关规定执行。

第二十八条 县级以上地方市场监督管理部门应当建立完善本行政区域内食品相关产品生产者名录数据库。鼓励运用信息化手段实现电子化管理。

县级以上地方市场监督管理部门可以根据食品相关产品质量安全风险监测、风险评估结果和质量安全状况等，结合企业信用风险分类结果，对食品相关产品生产者实施质量安全风险分级监督管理。

第二十九条 国家市场监督管理总局按照有关规定实施国家食品相关产品质量安全风险监测。省级市场监督管理部门按照本行政区域的食品相关产品质量安全风险监测方案，开展食品相关产品质量安全风险监测工作。风险监测结果表明可能存在质量安全隐患的，应当将相关信息通报同级卫生行政等部门。

承担食品相关产品质量安全风险监测工作的技术机构应当根据食品相关产品质量安全风险监测计划和监测方案开展监测工作，保证监测数据真实、准确，并按照要求报送监测数据和分析结果。

第三十条 国家市场监督管理总局按照国家有关规定向相关部门通报食品相关产品质量安全信息。

县级以上地方市场监督管理部门按照有关要求向上一级市场监督管理部门、同级相关部门通报食品相关产品质量安全信息。通报信息涉及其他地区的，应当及时向相关地区同级部门通报。

第三十一条 食品相关产品质量安全信息包括以下内容：

（一）食品相关产品生产许可、监督抽查、监督检查和风险监测中发现的食品相关产品质量安全信息；

（二）有关部门通报的，行业协会和消费者协会等组织、企业和消费者反映的食品相关产品质量安全信息；

（三）舆情反映的食品相关产品质量安全信息；

（四）其他与食品相关产品质量安全有关的信息。

第三十二条 市场监督管理部门对食品相关产品质量安全风险信息可以组织风险研判，进行食品相关产品质量安全状况综合分析，或者会同同级人民政府有关部门、行业组织、企业等共同研判。认为需要进行风险评估的，应当向同级卫生行政部门提出风险评估的建议。

第三十三条 市场监督管理部门实施食品相关产品生产许可、全覆盖例行检查、监督检查以及产品质量监督抽查中作出的行政处罚信息,依法记入国家企业信用信息公示系统,向社会公示。

二、消毒洗涤

《中华人民共和国食品安全法》(2021年修正)

第三十三条 食品生产经营应当符合食品安全标准,并符合下列要求:

(五)餐具、饮具和盛放直接入口食品的容器,使用前应当洗净、消毒,炊具、用具用后应当洗净,保持清洁;

(七)直接入口的食品应当使用无毒、清洁的包装材料、餐具、饮具和容器。

第五十六条 第二款 餐饮服务提供者应当按照要求对餐具、饮具进行清洗消毒,不得使用未经清洗消毒的餐具、饮具;餐饮服务提供者委托清洗消毒餐具、饮具的,应当委托符合本法规定条件的餐具、饮具集中消毒服务单位。

第五十八条 餐具、饮具集中消毒服务单位应当具备相应的作业场所、清洗消毒设备或者设施,用水和使用的洗涤剂、消毒剂应当符合相关食品安全国家标准和其他国家标准、卫生规范。

餐具、饮具集中消毒服务单位应当对消毒餐具、饮具进行逐批检验,检验合格后方可出厂,并应当随附消毒合格证明。消毒后的餐具、饮具应当在独立包装上标注单位名称、地址、联系方式、消毒日期以及使用期限等内容。

《中华人民共和国食品安全法实施条例》(2019年修订)

第二十六条 餐饮服务提供者委托餐具饮具集中消毒服务单位提供清洗消毒服务的,应当查验、留存餐具饮具集中消毒服务单位的营业执照复印件和消毒合格证明。保存期限不得少于消毒餐具饮具使用期限到期后6个月。

第二十七条　餐具饮具集中消毒服务单位应当建立餐具饮具出厂检验记录制度，如实记录出厂餐具饮具的数量、消毒日期和批号、使用期限、出厂日期以及委托方名称、地址、联系方式等内容。出厂检验记录保存期限不得少于消毒餐具饮具使用期限到期后6个月。消毒后的餐具饮具应当在独立包装上标注单位名称、地址、联系方式、消毒日期和批号以及使用期限等内容。

三、食品相关产品新品种

《中华人民共和国食品安全法》（2021年修正）

第三十七条　利用新的食品原料生产食品，或者生产食品添加剂新品种、食品相关产品新品种，应当向国务院卫生行政部门提交相关产品的安全性评估材料。国务院卫生行政部门应当自收到申请之日起六十日内组织审查；对符合食品安全要求的，准予许可并公布；对不符合食品安全要求的，不予许可并书面说明理由。

《中华人民共和国食品安全法实施条例》（2019年修订）

第十六条　国务院卫生行政部门应当及时公布新的食品原料、食品添加剂新品种和食品相关产品新品种目录以及所适用的食品安全国家标准。

对按照传统既是食品又是中药材的物质目录，国务院卫生行政部门会同国务院食品安全监督管理部门应当及时更新。

《食品相关产品新品种行政许可管理规定》（2011年）

第二条　本规定所称食品相关产品新品种，是指用于食品包装材料、容器、洗涤剂、消毒剂和用于食品生产经营的工具、设备的新材料、新原料或新添加剂，具体包括：

（一）尚未列入食品安全国家标准或者卫生部公告允许使用的食品包装材料、容器及其添加剂；

（二）扩大使用范围或者使用量的食品包装材料、容器及其添加剂；

（三）尚未列入食品用消毒剂、洗涤剂原料名单的新原料；

（四）食品生产经营用工具、设备中直接接触食品的新材料、新添加剂。

第三条 食品相关产品应当符合下列要求：

（一）用途明确，具有技术必要性；

（二）在正常合理使用情况下不对人体健康产生危害；

（三）不造成食品成分、结构或色香味等性质的改变；

（四）在达到预期效果时尽可能降低使用量。

第四条 卫生部负责食品相关产品新品种许可工作，制订安全性评估技术规范，并指定卫生部卫生监督中心作为食品相关产品新品种技术审评机构（以下简称审评机构），负责食品相关产品新品种的申报受理、组织安全性评估、技术审核和报批等工作。

第五条 申请食品相关产品新品种许可的单位或个人（以下简称申请人），应当向审评机构提出申请，并提交下列材料：

（一）申请表；

（二）理化特性；

（三）技术必要性、用途及使用条件；

（四）生产工艺；

（五）质量规格要求、检验方法及检验报告；

（六）毒理学安全性评估资料；

（七）迁移量和/或残留量、估计膳食暴露量及其评估方法；

（八）国内外允许使用情况的资料或证明文件；

（九）其他有助于评估的资料。

申请食品用消毒剂、洗涤剂新原料的，可以免于提交第七项资料。

申请食品包装材料、容器、工具、设备用新添加剂的，还应当提交使用范围、使用量等资料。

申请食品包装材料、容器、工具、设备用添加剂扩大使用范围或使用量的，应当提交第一项、第三项、第六项、第七项及使用范围、使用量等资料。

第六条　申请首次进口食品相关产品新品种的，除提交第五条规定的材料外，还应当提交以下材料：

（一）出口国（地区）相关部门或者机构出具的允许该产品在本国（地区）生产或者销售的证明材料；

（二）生产企业所在国（地区）有关机构或者组织出具的对生产企业审查或者认证的证明材料；

（三）受委托申请人应当提交委托申报的委托书；

（四）中文译文应当有中国公证机关的公证。

第七条　申请人应当如实提交有关材料，反映真实情况，并对申请材料的真实性负责，承担法律后果。

第八条　申请人应当在其提交的资料中注明不涉及商业秘密，可以向社会公开的内容。

第九条　审评机构应当在受理后60日内组织医学、食品、化工、材料等方面的专家，对食品相关产品新品种的安全性进行技术评审，并作出技术评审结论。对技术评审过程中需要补充资料的，审评机构应当及时书面一次性告知申请人，申请人应当按照要求及时补充有关资料。

根据技术评审需要，审评机构可以要求申请人现场解答有关技术问题，申请人应当予以配合。必要时，可以组织专家对食品相关产品新品种研制及生产现场进行核实、评价。

需要对相关资料和检验结果进行验证试验的，审评机构应当将检验项目、检验批次、检验方法等要求告知申请人。验证试验应当在取得资质认定的检验机构进行。对尚无食品安全国家标准检验方法的，应当首先对检验方法进行验证。

第十条　食品相关产品新品种行政许可的具体程序按照《行政许可法》、《卫生行政许可管理办法》等有关规定执行。

第十一条　审评机构应当在评审过程中向社会公开征求意见。

根据技术评审结论，卫生部对符合食品安全要求的食品相关产品新品种准予许可并予以公告。对不符合要求的，不予许可并书面说明理由。符合卫生部公告要求的食品相关产品（包括进口食品相关产品），不需再次申请许可。

第十二条　卫生部根据食品相关产品安全性评估结果,按照食品安全国家标准管理的有关规定制订公布相应食品安全国家标准。

相应的食品安全国家标准公布后,原公告自动废止。

第十三条　有下列情况之一的,卫生部应当及时组织专家对已批准的食品相关产品进行重新评估:

(一)随着科学技术的发展,对食品相关产品的安全性产生质疑的;

(二)有证据表明食品相关产品的安全性可能存在问题的。

经重新评价认为不符合食品安全要求的,卫生部可以公告撤销已批准的食品相关产品品种或者修订其使用范围和用量。

第十四条　使用《可用于食品的消毒剂原料(成分)名单》中所列原料生产消毒剂的,应当执行《传染病防治法》、《消毒管理办法》及卫生部有关规定。

第十五条　审评机构对食品相关产品新品种审批资料实行档案管理,建立食品相关产品新品种审批数据库,并按照有关规定提供检索和咨询服务。

四、责任部分

1. 食品安全法

《中华人民共和国食品安全法》(2021年修正)

第一百二十六条　违反本法规定,有下列情形之一的,由县级以上人民政府食品安全监督管理部门责令改正,给予警告;拒不改正的,处五千元以上五万元以下罚款;情节严重的,责令停产停业,直至吊销许可证:

(五)餐具、饮具和盛放直接入口食品的容器,使用前未经洗净、消毒或者清洗消毒不合格,或者餐饮服务设施、设备未按规定定期维护、清洗、校验。

餐具、饮具集中消毒服务单位违反本法规定用水，使用洗涤剂、消毒剂，或者出厂的餐具、饮具未按规定检验合格并随附消毒合格证明，或者未按规定在独立包装上标注相关内容的，由县级以上人民政府卫生行政部门依照前款规定给予处罚。

2. 食品相关产品质量安全监督管理

《食品相关产品质量安全监督管理暂行办法》

（2022年10月8日国家市场监督管理总局令第62号公布　自2023年3月1日起施行）

第三十四条　违反本办法规定，法律、法规对违法行为处罚已有规定的，依照其规定执行。

第三十五条　违反本办法第六条第一项规定，使用不符合食品安全标准及相关公告的原辅料和添加剂，以及其他可能危害人体健康的物质作为原辅料生产食品相关产品，或者超范围、超限量使用添加剂生产食品相关产品的，处十万元以下罚款；情节严重的，处二十万元以下罚款。

第三十六条　违反本办法规定，有下列情形之一的，责令限期改正；逾期不改或者改正后仍然不符合要求的，处三万元以下罚款；情节严重的，处五万元以下罚款：

（一）食品相关产品生产者未建立并实施本办法第九条第一款规定的食品相关产品质量安全管理制度的；

（二）食品相关产品生产者未按照本办法第九条第二款规定制定食品相关产品质量安全事故处置方案的；

（三）食品相关产品生产者未按照本办法第十条规定实施原辅料控制以及开展相关安全评估验证的；

（四）食品相关产品生产者未按照本办法第十一条第二款规定建立并实施不合格产品管理制度、对检验结果不合格的产品进行相应处置的；

（五）食品相关产品销售者未按照本办法第十二条建立并实施进货查验制度的。

第三十七条 市场监督管理部门工作人员，在食品相关产品质量安全监督管理工作中玩忽职守、滥用职权、徇私舞弊的，依法追究法律责任；涉嫌违纪违法的，移送纪检监察机关依纪依规依法给予党纪政务处分；涉嫌违法犯罪的，移送监察机关、司法机关依法处理。

案例解析

案例一

北京某餐饮有限公司与贾某的餐饮服务合同纠纷案

【争议焦点】

贾某提交的视频中是否能证明蟑螂是从餐食中吃出的,以及第三方平台赔偿与经营者赔偿之间是否冲突。

【案情简介】

贾某在一审中提出诉讼请求,要求北京某餐饮公司退还餐费,并依法赔偿1000元,同时承担诉讼费用。一审法院判决餐饮公司赔偿贾某1020.9元,该公司不服一审判决,提起上诉。贾某在一审中主张,其在被告北京某餐饮公司购买的餐食中吃出了蟑螂,并提供了监控视频作为证据。被告北京某餐饮公司上诉称,视频中无法清晰显示贾某从餐食中吃出蟑螂,且贾某在发现问题后行为异常,被告对蟑螂来源产生合理怀疑。被告北京某餐饮公司还指出,贾某在发现问题后很快通过第三方外卖平台成功申请理赔,随后才联系餐饮公司提出高额赔偿要求,怀疑其有备而来,故意毁损关键证据。二审法院经审理,确认一审法院查明的事实,认为贾某提供的证据能够证明其主张,被告未能提交证据予以反驳。法院认为,餐饮公司作为食品生产经营者,应当对食品安全负有相应责任,贾某的主张于法有据,一审法院予以支持并无不当。该餐饮公司主张第三方平台赔偿给贾某的数额应予折抵,但二审法院认为第三方平台与该餐饮公司系不同主体,二者各自承担责任并不冲突,故不予支持餐饮公司的二审上诉意见。最终,二审法院判决驳回上诉,维持原判。

【关联法规】

《中华人民共和国食品安全法》第三十三条、第一百四十八条。

案例二

深圳市某大酒店有限公司与黄某产品责任纠纷案

【争议焦点】

该公司是否应向黄某某赔偿 1000 元。

【案情简介】

黄某某在一审中起诉深圳市某大酒店,请求赔偿 1000 元并承担诉讼费用。一审法院判决深圳市某大酒店向黄某某赔偿 1000 元,并承担案件受理费 25 元。被告不服一审判决,提出上诉。原告黄某某认为,其在某大酒店消费时所购买的食品不符合安全标准,并提交了消费凭证及食品中存在异物的照片作为证据。原告在一审中未到庭应诉,也未提供证据证明其采购的食品原料符合食品安全标准。一审法院根据《中华人民共和国食品安全法》第三十四条第六项以及第五十五条规定,认为深圳市某大酒店应承担举证不能的责任,判决原告的赔偿请求成立。深圳市某大酒店上诉请求撤销一审判决,由黄某某承担诉讼费。二审法院经审理认为,一审法院查明事实清楚,适用法律正确,该酒店未能提供充分证据反驳黄某某的主张,因此维持一审判决。二审案件受理费 50 元,由深圳市某大酒店负担。综上,黄某某因购买的食品存在安全问题,获得法院支持,深圳市某大酒店被判决赔偿 1000 元并承担相关诉讼费用,一审被告深圳市某大酒店的上诉请求被驳回,一审判决得以维持。

【关联法规】

《中华人民共和国食品安全法》第三十四条、第五十五条。

案例三

陈某某与某饮料有限公司产品生产者责任纠纷案

【争议焦点】

原告陈某某要求被告某饮料有限公司在产品外包装上标注长期连续饮用有危害健康风险的声明是否合理。

【案情简介】

原告陈某某在网络平台上购买了被告生产的碳酸饮料和另一品牌的饮料。在随后的一段时间内，原告每日饮用所购饮料，并在某日凌晨因腹部剧烈疼痛至医院就诊，检查发现输尿管结石。原告认为被告的饮料中含有的特定成分是导致结石的主要因素，且产品外包装未明确标识长期饮用的健康风险，故请求法院判令被告在产品外包装上标注健康风险警告，并赔偿其医疗费用及精神损失费。被告辩称，其产品遵循国家食品安全标准，所含成分为国家批准使用的食品添加剂，且产品标签符合规定。被告还指出，原告提交的医疗记录无法直接证明其疾病与被告的产品存在关联性，并提出原告有既往病史，故请求法院驳回原告的全部诉讼请求。法院经审理认为，原告未能充分举证证明其遭受的损害与饮用被告的产品之间存在直接因果关系。考虑到结石形成的多种可能因素，以及原告无法证明饮用被告饮料是导致结石的直接原因，法院认为原告的请求缺乏充分依据。同时，被告提交的证据显示其产品符合国家标准，产品标签合规。因此，法院判决驳回原告的全部诉讼请求，并由原告承担案件受理费。

【关联法规】

《中华人民共和国食品安全法》第二十一条、第六十七条，《最高人民法院关于审理食品药品纠纷案件适用法律若干问题的规定》第五条第二款、第六条。

案例四

刘某与某生物科技有限公司产品责任纠纷案

【争议焦点】

涉案产品是否符合全营养配方食品安全标准，是否违反了《食品安全国家标准 预包装食品标签通则》。

【案情简介】

原告刘某在一家药房购买了一种蛋白质粉固体饮料，共24罐。原告声称，该产品标识的"全营养"字样误导消费者，使其误认为该产品符合全营养食品的国家强制标准，而实际上产品并未获得相应的生产许可，也未从国家相关部门领取过国家注册证书。原告向法院提起诉讼，要求被告退还货款，并支付相当于货款十倍的赔偿金，同时承担诉讼费用。一审法院审理后判决，被告的产品标识确实违反了《食品安全国家标准 预包装食品标签通则》的相关规定，认定其产品不符合全营养食品安全标准，并支持了原告的赔偿请求，判决被告退还货款并支付赔偿金。被告不服一审判决，提出上诉。上诉理由包括：一审法院错误认定涉案产品为被告生产，且涉案的产品符合食品安全标准；原告并非普通消费者，而是职业打假人，不应获得惩罚性赔偿。二审法院经审理，确认一审查明的事实，并认为涉案产品标识确实易误导消费者，被告应承担相应的赔偿责任。但二审法院同时指出，原告与药房之间存在买卖合同关系，而被告并非合同相对方，也未实际收取货款，因此原告要求被告退还货款缺乏依据。二审法院最终判决维持一审中关于赔偿金的判决，撤销退还货款的判决，诉讼费用由双方分担。

【关联法规】

《中华人民共和国食品安全法》第二十五条、第二十六条、第四十一条、第一百四十八条第二款，《最高人民法院关于审理食品药品纠纷案件适用法律若干问题的规定》第三条。

案例五

周某、董某某、某酒类生产公司产品责任纠纷案

【争议焦点】

原告周某购买的特定品牌酒类产品是否违反了《中华人民共和国食品安全法》的规定，非法添加了药品或仅限用于保健食品的物品。

【案情简介】

原告通过在线购物平台从某网店购买了 15 箱特定品牌的酒类产品，支付了一定金额的货款。原告声称，所购酒水非法添加了某药品成分，该成分不属于既是食品又是药品的物品，而是限于保健品使用的原料，未经安全性评估，不得用于普通食品生产经营，因此涉案酒不符合食品安全标准。原告请求解除与网店经营者董某某的买卖合同，返还购物款，并根据相关食品安全法律法规，要求被告支付相当于购物价款十倍的惩罚性赔偿金，同时由被告承担所有诉讼费用。原告曾就产品质量问题与网店经营者董某某交涉无果后，向市场监管部门投诉，发现网店经营者董某某未在其注册地址经营，被列入经营异常名录。另一名被告某酒类生产公司辩称，未生产或销售涉案产品，且与网店经营者董某某无商业往来，公司注重商标知识产权保护，涉案产品上的商标未被注册，不应承担连带责任。法院经审理认定，涉案酒为普通食品，非法添加了某药品成分，违反了《中华人民共和国食品安全法》规定，不符合食品安全标准。根据《中华人民共和国食品安全法》，生产或销售明知不符合食品安全标准的食品，消费者可要求生产者或经营者支付价款十倍的赔偿金。法院支持原告要求网店经营者董某某退还货款及支付赔偿金的请求，但驳回了对某公司的赔偿请求，因证据显示涉案商品非该公司生产。

【关联法规】

《中华人民共和国食品安全法》第三十四条、第三十七条、第三十八条、第七十五条、第一百四十八条。

第八章
进出口食品相关法律法规及案例解读

一、进出口检验

《中华人民共和国进出口商品检验法》（2021年修正）

1. 总则

第一条　为了加强进出口商品检验工作，规范进出口商品检验行为，维护社会公共利益和进出口贸易有关各方的合法权益，促进对外经济贸易关系的顺利发展，制定本法。

第二条　国务院设立进出口商品检验部门（以下简称国家商检部门），主管全国进出口商品检验工作。国家商检部门设在各地的进出口商品检验机构（以下简称商检机构）管理所辖地区的进出口商品检验工作。

第三条　商检机构和依法设立的检验机构（以下称其他检验机构），依法对进出口商品实施检验。

第四条　进出口商品检验应当根据保护人类健康和安全、保护动物或者植物的生命和健康、保护环境、防止欺诈行为、维护国家安全的原则，由国家商检部门制定、调整必须实施检验的进出口商品目录（以下简称目录）并公布实施。

第五条　列入目录的进出口商品，由商检机构实施检验。

前款规定的进口商品未经检验的，不准销售、使用；前款规定的出口商品未经检验合格的，不准出口。

本条第一款规定的进出口商品，其中符合国家规定的免予检验条件的，由收货人或者发货人申请，经国家商检部门审查批准，可以免予检验。

第六条　必须实施的进出口商品检验，是指确定列入目录的进出口商品是否符合国家技术规范的强制性要求的合格评定活动。

合格评定程序包括：抽样、检验和检查；评估、验证和合格保证；注册、认可和批准以及各项的组合。

对本条第一款规定的进出口商品检验，商检机构可以采信检验机构的检验结果；国家商检部门对前述检验机构实行目录管理。

第七条　列入目录的进出口商品，按照国家技术规范的强制性要求进行检验；尚未制定国家技术规范的强制性要求的，应当依法及时制定，未制定之前，可以参照国家商检部门指定的国外有关标准进行检验。

第八条　其他检验机构可以接受对外贸易关系人或者外国检验机构的委托，办理进出口商品检验鉴定业务。

第九条　法律、行政法规规定由其他检验机构实施检验的进出口商品或者检验项目，依照有关法律、行政法规的规定办理。

第十条　国家商检部门和商检机构应当及时收集和向有关方面提供进出口商品检验方面的信息。

国家商检部门和商检机构的工作人员在履行进出口商品检验的职责中，对所知悉的商业秘密负有保密义务。

2. 进口商品的检验

第十一条　本法规定必须经商检机构检验的进口商品的收货人或者其代理人，应当向报关地的商检机构报检。

第十二条　本法规定必须经商检机构检验的进口商品的收货人或者其代理人，应当在商检机构规定的地点和期限内，接受商检机构对进口商品的检验。商检机构应当在国家商检部门统一规定的期限内检验完毕,并出具检验证单。

第十三条 本法规定必须经商检机构检验的进口商品以外的进口商品的收货人,发现进口商品质量不合格或者残损短缺,需要由商检机构出证索赔的,应当向商检机构申请检验出证。

第十四条 对重要的进口商品和大型的成套设备,收货人应当依据对外贸易合同约定在出口国装运前进行预检验、监造或者监装,主管部门应当加强监督;商检机构根据需要可以派出检验人员参加。

3. 出口商品的检验

第十五条 本法规定必须经商检机构检验的出口商品的发货人或者其代理人,应当在商检机构规定的地点和期限内,向商检机构报检。商检机构应当在国家商检部门统一规定的期限内检验完毕,并出具检验证单。

第十六条 经商检机构检验合格发给检验证单的出口商品,应当在商检机构规定的期限内报关出口;超过期限的,应当重新报检。

第十七条 为出口危险货物生产包装容器的企业,必须申请商检机构进行包装容器的性能鉴定。生产出口危险货物的企业,必须申请商检机构进行包装容器的使用鉴定。使用未经鉴定合格的包装容器的危险货物,不准出口。

第十八条 对装运出口易腐烂变质食品的船舱和集装箱,承运人或者装箱单位必须在装货前申请检验。未经检验合格的,不准装运。

4. 监督管理

第十九条 商检机构对本法规定必须经商检机构检验的进出口商品以外的进出口商品,根据国家规定实施抽查检验。

国家商检部门可以公布抽查检验结果或者向有关部门通报抽查检验情况。

第二十条　商检机构根据便利对外贸易的需要，可以按照国家规定对列入目录的出口商品进行出厂前的质量监督管理和检验。

第二十一条　为进出口货物的收发货人办理报检手续的代理人办理报检手续时应当向商检机构提交授权委托书。

第二十二条　国家商检部门和商检机构依法对其他检验机构的进出口商品检验鉴定业务活动进行监督，可以对其检验的商品抽查检验。

第二十三条　国务院认证认可监督管理部门根据国家统一的认证制度，对有关的进出口商品实施认证管理。

第二十四条　认证机构可以根据国务院认证认可监督管理部门同外国有关机构签订的协议或者接受外国有关机构的委托进行进出口商品质量认证工作，准许在认证合格的进出口商品上使用质量认证标志。

第二十五条　商检机构依照本法对实施许可制度的进出口商品实行验证管理，查验单证，核对证货是否相符。

第二十六条　商检机构根据需要，对检验合格的进出口商品，可以加施商检标志或者封识。

第二十七条　进出口商品的报检人对商检机构作出的检验结果有异议的，可以向原商检机构或者其上级商检机构以至国家商检部门申请复验，由受理复验的商检机构或者国家商检部门及时作出复验结论。

第二十八条　当事人对商检机构、国家商检部门作出的复验结论不服或者对商检机构作出的处罚决定不服的，可以依法申请行政复议，也可以依法向人民法院提起诉讼。

第二十九条　国家商检部门和商检机构履行职责，必须遵守法律，维护国家利益，依照法定职权和法定程序严格执法，接受监督。

国家商检部门和商检机构应当根据依法履行职责的需要，加强队伍建设，使商检工作人员具有良好的政治、业务素质。商检工作人员应当定期接受业务培训和考核，经考核合格，方可上岗执行职务。

商检工作人员必须忠于职守，文明服务，遵守职业道德，不得滥用职权，谋取私利。

第三十条　国家商检部门和商检机构应当建立健全内部监督制度，对其工作人员的执法活动进行监督检查。

商检机构内部负责受理报检、检验、出证放行等主要岗位的职责权限应当明确，并相互分离、相互制约。

第三十一条　任何单位和个人均有权对国家商检部门、商检机构及其工作人员的违法、违纪行为进行控告、检举。收到控告、检举的机关应当依法按照职责分工及时查处，并为控告人、检举人保密。

二、食品进出口

《中华人民共和国食品安全法》（2021年修正）

进口：

第九十二条　进口的食品、食品添加剂、食品相关产品应当符合我国食品安全国家标准。

进口的食品、食品添加剂应当经出入境检验检疫机构依照进出口商品检验相关法律、行政法规的规定检验合格。

进口的食品、食品添加剂应当按照国家出入境检验检疫部门的要求随附合格证明材料。

第九十三条　进口尚无食品安全国家标准的食品，由境外出口商、境外生产企业或者其委托的进口商向国务院卫生行政部门提交所执行的相关国家（地区）标准或者国际标准。国务院卫生行政部门对相关标准进行审查，认为符合食品安全要求的，决定暂予适用，并及时制定相应的食品安全国家标准。进口利用新的食品原料生产的食品或者进口食品添加剂新品种、食品相关产品新品种，依照本法第三十七条的规定办理。

出入境检验检疫机构按照国务院卫生行政部门的要求，对前款规定的食品、食品添加剂、食品相关产品进行检验。检验结果应当公开。

第九十四条　境外出口商、境外生产企业应当保证向我国出口的食品、食品添加剂、食品相关产品符合本法以及我国其他有关法律、行政法规的规定和食品安全国家标准的要求,并对标签、说明书的内容负责。

进口商应当建立境外出口商、境外生产企业审核制度,重点审核前款规定的内容;审核不合格的,不得进口。

发现进口食品不符合我国食品安全国家标准或者有证据证明可能危害人体健康的,进口商应当立即停止进口,并依照本法第六十三条的规定召回。

第九十五条 境外发生的食品安全事件可能对我国境内造成影响,或者在进口食品、食品添加剂、食品相关产品中发现严重食品安全问题的,国家出入境检验检疫部门应当及时采取风险预警或者控制措施,并向国务院食品安全监督管理、卫生行政、农业行政部门通报。接到通报的部门应当及时采取相应措施。

县级以上人民政府食品安全监督管理部门对国内市场上销售的进口食品、食品添加剂实施监督管理。发现存在严重食品安全问题的,国务院食品安全监督管理部门应当及时向国家出入境检验检疫部门通报。国家出入境检验检疫部门应当及时采取相应措施。

第九十六条 向我国境内出口食品的境外出口商或者代理商、进口食品的进口商应当向国家出入境检验检疫部门备案。向我国境内出口食品的境外食品生产企业应当经国家出入境检验检疫部门注册。已经注册的境外食品生产企业提供虚假材料,或者因其自身的原因致使进口食品发生重大食品安全事故的,国家出入境检验检疫部门应当撤销注册并公告。

国家出入境检验检疫部门应当定期公布已经备案的境外出口商、代理商、进口商和已经注册的境外食品生产企业名单。

第九十七条 进口的预包装食品、食品添加剂应当有中文标签;依法应当有说明书的,还应当有中文说明书。标签、说明书应当符合本法以及我国其他有关法律、行政法规的规定和食品安全国家标准的要求,并载明食品的原产地以及境内代理商的名称、地址、联系方式。预包装食品没有中文标签、中文说明书或者标签、说明书不符合本条规定的,不得进口。

第九十八条　进口商应当建立食品、食品添加剂进口和销售记录制度，如实记录食品、食品添加剂的名称、规格、数量、生产日期、生产或者进口批号、保质期、境外出口商和购货者名称、地址及联系方式、交货日期等内容，并保存相关凭证。记录和凭证保存期限应当符合本法第五十条第二款的规定。

出口：

第九十九条　出口食品生产企业应当保证其出口食品符合进口国（地区）的标准或者合同要求。

出口食品生产企业和出口食品原料种植、养殖场应当向国家出入境检验检疫部门备案。

第一百条　国家出入境检验检疫部门应当收集、汇总下列进出口食品安全信息，并及时通报相关部门、机构和企业：

（一）出入境检验检疫机构对进出口食品实施检验检疫发现的食品安全信息；

（二）食品行业协会和消费者协会等组织、消费者反映的进口食品安全信息；

（三）国际组织、境外政府机构发布的风险预警信息及其他食品安全信息，以及境外食品行业协会等组织、消费者反映的食品安全信息；

（四）其他食品安全信息。

国家出入境检验检疫部门应当对进出口食品的进口商、出口商和出口食品生产企业实施信用管理，建立信用记录，并依法向社会公布。对有不良记录的进口商、出口商和出口食品生产企业，应当加强对其进出口食品的检验检疫。

第一百零一条　国家出入境检验检疫部门可以对向我国境内出口食品的国家（地区）的食品安全管理体系和食品安全状况进行评估和审查，并根据评估和审查结果，确定相应检验检疫要求。

《中华人民共和国食品安全法实施条例》(2019年修订)

进口：

第四十四条 进口商进口食品、食品添加剂，应当按照规定向出入境检验检疫机构报检，如实申报产品相关信息，并随附法律、行政法规规定的合格证明材料。

第四十五条 进口食品运达口岸后，应当存放在出入境检验检疫机构指定或者认可的场所；需要移动的，应当按照出入境检验检疫机构的要求采取必要的安全防护措施。大宗散装进口食品应当在卸货口岸进行检验。

第四十六条 国家出入境检验检疫部门根据风险管理需要，可以对部分食品实行指定口岸进口。

第四十七条 国务院卫生行政部门依照食品安全法第九十三条的规定对境外出口商、境外生产企业或者其委托的进口商提交的相关国家（地区）标准或者国际标准进行审查，认为符合食品安全要求的，决定暂予适用并予以公布；暂予适用的标准公布前，不得进口尚无食品安全国家标准的食品。

食品安全国家标准中通用标准已经涵盖的食品不属于食品安全法第九十三条规定的尚无食品安全国家标准的食品。

第四十八条 进口商应当建立境外出口商、境外生产企业审核制度，重点审核境外出口商、境外生产企业制定和执行食品安全风险控制措施的情况以及向我国出口的食品是否符合食品安全法、本条例和其他有关法律、行政法规的规定以及食品安全国家标准的要求。

第四十九条 进口商依照食品安全法第九十四条第三款的规定召回进口食品的，应当将食品召回和处理情况向所在地县级人民政府食品安全监督管理部门和所在地出入境检验检疫机构报告。

第五十条 国家出入境检验检疫部门发现已经注册的境外食品生产企业不再符合注册要求的，应当责令其在规定期限内整改，整改期间暂停进口其生产的食品；经整改仍不符合注册要求的，国家出入境检验检疫部门应当撤销境外食品生产企业注册并公告。

第五十一条　对通过我国良好生产规范、危害分析与关键控制点体系认证的境外生产企业，认证机构应当依法实施跟踪调查。对不再符合认证要求的企业，认证机构应当依法撤销认证并向社会公布。

第五十二条　境外发生的食品安全事件可能对我国境内造成影响，或者在进口食品、食品添加剂、食品相关产品中发现严重食品安全问题的，国家出入境检验检疫部门应当及时进行风险预警，并可以对相关的食品、食品添加剂、食品相关产品采取下列控制措施：

（一）退货或者销毁处理；

（二）有条件地限制进口；

（三）暂停或者禁止进口。

出口：

第五十三条　出口食品、食品添加剂的生产企业应当保证其出口食品、食品添加剂符合进口国家（地区）的标准或者合同要求；我国缔结或者参加的国际条约、协定有要求的，还应当符合国际条约、协定的要求。

三、食品添加剂进口

《中华人民共和国食品安全法》（2021年修正）

第九十二条　进口的食品、食品添加剂、食品相关产品应当符合我国食品安全国家标准。

进口的食品、食品添加剂应当经出入境检验检疫机构依照进出口商品检验相关法律、行政法规的规定检验合格。

进口的食品、食品添加剂应当按照国家出入境检验检疫部门的要求随附合格证明材料。

第九十三条　进口尚无食品安全国家标准的食品，由境外出口商、境外生产企业或者其委托的进口商向国务院卫生行政部门提交所执行的相关国家（地区）标准或者国际标准。国务院卫生行政部门对相关标准进行审查，认为符合食品安全要求的，决定暂予适用，并及时制定相应的食品安全国家标准。进口利用新的食品原料生产的食品或者进口食品添加剂新品种、食品相关产品新品种，依照本法第三十七条的规定办理。

出入境检验检疫机构按照国务院卫生行政部门的要求，对前款规定的食品、食品添加剂、食品相关产品进行检验。检验结果应当公开。

第九十四条 境外出口商、境外生产企业应当保证向我国出口的食品、食品添加剂、食品相关产品符合本法以及我国其他有关法律、行政法规的规定和食品安全国家标准的要求，并对标签、说明书的内容负责。

进口商应当建立境外出口商、境外生产企业审核制度，重点审核前款规定的内容；审核不合格的，不得进口。

发现进口食品不符合我国食品安全国家标准或者有证据证明可能危害人体健康的，进口商应当立即停止进口，并依照本法第六十三条的规定召回。

第九十五条 境外发生的食品安全事件可能对我国境内造成影响，或者在进口食品、食品添加剂、食品相关产品中发现严重食品安全问题的，国家出入境检验检疫部门应当及时采取风险预警或者控制措施，并向国务院食品安全监督管理、卫生行政、农业行政部门通报。接到通报的部门应当及时采取相应措施。

县级以上人民政府食品安全监督管理部门对国内市场上销售的进口食品、食品添加剂实施监督管理。发现存在严重食品安全问题的，国务院食品安全监督管理部门应当及时向国家出入境检验检疫部门通报。国家出入境检验检疫部门应当及时采取相应措施。

第九十七条 进口的预包装食品、食品添加剂应当有中文标签；依法应当有说明书的，还应当有中文说明书。标签、说明书应当符合本法以及我国其他有关法律、行政法规的规定和食品安全国家标准的要求，并载明食品的原产地以及境内代理商的名称、地址、联系方式。预包装食品没有中文标签、中文说明书或者标签、说明书不符合本条规定的，不得进口。

第九十八条 进口商应当建立食品、食品添加剂进口和销售记录制度，如实记录食品、食品添加剂的名称、规格、数量、生产日期、生产或者进口批号、保质期、境外出口商和购货者名称、地址及联系方式、交货日期等内容，并保存相关凭证。记录和凭证保存期限应当符合本法第五十条第二款的规定。

《食品添加剂新品种管理办法》（2017年修订）

第六条　申请食品添加剂新品种生产、经营、使用或者进口的单位或者个人（以下简称申请人），应当提出食品添加剂新品种许可申请，并提交以下材料：

（一）添加剂的通用名称、功能分类，用量和使用范围；

（二）证明技术上确有必要和使用效果的资料或者文件；

（三）食品添加剂的质量规格要求、生产工艺和检验方法，食品中该添加剂的检验方法或者相关情况说明；

（四）安全性评估材料，包括生产原料或者来源、化学结构和物理特性、生产工艺、毒理学安全性评价资料或者检验报告、质量规格检验报告；

（五）标签、说明书和食品添加剂产品样品；

（六）其他国家（地区）、国际组织允许生产和使用等有助于安全性评估的资料。

申请食品添加剂品种扩大使用范围或者用量的，可以免于提交前款第四项材料，但是技术评审中要求补充提供的除外。

第七条　申请首次进口食品添加剂新品种的，除提交第六条规定的材料外，还应当提交以下材料：

（一）出口国（地区）相关部门或者机构出具的允许该添加剂在本国（地区）生产或者销售的证明材料；

（二）生产企业所在国（地区）有关机构或者组织出具的对生产企业审查或者认证的证明材料。

《食品添加剂生产企业卫生规范》（2002年）

第二十二条　采购的原材料必须符合有关标准和规定。进口食品添加剂应索取口岸食品卫生监督检验机构出具的卫生证明。生产复合食品添加剂的各种原料，采购时应向供货方索取该产品的卫生许可证和同批产品的检验合格证明，不许使用食品添加剂使用卫生标准或卫生部通告名单以外的品种、不能用非食品添加剂代替食品添加剂，入库时应进行验收。

《食品添加剂新品种申报与受理规定》（2010年）

第五条　申请首次进口食品添加剂新品种的，除提交第三条规定的资料外，还应当提交以下资料：

（一）出口国（地区）相关部门或者机构出具的允许该添加剂在本国（地区）生产或者销售的证明文件；

（二）生产企业所在国（地区）有关机构或者组织出具的对生产企业审查或者认证的证明文件；

（三）受委托申请人应提交委托申报的委托书；

（四）中文译文应有中国公证机关的公证。

第十三条　进口食品添加剂在生产国（地区）允许生产销售的证明文件应当符合下列要求：

（一）每个产品应当提供1份证明文件原件，无法提供证明文件原件的，须由文件出具单位确认，或由我国驻产品生产国使（领）馆确认。一份证明文件载明多个食品添加剂新品种的，在首个新品种申报时已提供证明文件原件后，该证明文件中其他新品种申报可提供复印件，并提交书面说明，指明证明文件原件所在的申报产品；

（二）应载明文件出具单位名称、生产企业名称、产品名称和出具文件的日期；

（三）应由产品生产国政府主管部门或行业协会出具；

（四）应有出具单位印章或法定代表人（或其授权人）签名；

（五）所载明的生产企业名称和产品名称（或商品名称），应与所申报的内容完全一致；

（六）凡载明有效期的，申请人应在证明文件的有效期内提出申请；

（七）中文译文应有中国公证机关的公证。

四、特殊食品进口

1. 保健食品

《中华人民共和国食品安全法》（2021年修正）

第七十六条 使用保健食品原料目录以外原料的保健食品和首次进口的保健食品应当经国务院食品安全监督管理部门注册。但是，首次进口的保健食品中属于补充维生素、矿物质等营养物质的，应当报国务院食品安全监督管理部门备案。其他保健食品应当报省、自治区、直辖市人民政府食品安全监督管理部门备案。

进口的保健食品应当是出口国（地区）主管部门准许上市销售的产品。

《保健食品注册与备案管理办法》（2020年修订）

第九条 生产和进口下列产品应当申请保健食品注册：

（一）使用保健食品原料目录以外原料（以下简称目录外原料）的保健食品；

（二）首次进口的保健食品（属于补充维生素、矿物质等营养物质的保健食品除外）。

首次进口的保健食品，是指非同一国家、同一企业、同一配方申请中国境内上市销售的保健食品。

第十一条 国产保健食品注册申请人应当是在中国境内登记的法人或者其他组织；进口保健食品注册申请人应当是上市保健食品的境外生产厂商。

申请进口保健食品注册的，应当由其常驻中国代表机构或者由其委托中国境内的代理机构办理。

境外生产厂商，是指产品符合所在国（地区）上市要求的法人或者其他组织。

第十三条　申请首次进口保健食品注册，除提交本办法第十二条规定的材料外，还应当提交下列材料：

（一）产品生产国（地区）政府主管部门或者法律服务机构出具的注册申请人为上市保健食品境外生产厂商的资质证明文件；

（二）产品生产国（地区）政府主管部门或者法律服务机构出具的保健食品上市销售一年以上的证明文件，或者产品境外销售以及人群食用情况的安全性报告；

（三）产品生产国（地区）或者国际组织与保健食品相关的技术法规或者标准；

（四）产品在生产国（地区）上市的包装、标签、说明书实样。

由境外注册申请人常驻中国代表机构办理注册事务的，应当提交《外国企业常驻中国代表机构登记证》及其复印件；境外注册申请人委托境内的代理机构办理注册事项的，应当提交经过公证的委托书原件以及受委托的代理机构营业执照复印件。

第四十五条　生产和进口下列保健食品应当依法备案：

（一）使用的原料已经列入保健食品原料目录的保健食品；

（二）首次进口的属于补充维生素、矿物质等营养物质的保健食品。

首次进口的属于补充维生素、矿物质等营养物质的保健食品，其营养物质应当是列入保健食品原料目录的物质。

第四十六条　国产保健食品的备案人应当是保健食品生产企业，原注册人可以作为备案人；进口保健食品的备案人，应当是上市保健食品境外生产厂商。

第七十四条　申请首次进口保健食品注册和办理进口保健食品备案及其变更的，应当提交中文材料，外文材料附后。中文译本应当由境内公证机构进行公证，确保与原文内容一致；申请注册的产品质量标准（中文本），必须符合中国保健食品质量标准的格式。境外机构出具的证明文件应当经生产国（地区）的公证机构公证和中国驻所在国使领馆确认。

2. 特殊医学用途配方食品

由于在《特殊医学用途配方食品注册管理办法》中仅有第二条提到了进口：

第二条 在中华人民共和国境内生产销售和进口的特殊医学用途配方食品的注册管理，适用本办法。

本办法详见第六章相关内容。

3. 婴幼儿配方食品

由于在《婴幼儿配方乳粉产品配方注册管理办法》中仅有第二条、第三十七条（关于标识的规定）提到了进口：

第二条 在中华人民共和国境内生产销售和进口的婴幼儿配方乳粉产品配方注册管理，适用本办法。

本办法详见第六章相关内容。

五、责任部分

1. 进出口商品检验

《中华人民共和国进出口商品检验法》（2021年修正）

第三十二条 违反本法规定，将必须经商检机构检验的进口商品未报经检验而擅自销售或者使用的，或者将必须经商检机构检验的出口商品未报经检验合格而擅自出口的，由商检机构没收违法所得，并处货值金额百分之五以上百分之二十以下的罚款；构成犯罪的，依法追究刑事责任。

第三十三条　进口或者出口属于掺杂掺假、以假充真、以次充好的商品或者以不合格进出口商品冒充合格进出口商品的,由商检机构责令停止进口或者出口,没收违法所得,并处货值金额百分之五十以上三倍以下的罚款;构成犯罪的,依法追究刑事责任。

第三十四条　伪造、变造、买卖或者盗窃商检单证、印章、标志、封识、质量认证标志的,依法追究刑事责任;尚不够刑事处罚的,由商检机构、认证认可监督管理部门依据各自职责责令改正,没收违法所得,并处货值金额等值以下的罚款。

第三十五条　国家商检部门、商检机构的工作人员违反本法规定,泄露所知悉的商业秘密的,依法给予行政处分,有违法所得的,没收违法所得;构成犯罪的,依法追究刑事责任。

第三十六条　国家商检部门、商检机构的工作人员滥用职权,故意刁难的,徇私舞弊,伪造检验结果的,或者玩忽职守,延误检验出证的,依法给予行政处分;构成犯罪的,依法追究刑事责任。

2. 食品安全法

《中华人民共和国食品安全法》(2021 年修正)

第一百二十九条　违反本法规定,有下列情形之一的,由出入境检验检疫机构依照本法第一百二十四条的规定给予处罚:

(一)提供虚假材料,进口不符合我国食品安全国家标准的食品、食品添加剂、食品相关产品;

(二)进口尚无食品安全国家标准的食品,未提交所执行的标准并经国务院卫生行政部门审查,或者进口利用新的食品原料生产的食品或者进口食品添加剂新品种、食品相关产品新品种,未通过安全性评估;

(三)未遵守本法的规定出口食品;

(四)进口商在有关主管部门责令其依照本法规定召回进口的食品后,仍拒不召回。

违反本法规定,进口商未建立并遵守食品、食品添加剂进口和销售记录制度、境外出口商或者生产企业审核制度的,由出入境检验检疫机构依照本法第一百二十六条的规定给予处罚。

《中华人民共和国食品安全法》

第一百二十六条　违反本法规定,有下列情形之一的,由县级以上人民政府食品安全监督管理部门责令改正,给予警告;拒不改正的,处五千元以上五万元以下罚款;情节严重的,责令停产停业,直至吊销许可证:

(一)食品、食品添加剂生产者未按规定对采购的食品原料和生产的食品、食品添加剂进行检验;

(二)食品生产经营企业未按规定建立食品安全管理制度,或者未按规定配备或者培训、考核食品安全管理人员;

(三)食品、食品添加剂生产经营者进货时未查验许可证和相关证明文件,或者未按规定建立并遵守进货查验记录、出厂检验记录和销售记录制度;

(四)食品生产经营企业未制定食品安全事故处置方案;

(五)餐具、饮具和盛放直接入口食品的容器,使用前未经洗净、消毒或者清洗消毒不合格,或者餐饮服务设施、设备未按规定定期维护、清洗、校验;

(六)食品生产经营者安排未取得健康证明或者患有国务院卫生行政部门规定的有碍食品安全疾病的人员从事接触直接入口食品的工作;

(七)食品经营者未按规定要求销售食品;

(八)保健食品生产企业未按规定向食品安全监督管理部门备案,或者未按备案的产品配方、生产工艺等技术要求组织生产;

(九)婴幼儿配方食品生产企业未将食品原料、食品添加剂、产品配方、标签等向食品安全监督管理部门备案;

(十)特殊食品生产企业未按规定建立生产质量管理体系并有效运行,或者未定期提交自查报告;

(十一)食品生产经营者未定期对食品安全状况进行检查评价,或者生产经营条件发生变化,未按规定处理;

(十二)学校、托幼机构、养老机构、建筑工地等集中用餐单位未按规定履行食品安全管理责任;

（十三）食品生产企业、餐饮服务提供者未按规定制定、实施生产经营过程控制要求。

餐具、饮具集中消毒服务单位违反本法规定用水，使用洗涤剂、消毒剂，或者出厂的餐具、饮具未按规定检验合格并随附消毒合格证明，或者未按规定在独立包装上标注相关内容的，由县级以上人民政府卫生行政部门依照前款规定给予处罚。

食品相关产品生产者未按规定对生产的食品相关产品进行检验的，由县级以上人民政府食品安全监督管理部门依照第一款规定给予处罚。

食用农产品销售者违反本法第六十五条规定的，由县级以上人民政府食品安全监督管理部门依照第一款规定给予处罚。

案例解析

案例一

胡某与北京某超市有限责任公司买卖合同纠纷案

【争议焦点】

食品通过海关检疫是否代表其符合食品安全标准。

【案情简介】

原告胡某在被告北京某超市购买了 10 瓶某品牌蜂巢蜂蜜,每瓶单价 90 元,共计 900 元。胡某声称,所购产品中非法添加了蜂巢,违反了《中华人民共和国食品安全法》的相关规定,因此请求退货退款,并要求十倍赔偿金 9000 元。被告辩称,其销售的蜂蜜产品通过了国家检疫,是允许销售的产品,不存在原告所述的非法添加问题,因此不同意原告的诉讼请求。法院经审理查明,胡某购买的蜂蜜产品中确实含有蜂巢成分。根据国家市场监督管理总局的政府信息公开告知书,涉诉产品并不符合《中华人民共和国食品安全法》的相关规定。虽然被告提交了入境货物检验检疫证明等证据,但这并不能证明该食品符合《中华人民共和国食品安全法》的要求。因此,法院认为被告的辩称不成立。法院认为,消费者购买的商品不符合食品安全标准时,除了可以要求赔偿损失外,还可以要求生产者或经营者支付价款十倍或损失三倍的赔偿金。本案中,原告与被告之间形成了合法有效的买卖合同关系,但被告出售的商品不符合食品安全标准。最终,法院判决被告超市返还原告胡某货款 900 元,并赔偿原告 9000 元。案件受理费由被告负担。

【关联法规】

《中华人民共和国食品安全法》第九十二条、第九十三条、第一百四十八条。

案例二

于某与深圳市某贸易有限公司产品责任纠纷案

【争议焦点】

食品通过海关检疫是否代表其符合食品安全标准。

【案情简介】

原告于某通过网络购物平台从被告处购买了标识为"日本武士威士忌"的酒4件。原告发现该食品的制造地为日本千叶县,为日本福岛核泄漏辐射地区,认为被告销售的食品存在安全隐患,属于禁止进口的食品。此外,被告销售的食品无中文标签、中文说明书,且未能提供进口食品的报关单据和入境货物检验检疫证明,因此原告认为涉案食品属于不符合安全标准的食品。原告据此向法院提出诉讼请求,要求被告退还货款,并根据《中华人民共和国食品安全法》第一百四十八条第二款规定,要求十倍赔偿。被告未提出答辩。法院经审理认定,原告购买的商品均为进口预包装食品,未贴有中文标签,未注明代理商信息,且被告未能提供商品经出入境检验检疫机构检验合格的相关证据,难以证明商品符合食品安全标准,违反了《中华人民共和国食品安全法》的相关规定。法院支持原告的诉讼请求。最终,法院判决被告退还原告货款,原告将所购商品退还被告,退货运费由被告承担。同时,被告需支付原告货款十倍赔偿金。案件受理费和公告费由被告负担。

【关联法规】

《中华人民共和国食品安全法》第九十二条、第九十七条、第一百四十八条第二款。

案例三

高某、某生物科技有限公司信息网络买卖合同纠纷案

【争议焦点】

含有药品荆芥是否需要提供相应的检疫证明。

【案情简介】

原告高某在被告某生物科技有限公司经营的网店购买了三瓶进口"肾元胶囊"。收到货物后，高某发现产品无中文标签和说明书，且产品介绍与网店的客服描述不一致，产品被描述为食品、保健药品和保健食品。经了解，该产品未在中国食品安全监督管理部门注册或备案，应视为普通食品。但产品配料表显示含有荆芥，属于药品，不能用于普通食品或保健食品。因此，高某认为被告出售的食品违反了中国食品安全标准，要求解除合同，退款退货，并赔偿。被告辩称，与原告之间是委托代理关系而非买卖合同关系，产品无质量问题，原告未证明产品存在质量问题或危害身体健康，且原告购买动机为索赔而非消费，请求驳回原告诉讼请求。法院经审理认定，原、被告间建立的是买卖合同关系，非委托代理关系。被告作为销售者，应承担《中华人民共和国食品安全法》规定的责任。涉案产品无中文标签和说明书，且添加了药品荆芥，违反了食品安全国家标准，为不符合食品安全标准的食品。原告主张解除合同、索赔于法有据，法院予以支持。法院判决解除双方买卖合同，被告支付原告赔偿金，并驳回原告其他诉讼请求。

【关联法规】

《中华人民共和国食品安全法》第二十六条、第三十四条、第三十八条、第六十七条、第七十六条、第九十二条、第九十七条、第一百四十八条。

案例四

黄某伦、黄某娇买卖合同纠纷案

【争议焦点】

黄某伦购买的产品是否符合《中华人民共和国食品安全法》规定的十倍赔偿条件。

黄某伦是否具备《中华人民共和国消费者权益保护法》所定义的消费者主体资格。

【案情简介】

原告黄某伦声称,在购买被告黄某娇销售的产品后,服用一粒即出现头晕现象,检测发现产品含有有毒有害成分西地那非。涉案产品外包装存在不合法之处,被告未能提供产品合法来源和安全性证据。黄某伦认为,黄某娇明知产品为假药而销售,应适用《中华人民共和国食品安全法》假一赔十的相关规定。

被告黄某娇辩称,黄某伦的上诉请求无事实及法律依据,请求维持一审判决。一审法院认定,黄某伦与黄某娇通过微信达成交易,黄某伦购买了20盒名为"美国黑金"的产品。黄某伦收到货物后,称服用一粒后出现头晕现象,并委托检测机构进行检测,检测结果显示样品不符合保健食品相关规定,西地那非单项判定不合格。一审法院认为,涉案商品应为保健食品,但被告未能提供相关批准证书等证据,因此所售保健品不符合食品安全标准,买卖合同无效,黄某娇应退还黄某伦货款1万元。但一审法院未支持原告的十倍赔偿请求,认为其购买行为存在以诉讼方式获取赔偿牟利的可能,不符合诚信原则。二审法院认为,黄某伦在购买前对涉案产品成分应已有所了解,且数量巨大,购买商品不以食用为目的,不属于正常消费行为,不具备消费者主体资格,不符合《中华人民共和国食品安全法》保护的消费者权益范围。因此,二审法院驳回上诉,维持原判。

【关联法规】

《中华人民共和国食品安全法》第一百四十八条、第七十六条、第二十六条、第九十七条、第一百五十条,《保健食品管理办法》第十三条规定。

案例五

周某与某信息技术有限公司网络购物合同纠纷案

【争议焦点】

涉案产品上的日期2016.06.13B是生产日期还是保质期截止日期,即产品在销售时是否过期。

【案情简介】

周某通过上海某信息技术有限公司(以下简称"上海某公司")运营的网络购物平台购买了自韩国进口的蜂蜜黄油扁桃仁。周某认为,所购产品为过期食品,因为产品包装上的日期2016.06.13B应为保质期截止日期,而上海某公司则认为该日期为生产日期,且产品未过期。周某请求返还购物款,并要求按价款十倍赔偿。一审法院认定被告提供的涉案产品报关单和入境货物检验检疫证明、生产企业声明函、货物清单、驻韩使馆认证、中文标签、包装袋等证据相互印证,证明该产品标注日2016.06.13B系该产品的生产日期,该产品保质期为1年,故该产品的保质期应当至2017年6月12日,原告于2016年12月4日购买的涉案产品并未过期。如按原告理解该日期系该产品的保质期截止日期,则该产品在进口报关的时候就已经属于过期食品,但该产品已取得检验检疫合格证并上架销售,这不符合常理。因此一审法院判决驳回周某的诉讼请求,周某不服提出上诉。二审法院经审理,确认一审查明的事实,维持原判。

【关联法规】

《中华人民共和国进出口商品检验法》第十一条、第十二条,《最高人民法院关于审理食品药品纠纷案件适用法律若干问题的规定》第十五条。

第九章
食品安全刑事法律制度及案例解读

一、刑法

第一百四十条 【生产、销售伪劣产品罪】生产者、销售者在产品中掺杂、掺假，以假充真，以次充好或者以不合格产品冒充合格产品，销售金额五万元以上不满二十万元的，处二年以下有期徒刑或者拘役，并处或者单处销售金额百分之五十以上二倍以下罚金；销售金额二十万元以上不满五十万元的，处二年以上七年以下有期徒刑，并处销售金额百分之五十以上二倍以下罚金；销售金额五十万元以上不满二百万元的，处七年以上有期徒刑，并处销售金额百分之五十以上二倍以下罚金；销售金额二百万元以上的，处十五年有期徒刑或者无期徒刑，并处销售金额百分之五十以上二倍以下罚金或者没收财产。

第一百四十三条 【生产、销售不符合安全标准的食品罪】生产、销售不符合食品安全标准的食品，足以造成严重食物中毒事故或者其他严重食源性疾病的，处三年以下有期徒刑或者拘役，并处罚金；对人体健康造成严重危害或者有其他严重情节的，处三年以上七年以下有期徒刑，并处罚金；后果特别严重的，处七年以上有期徒刑或者无期徒刑，并处罚金或者没收财产。

第一百四十四条 【生产、销售有毒、有害食品罪】在生产、销售的食品中掺入有毒、有害的非食品原料的，或者销售明知掺有有毒、有害的非食品原料的食品的，处五年以下有期徒刑，并处罚金；对人体健康造成严重危害或者有其他严重情节的,处五年以上十年以下有期徒刑,并处罚金;致人死亡或者有其他特别严重情节的,依照本法第一百四十一条的规定处罚。

第二百二十五条 【非法经营罪】违反国家规定,有下列非法经营行为之一,扰乱市场秩序,情节严重的,处五年以下有期徒刑或者拘役,并处或者单处违法所得一倍以上五倍以下罚金;情节特别严重的,处五年以上有期徒刑,并处违法所得一倍以上五倍以下罚金或者没收财产:

(一)未经许可经营法律、行政法规规定的专营、专卖物品或者其他限制买卖的物品的;

(二)买卖进出口许可证、进出口原产地证明以及其他法律、行政法规规定的经营许可证或者批准文件的;

(三)未经国家有关主管部门批准非法经营证券、期货、保险业务的,或者非法从事资金支付结算业务的;

(四)其他严重扰乱市场秩序的非法经营行为。

第四百零八条之一【食品、药品监管渎职罪】负有食品药品安全监督管理职责的国家机关工作人员,滥用职权或者玩忽职守,有下列情形之一,造成严重后果或者有其他严重情节的,处五年以下有期徒刑或者拘役;造成特别严重后果或者有其他特别严重情节的,处五年以上十年以下有期徒刑:

(一)瞒报、谎报食品安全事故、药品安全事件的;

(二)对发现的严重食品药品安全违法行为未按规定查处的;

(三)在药品和特殊食品审批审评过程中,对不符合条件的申请准予许可的;

(四)依法应当移交司法机关追究刑事责任不移交的;

(五)有其他滥用职权或者玩忽职守行为的。

徇私舞弊犯前款罪的,从重处罚。

第四百一十三条 【动植物检疫徇私舞弊罪】动植物检疫机关的检疫人员徇私舞弊,伪造检疫结果的,处五年以下有期徒刑或者拘役;造成严重后果的,处五年以上十年以下有期徒刑。

【动植物检疫失职罪】前款所列人员严重不负责任,对应当检疫的检疫物不检疫，或者延误检疫出证、错误出证，致使国家利益遭受重大损失的，处三年以下有期徒刑或者拘役。

第四百一十四条　【放纵制售伪劣商品犯罪行为罪】对生产、销售伪劣商品犯罪行为负有追究责任的国家机关工作人员，徇私舞弊，不履行法律规定的追究职责，情节严重的，处五年以下有期徒刑或者拘役。

二、司法解释

《最高人民法院　最高人民检察院 关于办理危害食品安全刑事案件适用法律若干问题的解释（2021）》

第一条　生产、销售不符合食品安全标准的食品，具有下列情形之一的，应当认定为刑法第一百四十三条规定的"足以造成严重食物中毒事故或者其他严重食源性疾病"：

（一）含有严重超出标准限量的致病性微生物、农药残留、兽药残留、生物毒素、重金属等污染物质以及其他严重危害人体健康的物质的；

（二）属于病死、死因不明或者检验检疫不合格的畜、禽、兽、水产动物肉类及其制品的；

（三）属于国家为防控疾病等特殊需要明令禁止生产、销售的；

（四）特殊医学用途配方食品、专供婴幼儿的主辅食品营养成分严重不符合食品安全标准的；

（五）其他足以造成严重食物中毒事故或者严重食源性疾病的情形。

第二条　生产、销售不符合食品安全标准的食品，具有下列情形之一的，应当认定为刑法第一百四十三条规定的"对人体健康造成严重危害"：

（一）造成轻伤以上伤害的；

（二）造成轻度残疾或者中度残疾的；

（三）造成器官组织损伤导致一般功能障碍或者严重功能障碍的；

（四）造成十人以上严重食物中毒或者其他严重食源性疾病的；

（五）其他对人体健康造成严重危害的情形。

第三条　生产、销售不符合食品安全标准的食品，具有下列情形之一的，应当认定为刑法第一百四十三条规定的"其他严重情节"：

（一）生产、销售金额二十万元以上的；

（二）生产、销售金额十万元以上不满二十万元，不符合食品安全标准的食品数量较大或者生产、销售持续时间六个月以上的；

（三）生产、销售金额十万元以上不满二十万元，属于特殊医学用途配方食品、专供婴幼儿的主辅食品的；

（四）生产、销售金额十万元以上不满二十万元，且在中小学校园、托幼机构、养老机构及周边面向未成年人、老年人销售的；

（五）生产、销售金额十万元以上不满二十万元，曾因危害食品安全犯罪受过刑事处罚或者二年内因危害食品安全违法行为受过行政处罚的；

（六）其他情节严重的情形。

第四条　生产、销售不符合食品安全标准的食品，具有下列情形之一的，应当认定为刑法第一百四十三条规定的"后果特别严重"：

（一）致人死亡的；

（二）造成重度残疾以上的；

（三）造成三人以上重伤、中度残疾或者器官组织损伤导致严重功能障碍的；

（四）造成十人以上轻伤、五人以上轻度残疾或者器官组织损伤导致一般功能障碍的；

（五）造成三十人以上严重食物中毒或者其他严重食源性疾病的；

（六）其他特别严重的后果。

第五条　在食品生产、销售、运输、贮存等过程中，违反食品安全标准，超限量或者超范围滥用食品添加剂，足以造成严重食物中毒事故或者其他严重食源性疾病的，依照刑法第一百四十三条的规定以生产、销售不符合安全标准的食品罪定罪处罚。

在食用农产品种植、养殖、销售、运输、贮存等过程中,违反食品安全标准,超限量或者超范围滥用添加剂、农药、兽药等,足以造成严重食物中毒事故或者其他严重食源性疾病的,适用前款的规定定罪处罚。

第六条 生产、销售有毒、有害食品,具有本解释第二条规定情形之一的,应当认定为刑法第一百四十四条规定的"对人体健康造成严重危害"。

第七条 生产、销售有毒、有害食品,具有下列情形之一的,应当认定为刑法第一百四十四条规定的"其他严重情节":

(一)生产、销售金额二十万元以上不满五十万元的;

(二)生产、销售金额十万元以上不满二十万元,有毒、有害食品数量较大或者生产、销售持续时间六个月以上的;

(三)生产、销售金额十万元以上不满二十万元,属于特殊医学用途配方食品、专供婴幼儿的主辅食品的;

(四)生产、销售金额十万元以上不满二十万元,且在中小学校园、托幼机构、养老机构及周边面向未成年人、老年人销售的;

(五)生产、销售金额十万元以上不满二十万元,曾因危害食品安全犯罪受过刑事处罚或者二年内因危害食品安全违法行为受过行政处罚的;

(六)有毒、有害的非食品原料毒害性强或者含量高的;

(七)其他情节严重的情形。

第八条 生产、销售有毒、有害食品,生产、销售金额五十万元以上,或者具有本解释第四条第二项至第六项规定的情形之一的,应当认定为刑法第一百四十四条规定的"其他特别严重情节"。

第九条 下列物质应当认定为刑法第一百四十四条规定的"有毒、有害的非食品原料":

(一)因危害人体健康,被法律、法规禁止在食品生产经营活动中添加、使用的物质;

(二)因危害人体健康,被国务院有关部门列入《食品中可能违法添加的非食用物质名单》《保健食品中可能非法添加的物质名单》和国务院有关部门公告的禁用农药、《食品动物中禁止使用的药品及其他化合物清单》等名单上的物质;

（三）其他有毒、有害的物质。

第十条　刑法第一百四十四条规定的"明知"，应当综合行为人的认知能力、食品质量、进货或者销售的渠道及价格等主、客观因素进行认定。

具有下列情形之一的，可以认定为刑法第一百四十四条规定的"明知"，但存在相反证据并经查证属实的除外：

（一）长期从事相关食品、食用农产品生产、种植、养殖、销售、运输、贮存行业，不依法履行保障食品安全义务的；

（二）没有合法有效的购货凭证，且不能提供或者拒不提供销售的相关食品来源的；

（三）以明显低于市场价格进货或者销售且无合理原因的；

（四）在有关部门发出禁令或者食品安全预警的情况下继续销售的；

（五）因实施危害食品安全行为受过行政处罚或者刑事处罚，又实施同种行为的；

（六）其他足以认定行为人明知的情形。

第十一条　在食品生产、销售、运输、贮存等过程中，掺入有毒、有害的非食品原料，或者使用有毒、有害的非食品原料生产食品的，依照刑法第一百四十四条的规定以生产、销售有毒、有害食品罪定罪处罚。

在食用农产品种植、养殖、销售、运输、贮存等过程中，使用禁用农药、食品动物中禁止使用的药品及其他化合物等有毒、有害的非食品原料，适用前款的规定定罪处罚。

在保健食品或者其他食品中非法添加国家禁用药物等有毒、有害的非食品原料的，适用第一款的规定定罪处罚。

第十二条　在食品生产、销售、运输、贮存等过程中，使用不符合食品安全标准的食品包装材料、容器、洗涤剂、消毒剂，或者用于食品生产经营的工具、设备等，造成食品被污染，符合刑法第一百四十三条、第一百四十四条规定的，以生产、销售不符合安全标准的食品罪或者生产、销售有毒、有害食品罪定罪处罚。

第十三条 生产、销售不符合食品安全标准的食品，有毒、有害食品，符合刑法第一百四十三条、第一百四十四条规定的，以生产、销售不符合安全标准的食品罪或者生产、销售有毒、有害食品罪定罪处罚。同时构成其他犯罪的，依照处罚较重的规定定罪处罚。

生产、销售不符合食品安全标准的食品，无证据证明足以造成严重食物中毒事故或者其他严重食源性疾病，不构成生产、销售不符合安全标准的食品罪，但构成生产、销售伪劣产品罪，妨害动植物防疫、检疫罪等其他犯罪的，依照该其他犯罪定罪处罚。

第十四条 明知他人生产、销售不符合食品安全标准的食品，有毒、有害食品，具有下列情形之一的，以生产、销售不符合安全标准的食品罪或者生产、销售有毒、有害食品罪的共犯论处：

（一）提供资金、贷款、账号、发票、证明、许可证件的；

（二）提供生产、经营场所或者运输、贮存、保管、邮寄、销售渠道等便利条件的；

（三）提供生产技术或者食品原料、食品添加剂、食品相关产品或者有毒、有害的非食品原料的；

（四）提供广告宣传的；

（五）提供其他帮助行为的。

第十五条 生产、销售不符合食品安全标准的食品添加剂，用于食品的包装材料、容器、洗涤剂、消毒剂，或者用于食品生产经营的工具、设备等，符合刑法第一百四十条规定的，以生产、销售伪劣产品罪定罪处罚。

生产、销售用超过保质期的食品原料、超过保质期的食品、回收食品作为原料的食品，或者以更改生产日期、保质期、改换包装等方式销售超过保质期的食品、回收食品，适用前款的规定定罪处罚。

实施前两款行为，同时构成生产、销售不符合安全标准的食品罪，生产、销售不符合安全标准的产品罪等其他犯罪的，依照处罚较重的规定定罪处罚。

第十八条 实施本解释规定的非法经营行为，非法经营数额在十万元以上，或者违法所得数额在五万元以上的，应当认定为刑法第二百二十五条规定的"情节严重"；非法经营数额在五十万元以上，或者违法所得数额在二十五万元以上的，应当认定为刑法第二百二十五条规定的"情节特别严重"。

实施本解释规定的非法经营行为，同时构成生产、销售伪劣产品罪，生产、销售不符合安全标准的食品罪，生产、销售有毒、有害食品罪，生产、销售伪劣农药、兽药罪等其他犯罪的，依照处罚较重的规定定罪处罚。

第十九条　违反国家规定，利用广告对保健食品或者其他食品作虚假宣传，符合刑法第二百二十二条规定的，以虚假广告罪定罪处罚；以非法占有为目的，利用销售保健食品或者其他食品诈骗财物，符合刑法第二百六十六条规定的，以诈骗罪定罪处罚。同时构成生产、销售伪劣产品罪等其他犯罪的，依照处罚较重的规定定罪处罚。

第二十条　负有食品安全监督管理职责的国家机关工作人员滥用职权或者玩忽职守，构成食品监管渎职罪，同时构成徇私舞弊不移交刑事案件罪、商检徇私舞弊罪、动植物检疫徇私舞弊罪、放纵制售伪劣商品犯罪行为罪等其他渎职犯罪的，依照处罚较重的规定定罪处罚。

负有食品安全监督管理职责的国家机关工作人员滥用职权或者玩忽职守，不构成食品监管渎职罪，但构成前款规定的其他渎职犯罪的，依照该其他犯罪定罪处罚。

负有食品安全监督管理职责的国家机关工作人员与他人共谋，利用其职务行为帮助他人实施危害食品安全犯罪行为，同时构成渎职犯罪和危害食品安全犯罪共犯的，依照处罚较重的规定定罪从重处罚。

第二十一条　犯生产、销售不符合安全标准的食品罪，生产、销售有毒、有害食品罪，一般应当依法判处生产、销售金额二倍以上的罚金。

共同犯罪的，对各共同犯罪人合计判处的罚金一般应当在生产、销售金额的二倍以上。

第二十四条　"足以造成严重食物中毒事故或者其他严重食源性疾病""有毒、有害的非食品原料"等专门性问题难以确定的，司法机关可以依据鉴定意见、检验报告、地市级以上相关行政主管部门组织出具的书面意见，结合其他证据作出认定。必要时，专门性问题由省级以上相关行政主管部门组织出具书面意见。

三、立案追诉标准

**《最高人民检察院、公安部关于公安机关管辖的
刑事案件立案追诉标准的规定（一）》（2008年）**

第十九条 【生产、销售不符合卫生标准的食品案（刑法第一百四十三条）】生产、销售不符合卫生标准的食品，涉嫌下列情形之一的，应予立案追诉：

（一）含有可能导致严重食物中毒事故或者其他严重食源性疾患的超标准的有害细菌的；

（二）含有可能导致严重食物中毒事故或者其他严重食源性疾患的超标准的其他污染物的。

本条规定的"不符合卫生标准的食品"，由省级以上卫生行政部门确定的机构进行鉴定。

第二十条 【生产、销售有毒、有害食品案（刑法第一百四十四条）】在生产、销售的食品中掺入有毒、有害的非食品原料的，或者销售明知掺有有毒、有害的非食品原料的食品的，应予立案追诉。

使用盐酸克仑特罗（俗称"瘦肉精"）等禁止在饲料和动物饮用水中使用的药品或者含有该类药品的饲料养殖供人食用的动物，或者销售明知是使用该类药品或者含有该类药品的饲料养殖的供人食用的动物的，应予立案追诉。

明知是使用盐酸克仑特罗等禁止在饲料和动物饮用水中使用的药品或者含有该类药品的饲料养殖的供人食用的动物，而提供屠宰等加工服务，或者销售其制品的，应予立案追诉。

《最高人民检察院、公安部关于公安机关管辖的刑事案件立案追诉标准的规定（一）的补充规定》（2017年）

三、将《立案追诉标准（一）》第19条修改为：【生产、销售不符合安全标准的食品案（刑法第143条）】生产、销售不符合食品安全标准的食品，涉嫌下列情形之一的，应予立案追诉：

（一）食品含有严重超出标准限量的致病性微生物、农药残留、兽药残留、重金属、污染物质以及其他危害人体健康的物质的；

（二）属于病死、死因不明或者检验检疫不合格的畜、禽、兽、水产动物及其肉类、肉类制品的；

（三）属于国家为防控疾病等特殊需要明令禁止生产、销售的食品的；

（四）婴幼儿食品中生长发育所需营养成分严重不符合食品安全标准的；

（五）其他足以造成严重食物中毒事故或者严重食源性疾病的情形。

在食品加工、销售、运输、贮存等过程中，违反食品安全标准，超限量或者超范围滥用食品添加剂，足以造成严重食物中毒事故或者其他严重食源性疾病的，应予立案追诉。

在食用农产品种植、养殖、销售、运输、贮存等过程中，违反食品安全标准，超限量或者超范围滥用添加剂、农药、兽药等，足以造成严重食物中毒事故或者其他严重食源性疾病的，应予立案追诉。

四、将《立案追诉标准（一）》第20条修改为：【生产、销售有毒、有害食品案（刑法第144条）】在生产、销售的食品中掺入有毒、有害的非食品原料的，或者销售明知掺有有毒、有害的非食品原料的食品的，应予立案追诉。

在食品加工、销售、运输、贮存等过程中，掺入有毒、有害的非食品原料，或者使用有毒、有害的非食品原料加工食品的，应予立案追诉。

在食用农产品种植、养殖、销售、运输、贮存等过程中，使用禁用农药、兽药等禁用物质或者其他有毒、有害物质的,应予立案追诉。

在保健食品或者其他食品中非法添加国家禁用药物等有毒、有害物质的,应予立案追诉。

下列物质应当认定为本条规定的"有毒、有害的非食品原料":

(一)法律、法规禁止在食品生产经营活动中添加、使用的物质;

(二)国务院有关部门公布的《食品中可能违法添加的非食用物质名单》《保健食品中可能非法添加的物质名单》中所列物质;

(三)国务院有关部门公告禁止使用的农药、兽药以及其他有毒、有害物质;

(四)其他危害人体健康的物质。

《最高人民检察院 公安部关于公安机关管辖的刑事案件立案追诉标准的规定(二)》(2022年)

第七十一条 【非法经营案(刑法第二百二十五条)】违反国家规定,进行非法经营活动,扰乱市场秩序,涉嫌下列情形之一的,应予立案追诉:

(十)实施下列危害食品安全行为,非法经营数额在十万元以上,或者违法所得数额在五万元以上的:

1. 以提供给他人生产、销售食品为目的,违反国家规定,生产、销售国家禁止用于食品生产、销售的非食品原料的;

2. 以提供给他人生产、销售食用农产品为目的,违反国家规定,生产、销售国家禁用农药、食品动物中禁止使用的药品及其他化合物等有毒、有害的非食品原料,或者生产、销售添加上述有毒、有害的非食品原料的农药、兽药、饲料、饲料添加剂、饲料原料的;

3. 违反国家规定,私设生猪屠宰厂(场),从事生猪屠宰、销售等经营活动的。

第七十五条 【逃避商检案(刑法第二百三十条)】违反进出口商品检验法的规定,逃避商品检验,将必须经商检机构检验的进口商品未报经检验而擅自销售、使用,或者将必须经商检机构检验的出口商品未报经检验合格而擅自出口,涉嫌下列情形之一的,应予立案追诉:

（一）给国家、单位或者个人造成直接经济损失数额在五十万元以上的；

（二）逃避商检的进出口货物货值金额在三百万元以上的；

（三）导致病疫流行、灾害事故的；

（四）多次逃避商检的；

（五）引起国际经济贸易纠纷,严重影响国家对外贸易关系,或者严重损害国家声誉的；

（六）其他情节严重的情形。

案例解析

案例一

贺某销售有毒、有害食品罪案

【争议焦点】

是否构成销售有毒、有害食品罪以及是否可以从轻处罚。

【案情简介】

被告人贺某为了非法牟利，通过多个网络店铺销售明知可能含有有毒、有害成分的减肥食品，涉案产品的订单数量超过900单。一位消费者从其中一个网店购买了减肥食品套装，后公安机关从该消费者处接收涉案减肥食品作为证据，并将被告人抓获归案，扣押了其相关电子设备及减肥食品胶囊。经检测，扣押的减肥食品中含有对人体有害的成分。被告人到案后如实供述了自己的犯罪事实。公诉机关提交了相关证据，证实了被告人的犯罪行为。公诉机关认为，被告人的行为构成销售有毒、有害食品罪，应当追究其刑事责任。鉴于被告人认罪认罚，并如实供述罪行，建议从轻处罚，建议判处有期徒刑三年，并处罚金。被告人及其辩护人对指控事实、罪名及量刑建议没有异议，同意适用简易程序。辩护人提出，被告人是初犯、偶犯，认罪态度良好，请求法庭从轻处罚。法院审理后认为，被告人的行为确已构成销售有毒、有害食品罪，公诉机关的指控成立。被告人认罪认罚并如实供述罪行，法院决定依法从轻处罚。最终，法院判决被告人有期徒刑三年，并处罚金二十万元，违法所得予以追缴，涉案的有毒、有害食品及供犯罪所用的财物予以没收。

【关联法规】

《中华人民共和国刑法》第一百四十四条、第六十七条第三款、第五十二条、第五十三条、第六十四条，《中华人民共和国刑事诉讼法》第十五条。

案例二

何某某生产、销售不符合安全标准的食品罪案

【争议焦点】

是否构成生产、销售不符合安全标准的食品罪以及是否可以从轻处罚。

【案情简介】

何某某经营一家早点铺，在其生产的油条内非法添加了某牌"香甜泡打粉"并对外销售，销售金额 100 余元，非法获利 70 余元。某县市场监督管理局执法人员对何某某的早点铺进行抽检，经检测，油条内铝的残留量高达 745 mg/kg，不符合国家标准 GB 2760—2014 要求，为不合格产品。何某某如实供述了自己的犯罪行为。公诉机关提交了相关证据，证实了何某某的犯罪事实。公诉机关认为，何某某以营利为目的，违反国家食品安全管理法规，在生产销售食品过程中超量使用食品添加剂，足以造成严重食源性疾病，其行为触犯了《中华人民共和国刑法》第一百四十三条，应当以生产、销售不符合安全标准的食品罪追究其刑事责任。鉴于何某某到案后如实供述犯罪事实，认罪认罚，可以从轻处罚，建议判处拘役三个月，缓刑四个月，并处罚金。法院经审理查明的事实、证据与公诉机关的指控一致。何某某在审理阶段退缴了违法所得，并预缴了罚金。法院认为，何某某的行为构成生产、销售不符合安全标准的食品罪，公诉机关指控的事实存在，罪名成立。何某某到案后如实供述犯罪事实，退缴违法所得，认罪认罚，可以从轻处罚。法院最终判决何某某拘役三个月，缓刑四个月，并处罚金 4000 元。

【关联法规】

《中华人民共和国刑法》第一百四十三条，第六十一条，第五十二条，第六十四条，第六十七条第三款，第七十二条第一款、第三款，第七十三条第一款、第三款；《中华人民共和国刑事诉讼法》第十五条。

案例三

张某生产、销售不符合安全标准的食品罪案

【争议焦点】

张某在共同犯罪中所起的作用和责任大小。

【案情简介】

张某因生产、销售不符合安全标准的食品而被起诉。张某在2022年4月参与了非法活动，且与他人共同租赁了位于某镇的冷库，用于存储来源不明的冷冻肉品并对外销售。2022年8月，张某在明知肉品来源不明的情况下，根据他人安排，将这些肉品运输到冷库，并在卸货后被当场查获。经中国检验认证集团鉴定，现场发现的肉制品中，有2280箱冻品产地为巴西、印度，属于国家为防控疾病禁止输入的肉类及其制品。另外还有240件货物无产品信息，不符合《中华人民共和国食品安全法》和《中华人民共和国进出口食品安全管理办法》，被禁止生产和销售。公诉机关指控张某的行为触犯了《中华人民共和国刑法》第一百四十三条的规定，应当以生产、销售不符合安全标准的食品罪追究其刑事责任，并建议判处有期徒刑一年，并处罚金人民币20000元。张某对指控事实、罪名及量刑建议没有异议，并同意适用简易程序。经过审理，某市人民法院认为，张某的行为已构成生产、销售不符合安全标准的食品罪。法院判决张某有期徒刑一年，并处罚金，同时追缴其违法所得14000元上缴国库。

【关联法规】

《中华人民共和国刑法》第一百四十三条、第六十七条第三款、第二十五条第一款、第二十七条、第六十四条。

案例四

岳某某生产、销售不符合安全标准的食品罪案

【争议焦点】

岳某某明知不得在生产包子中添加含铝的泡打粉，却仍然使用，导致铝残留量超标。

【案情简介】

被告人岳某某因生产、销售不符合安全标准的食品而受到起诉。岳某某在某村经营小笼包门市。在此过程中，他明知生产包子不得添加含铝的泡打粉，却仍然在和面过程中使用含铝的泡打粉，导致其生产、销售的包子中铝残留量严重超标。河北省某检测科技有限公司的检测结果显示，其所生产的包子内铝残留量超过《食品安全国家标准 食品添加剂使用标准》所规定的不得使用的标准，检测结论为不合格。公诉机关提供了包括书证、证人证言、被告人的供述与辩解、鉴定意见以及勘验、检查、辨认等证据，证实了岳某某的犯罪事实。公诉机关认为，被告触犯了《中华人民共和国刑法》第一百四十三条，应当追究其刑事责任。法院经审理后认为，岳某某的行为已构成生产、销售不符合安全标准的食品罪，事实清楚，证据确实充分。鉴于岳某某到案后如实供述罪行，自愿认罪认罚，法院决定从宽处罚。最终，法院判决岳某某犯生产、销售不符合安全标准的食品罪，判处拘役二个月，缓刑三个月，并处罚金人民币5000元。同时，禁止岳某某在缓刑考验期间从事食品生产、销售及相关活动。自判决书生效之日起十日内需缴纳罚金，缓刑考验期从判决确定之日起计算。

【关联法规】

《中华人民共和国刑法》第一百四十三条、《中华人民共和国刑事诉讼法》第二百零一条。

案例五

任某生产、销售不符合安全标准的食品罪案

【争议焦点】

任某生产销售的食品足以造成严重食物中毒事故或其他严重食源性疾病，是否构成犯罪。

【案情简介】

任某在某纯碱馒头店中加工并销售花卷和糖心包子。市场监督管理局对任某的店进行抽样检测，结果显示任某加工、销售的花卷和糖心包子中铝的残留量远超《食品安全国家标准 食品添加剂使用标准》规定的不得使用的标准，检验结论为不合格。相关市场监督管理局认定，任某所售食品不符合食品安全标准，足以造成严重食品中毒事故或其他严重食源性疾病。一审法院认为任某违反食品安全标准，应依法惩处。原审法院依法予以从轻处罚，判处任某有期徒刑一年，并处罚金70000元。任某不服原审判决，提出上诉。上诉理由为任某认为其生产、销售的花卷、糖心包子中铝的残留量并未超过国家标准，且无证据证实足以造成严重食物中毒事故或其他严重食源性疾病，其行为不构成犯罪。二审法院经审理后认为，任某明知国家法律法规禁止使用含铝的泡打粉而使用，致其生产、销售的花卷、糖心包子中铝的残留量严重超出国家食品安全标准，足以造成严重食品中毒事故或其他严重食源性疾病，已构成生产、销售不符合安全标准的食品罪。鉴于任某能够及时整改，归案后如实供述犯罪事实，自愿认罪认罚，二审法院决定从轻处罚，改判任某有期徒刑六个月，缓刑一年，并处罚金，同时禁止任某在缓刑考验期内从事食品生产、销售及相关活动。

【关联法规】

《中华人民共和国刑法》第一百四十三条、第六十七条第三款。

第十章
其他相关食品法律法规

一、新食品原料

《新食品原料安全性审查管理办法》（2017年修正）

第一条　为规范新食品原料安全性评估材料审查工作，根据《中华人民共和国食品安全法》及其实施条例的有关规定，制定本办法。

第二条　新食品原料是指在我国无传统食用习惯的以下物品：

（一）动物、植物和微生物；

（二）从动物、植物和微生物中分离的成分；

（三）原有结构发生改变的食品成分；

（四）其他新研制的食品原料。

第三条　新食品原料应当具有食品原料的特性，符合应当有的营养要求，且无毒、无害，对人体健康不造成任何急性、亚急性、慢性或者其他潜在性危害。

第四条　新食品原料应当经过国家卫生计生委安全性审查后，方可用于食品生产经营。

第五条　国家卫生计生委负责新食品原料安全性评估材料的审查和许可工作。

国家卫生计生委新食品原料技术审评机构（以下简称审评机构）负责新食品原料安全性技术审查，提出综合审查结论及建议。

第六条　拟从事新食品原料生产、使用或者进口的单位或者个人（以下简称申请人），应当提出申请并提交以下材料：

（一）申请表；

（二）新食品原料研制报告；

（三）安全性评估报告；

（四）生产工艺；

（五）执行的相关标准（包括安全要求、质量规格、检验方法等）；

（六）标签及说明书；

（七）国内外研究利用情况和相关安全性评估资料；

（八）有助于评审的其他资料。

另附未启封的产品样品1件或者原料30克。

第七条　申请进口新食品原料的，除提交第六条规定的材料外，还应当提交以下材料：

（一）出口国（地区）相关部门或者机构出具的允许该产品在本国（地区）生产或者销售的证明材料；

（二）生产企业所在国（地区）有关机构或者组织出具的对生产企业审查或者认证的证明材料。

第八条　申请人应当如实提交有关材料，反映真实情况，对申请材料内容的真实性负责，并承担法律责任。

第九条　申请人在提交本办法第六条第一款第二项至第六项材料时，应当注明其中不涉及商业秘密，可以向社会公开的内容。

第十条　国家卫生计生委受理新食品原料申请后，向社会公开征求意见。

第十一条　国家卫生计生委自受理新食品原料申请之日起60日内，应当组织专家对新食品原料安全性评估材料进行审查，作出审查结论。

第十二条　审查过程中需要补充资料的，应当及时书面告知申请人，申请人应当按照要求及时补充有关资料。

根据审查工作需要，可以要求申请人现场解答有关技术问题，申请人应当予以配合。

第十三条　审查过程中需要对生产工艺进行现场核查的，可以组织专家对新食品原料研制及生产现场进行核查，并出具现场核查意见，专家对出具的现场核查意见承担责任。省级卫生监督机构应当予以配合。

参加现场核查的专家不参与该产品安全性评估材料的审查表决。

第十四条　新食品原料安全性评估材料审查和许可的具体程序按照《行政许可法》《卫生行政许可管理办法》等有关法律法规规定执行。

第十五条　审评机构提出的综合审查结论，应当包括安全性审查结果和社会稳定风险评估结果。

第十六条　国家卫生计生委根据新食品原料的安全性审查结论，对符合食品安全要求的，准予许可并予以公告；对不符合食品安全要求的，不予许可并书面说明理由。

对与食品或者已公告的新食品原料具有实质等同性的，应当作出终止审查的决定，并书面告知申请人。

第十七条　根据新食品原料的不同特点，公告可以包括以下内容：

（一）名称；

（二）来源；

（三）生产工艺；

（四）主要成分；

（五）质量规格要求；

（六）标签标识要求；

（七）其他需要公告的内容。

第十八条　有下列情形之一的，国家卫生计生委应当及时组织对已公布的新食品原料进行重新审查：

（一）随着科学技术的发展，对新食品原料的安全性产生质疑的；

（二）有证据表明新食品原料的安全性可能存在问题的；

（三）其他需要重新审查的情形。

对重新审查不符合食品安全要求的新食品原料，国家卫生计生委可以撤销许可。

第十九条　新食品原料生产单位应当按照新食品原料公告要求进行生产，保证新食品原料的食用安全。

第二十条　食品中含有新食品原料的，其产品标签标识应当符合国家法律、法规、食品安全标准和国家卫生计生委公告要求。

第二十一条　违反本办法规定，生产或者使用未经安全性评估的新食品原料的，按照《食品安全法》的有关规定处理。

第二十二条　申请人隐瞒有关情况或者提供虚假材料申请新食品原料许可的，国家卫生计生委不予受理或者不予许可，并给予警告，且申请人在一年内不得再次申请该新食品原料许可。

以欺骗、贿赂等不正当手段通过新食品原料安全性审查并取得许可的，国家卫生计生委应当撤销许可，且申请人在三年内不得再次申请新食品原料许可。

第二十三条　本办法下列用语的含义：

实质等同，是指如某个新申报的食品原料与食品或者已公布的新食品原料在种属、来源、生物学特征、主要成分、食用部位、使用量、使用范围和应用人群等方面相同，所采用工艺和质量要求基本一致，可以视为它们是同等安全的，具有实质等同性。

传统食用习惯，是指某种食品在省辖区域内有 30 年以上作为定型或者非定型包装食品生产经营的历史，并且未载入《中华人民共和国药典》。

第二十四条　本办法所称的新食品原料不包括转基因食品、保健食品、食品添加剂新品种。转基因食品、保健食品、食品添加剂新品种的管理依照国家有关法律法规执行。

二、食品安全标准管理办法

《食品安全标准管理办法》

（国家卫健委于 2023 年 11 月 30 日公布　自 2023 年 12 月 1 日开始施行）

1. 总则

第一条　为规范食品安全标准管理工作，落实"最严谨的标准"要求，根据《中华人民共和国食品安全法》及其实施条例，制定本办法。

第二条 本办法适用于食品安全国家标准的制定、修改、公布等相关管理工作及食品安全地方标准备案工作。

食品安全标准是强制执行的标准，包括食品安全国家标准和食品安全地方标准。

第三条 国家卫生健康委员会（以下简称国家卫生健康委）依法会同国务院有关部门负责食品安全国家标准的制定、公布工作。

各省、自治区、直辖市人民政府卫生健康主管部门（以下简称省级卫生健康主管部门）负责食品安全地方标准制定、公布和备案工作。

第四条 制定食品安全标准应当以保障公众身体健康为宗旨，以食品安全风险评估结果为依据，做到科学合理、安全可靠。

第五条 食品安全国家标准制定工作包括规划、计划、立项、起草、征求意见、审查、批准、公布以及跟踪评价、修订、修改等。

第六条 国家卫生健康委组织成立食品安全国家标准审评委员会（以下简称审评委员会），负责审查食品安全国家标准，对食品安全国家标准工作提供咨询意见等。

审评委员会设专业委员会、技术总师、合法性审查工作组、秘书处和秘书处办公室。

第七条 公布的食品安全国家标准属于科技成果，可以按照国家有关规定对标准主要起草人给予激励。

第八条 县级以上卫生健康主管部门依职责对食品安全标准相关工作提供人员、经费等方面的保障。

2. 食品安全国家标准立项

第九条 国家卫生健康委会同国务院有关部门，根据食品安全国家标准规划制定年度实施计划，并应公开征求意见。

第十条 各有关部门认为本部门负责监管的领域需要制定食品安全国家标准的，应当在每年编制食品安全国家标准制定计划前，向国家卫生健康委提出立项建议。

任何公民、法人和其他组织都可以提出食品安全国家标准立项建议。

第十一条　立项建议应当包括：要解决的主要食品安全问题、立项的背景和理由、现有食品安全风险监测和评估依据、可能产生的经济和社会影响、标准起草候选单位等。

第十二条　建议立项制定的食品安全国家标准，应当符合《中华人民共和国食品安全法》第二十六条规定。

第十三条　审评委员会根据食品安全标准工作需求，对食品安全国家标准立项建议进行研究，提出食品安全国家标准制定计划的咨询意见。

第十四条　列入食品安全国家标准年度制定计划的项目在起草过程中可以根据实际需要进行调整。

根据食品安全风险评估结果证明食品存在安全隐患，或食品安全风险管理中发现重大问题，可以紧急增补食品安全国家标准制定项目。

3. 食品安全国家标准起草

第十五条　国家卫生健康委采取招标、委托等形式，择优选择具备相应技术能力的单位承担食品安全国家标准起草工作。

第十六条　食品安全国家标准制定实行标准项目承担单位负责制，对标准起草的合法性、科学性和实用性负责，并提供相关食品安全风险评估依据和社会风险评估结果资料。

第十七条　鼓励跨部门、跨领域的专家和团队组成标准协作组参与标准起草、跟踪评价和宣传培训等工作。

第十八条　标准项目承担单位应当具备以下条件：

（一）具备起草食品安全国家标准所需的技术能力；

（二）在承担项目所涉及的领域内无利益冲突；

（三）能够提供食品安全国家标准制定、修订工作所需人员、科研等方面的资源和保障条件；

（四）具备独立法人资格；

（五）标准项目经费纳入单位财务统一管理，单独核算，专款专用。

第十九条　标准项目承担单位应当指定项目负责人。项目负责人应当在食品安全及相关领域具有较高的造诣和业务水平，熟悉国内外食品安全相关法律法规和食品安全标准。

第二十条　起草食品安全国家标准，应当依据食品安全风险评估结果并充分考虑食用农产品安全风险评估结果，符合我国经济社会发展水平和客观实际需要，参照相关的国际标准和国际食品安全风险评估结果。

第二十一条　标准项目承担单位和项目负责人在起草过程中，应当深入调查研究，充分征求监管部门、行业协会学会、食品生产经营者等标准使用单位、有关技术机构和专家的意见。

4. 食品安全国家标准审查

第二十二条　食品安全国家标准按照以下程序审查：

（一）秘书处办公室初审；

（二）专业委员会会议审查；

（三）技术总师会议审查；

（四）合法性审查工作组审查；

（五）秘书长会议审查；

（六）主任会议审议。

第二十三条　秘书处办公室负责对标准草案的合法性、科学性、规范性、与其他食品安全国家标准之间的协调性以及社会稳定风险评估等材料的完整性进行初审。

第二十四条　专业委员会会议负责对食品安全国家标准送审稿的科学性、规范性、与其他食品安全国家标准和相关标准的协调性以及其他技术问题进行审查，对食品安全国家标准的合法性和社会稳定风险评估报告进行初审。

第二十五条　专业委员会审查标准时，须有三分之二以上委员出席，采取协商一致的方式作出审查结论。在无法协商一致的情况下，应当在充分讨论的基础上进行表决。参会委员四分之三以上同意的方可作为会议审查通过结论。

第二十六条　标准草案经专业委员会会议审查通过后，应当向社会公开征求意见，并按照规定履行向世界贸易组织的通报程序。

第二十七条　技术总师会议负责对专业委员会的审查结果以及与其他食品安全国家标准的衔接情况进行审查，对食品安全国家标准的合法性和社会稳定风险评估报告进行复审。

第二十八条　合法性审查工作组负责对标准的合法性、社会稳定风险评估报告进行审查。

第二十九条　秘书长会议负责食品安全国家标准的行政审查和合法性审查，协调相关部门意见。

秘书长会议审查通过后形成标准报批稿。必要时可提请召开主任会议审议。

第三十条　标准审查各环节产生严重分歧或发现涉及食品安全、社会风险等重大问题的，秘书处办公室可以提请秘书处组织专项审查，必要时作出终止标准制定程序等决定。

5. 食品安全国家标准公布

第三十一条　食品安全国家标准由国家卫生健康委会同国务院有关部门公布，由国家标准化管理委员会提供编号。

第三十二条　食品安全国家标准公布和实施日期之间一般设置一定时间的过渡期，供食品生产经营者和标准执行各方做好实施的准备。

食品生产经营者根据需要可以在标准公布后的过渡期内提前实施标准，但应公开提前实施情况。

第三十三条　国家卫生健康委负责食品安全国家标准的解释，标准解释与食品安全国家标准文本具有同等效力。

第三十四条　食品安全国家标准及标准解释在国家卫生健康委网站上公布，供公众免费查阅、下载。

第三十五条　食品安全国家标准公布后，主要技术内容需要修订时，修订程序按照本办法规定的立项、起草、审查和公布程序执行。

个别技术内容需作纠正、调整、修改时，以食品安全国家标准修改单形式修改。

对标准编辑性错误等内容进行调整时，通过公布标准勘误加以更正。

第三十六条　国家卫生健康委应当组织有关部门、省级卫生健康主管部门和相关责任单位对食品安全国家标准的实施情况进行跟踪评价。

任何公民、法人和其他组织均可对标准实施过程中存在的问题提出意见和建议。

跟踪评价结果应作为食品安全国家标准制定、修订的重要依据。

6. 食品安全地方标准备案

第三十七条　省级卫生健康主管部门应当在食品安全地方标准公布之日起 30 个工作日内向国家卫生健康委提交备案。省级卫生健康主管部门对提交备案的食品安全地方标准的科学性、合法性和社会稳定性负责。

第三十八条　提交备案的材料应当包括：食品安全地方标准发布公告、标准文本、编制说明、专家组论证意见、食品安全风险评估报告。

专家组论证意见应当包括：地方特色食品的认定、食品类别的界定、安全性评估结论、与相关法律法规标准以及相关地方标准之间是否存在矛盾等。

第三十九条　食品安全地方标准有以下情形的不予备案：

（一）现有食品安全国家标准已经涵盖的；

（二）不属于地方特色食品的安全要求、配套生产经营过程卫生要求或检验方法的；

（三）食品类别属于婴幼儿配方食品、特殊医学用途配方食品、保健食品的；

（四）食品类别属于列入国家药典的物质的（列入按照传统既是食品又是中药材物质目录的除外）；

（五）其他与法律、法规和食品安全国家标准相矛盾的情形。

第四十条　国家卫生健康委发现备案的地方标准违反法律、法规或者食品安全国家标准的，应当及时予以纠正，省级卫生健康主管部门应当及时调整、修订或废止相应地方标准。

第四十一条　地方标准公布实施后，如需制定食品安全国家标准的，应当按照食品安全国家标准工作程序制定。

食品安全国家标准公布实施后，省级卫生健康主管部门应当及时废止相应的地方标准，将废止情况在网站公布并在 30 个工作日内报国家卫生健康委。

7. 附则

第四十二条　本办法未规定的食品安全国家标准制定、起草、审查和公布相关具体工作程序和要求，按照食品安全国家标准审评委员会章程、工作程序等规定执行。

第四十三条　进口尚无食品安全国家标准食品的相关标准审查，以及食品中有害物质的临时限量值和临时检验方法的制定，按照国家卫生健康委有关规定执行。

第四十四条　食品中农药残留、兽药残留的限量规定及其检验方法与规程，以及屠宰畜、禽的检验规程的制定工作，根据国家卫生健康委和农业农村部等有关部门的协商意见和有关规定执行。

第四十五条　本办法自 2023 年 12 月 1 日起施行。原卫生部 2010 年 10 月 20 日发布的《食品安全国家标准管理办法》（卫生部令第 77 号）同时废止。